我决定 民生爱的力量 ME公益创新资助计划

## 中国民生银行ME公益创新资助计划

### 案例精选集

- 总策划：洪 崎
- 主 编：邓国胜
- 编委会主任：郑万春
- 编委会副主任：陈 琼

经济管理出版社

ECONOMY & MANAGEMENT PUBLISHING HOUSE

图书在版编目（CIP）数据

中国民生银行 ME 公益创新资助计划案例精选集／邓国胜主编. —北京：经济管理
出版社，2019.6
ISBN 978-7-5096-6624-1

Ⅰ. ①中…　Ⅱ. ①邓…　Ⅲ. ①慈善事业—案例—中国　Ⅳ. ①D632.1

中国版本图书馆 CIP 数据核字（2019）第 101485 号

组稿编辑：高　娅
责任编辑：高　娅
责任印制：梁植睿
责任校对：陈晓霞

出版发行：经济管理出版社
　　　　　（北京市海淀区北蜂窝 8 号中雅大厦 A 座 11 层　100038）
网　　址：www. E-mp. com. cn
电　　话：(010) 51915602
印　　刷：三河市延风印装有限公司
经　　销：新华书店
开　　本：720mm×1000mm/16
印　　张：15. 75
字　　数：259 千字
版　　次：2019 年 6 月第 1 版　　2019 年 6 月第 1 次印刷
书　　号：ISBN 978-7-5096-6624-1
定　　价：68. 00 元

总　策　划：洪　崎

主　　　编：邓国胜

副　主　编：杨义凤

编委会主任：郑万春

编委会副主任：陈　琼

编　委　会（按姓氏首字母排序）：

丁亚冬　李　健　李怀瑞　牛　冬　潘　昊

桑　壮　宋天琪　孙梦婷　田思钰　王　军

赵小平　周幸钰

# 序　一

　　伟大的时代必然伴生伟大的时代精神。在当下的中国经济领域和社会发展的前沿领域，总有这样一群先行者，他们在奋力探索，为诸多重大发展难题提供了专业化解决方案。他们身上闪耀着一种精神特质，就是"初心始于民生关怀，创意源于民生智慧"。

　　中国民生银行自 1996 年成立以来，主动承担社会责任试验田的角色，通过创新理念和机制，形成了独具特色的社会责任路径。2015 年，中国民生银行发起"我决定民生爱的力量——ME 公益创新资助计划"，旨在搭建一个具有高度公信力的平台，遴选出公益社会服务领域的创新团队，在给予资金支持和能力助推的同时，让探索团队相互砥砺，让专业声音更加响亮，让创新方案切实落地，汇聚成解决社会课题的整体力量。

　　ME 创新计划以"创新性、执行力、持续性和影响力"为评选标准，为每个获得资助的项目提供 50 万元公益创新资助基金。资助项目覆盖社区发展、精准扶贫、教育支持、健康福祉、生态文明五大领域。四年来，中国民生银行为 86 个公益项目提供了总计 4300 万元的创新资助基金。

　　ME 创新计划的成功实践，为金融机构推动公益组织发展提供了有力印证。中国民生银行作为大型金融机构，凭借自身优势，为公益领域提供资金和智力支持，撬动了更多的社会资源，助力公益组织全方位提升能力，凝聚了更多的社会力量，为公益领域的良性发展提供了可借鉴的模式。

　　"没有比人更高的山，没有比脚更长的路"。ME 创新计划所诠释的公益与创新"相生相伴、共生共荣"理念，必将其道大光、愈益民生。

# 序 二

党的十八大以来，在以习近平同志为核心的党中央坚强领导下，举全国之力，全面打赢脱贫攻坚战成为各方面的共识和共同行动，取得了决定性成绩。随着国内外形势的变化和经济社会迅速发展，党中央做出全面打赢脱贫攻坚战重大决策部署的重大现实意义和深远历史意义越来越深刻地反映出来。

习近平总书记指出，"要深化东西部扶贫协作和党政机关定点扶贫，调动社会各界参与脱贫攻坚的积极性，实现政府、市场、社会互动和行业扶贫、专项扶贫，社会扶贫联动"。中国扶贫基金会作为扶贫领域大型扶贫公募社会组织，深知自己应当肩负的使命和责任，要努力当好社会扶贫的领头羊和排头兵。按照精准扶贫、精准脱贫的基本方略，在汇集社会扶贫资源，搭建社会扶贫平台，拓展社会力量参与扶贫模式上努力进行探索创新。

自 2015 年起，扶贫基金会与中国民生银行联合发起了"我决定民生爱的力量——ME 公益创新资助计划"项目（以下简称"ME 公益创新资助计划"）。旨在关注和支持公益领域的扶贫创新实践，扩大社会扶贫影响力。这一项目主要资助公益组织的创新实践，资助公益组织针对某一社会扶贫问题研发创新的解决方案并总结借鉴推广。这与中国民生银行"为民而生、与民共生"的企业社会责任理念不谋而合。在中国民生银行的大力支持参与下，多年来已累计筹措资金 2.17 亿元，用于支持教育扶贫、定点扶贫、ME 公益创新资助计划、百美村宿、灾后重建等公益扶贫项目。

ME 公益创新资助计划的意义还在于，通过合作，搭建引领和促进社会组织参与扶贫公益行动的有效平台，使项目实施落地的基础更为坚实，项目实施的效果更有比较性和竞争性。本书所收集的案例会给我们带来一些新的启示。

在"ME 公益创新资助计划"进入第四届之时，感谢清华大学邓国胜教授带领团队，系统总结了"ME 公益创新资助计划"所资助项目的创新实践经验，揭示了诸多蕴含于其中的基本规律和社会价值。相信这本案例集会对关心关注扶贫改革和扶贫公益事业创新的读者有所裨益。

# 目　录

## 第一篇　公益创新案例分析：研发、迭代与规模化

## 第二篇　前三届 ME 创新计划资助项目简介

第一篇

公益创新案例分析：研发、迭代与规模化

# 从创新模式的产生到推广

## ——以"三江并流区域社区发展与生态保护"项目为例

2015 年，丽江健康与环境研究中心申请了中国民生银行和中国扶贫基金会联合发起"我决定民生爱的力量——ME 公益创新资助计划"（以下简称"ME 公益创新资助计划"），经过激烈的竞争，"三江并流区域社区发展与生态保护项目"最终成功获得了资助。2016 年，丽江健康与环境研究中心在玉龙县巨甸镇后箐村、金河村两个行政村实施了"三江并流区域社区发展与生态保护项目"，以建立相应的社区自然保护区为前提条件，通过开展项目申报会、村寨银行、股份制产业等活动，实现社区环境治理自觉，提高社区居民参与公共事务的积极性和能力，探索社区发展与生态保护的双赢。

## 一、保护与发展之间的矛盾是生态文明建设面临的难题

在生态保护问题上，长久以来存在"自然中心主义"与"人类中心主义"之争，似乎保护自然与人类的发展之间存在着不可调和的矛盾①。尤其是在贫困地区，还需要承受生存、脱贫与环境保护之间的角力，面临生态和生计双重脆弱的困境，更容易形成"环境破坏—生计威胁—破坏加剧"的恶性循环。传统的应对策略要么是"保护优先"，忽视发展权利，要么是"发展优先"，以环境换取利益，于是常常陷入保护与发展的陷阱之中。因此，如何在生态保护的框架内，影响并提高农户的生计安全，是

---

① 赵雪峰：《生态环境保护与经济社会发展的协调统一——以潘得巴自然保护与社区发展项目为例》，《马克思主义与现实》2014 年第 2 期。

打破恶性循环，保证生态环境可持续发展的关键所在①。

自 1956 年第一个自然保护区在广东肇庆建立以来，中国政府通过自上而下的方式，在贫困山区、农村牧区和少数民族地区建立起很多自然保护区。据全国林业自然保护区数据管理平台的统计，截至 2015 年底，林业系统已建立各级各类自然保护区 2228 处，总面积达 12430.65 万公顷，约占国土面积的 12.95%，占全国自然保护区数量的 81.31%、面积的 84.54%，其中，经国务院批准的国家级自然保护区达 345 处。这些自然保护区有效保护着我国 90% 的陆地生态系统类型、85% 的野生动物种群和 65% 的高等植物群落②。建立自然保护区固然能够在维护区域生态安全、保护生物多样性方面发挥重要功能，同时能够减少公地悲剧的发生，但这种自上而下的保护是一种从"国家的视角"设计的清晰化和简单化③的方式，不太可能因地制宜地发展出与当地经济、社会、文化相融合的保护策略，也常常与当地社区的生计和发展需求产生各式各样的冲突。加之我国的自然保护区和贫困地区高度重叠，更是加剧了人地之间的紧张关系，甚至使当地居民成为某种程度的牺牲者。

党的十八大以来，中央做出"大力推进生态文明建设"的战略决策，强调要"把生态文明建设放在突出地位，融入经济建设、政治建设、文化建设、社会建设各方面和全过程"④。党的十九大又提出乡村振兴战略，其中涵盖了包括人与自然和谐共生的绿色发展之路、创新乡村治理体系的乡村善治之路等多条实现路径。乡村振兴与生态文明建设相互促进、相互引领，生态保护、生计发展和社区治理相互结合成为一项系统性的发展战略，为贫困农村地区的发展提供了方向。可以说，中国的乡村迫切需要探索一条"生态认知革命"和"生态文化自觉"⑤下的科学发展进程。在此背景下，与自上而下的政府行动相反，中国的生态保护与社区发展相结合的实践也在自下而上地摸索种种创新路径。在这其中，环保类社会组织功

① 赵靖伟：《贫困地区：生存抑或环保?》，《环境保护》2010 年第 2 期。
② 全国林业自然保护区数据管理平台网站：http://nrms.afip.com.cn。
③ 斯科特：《国家的视角：那些试图改善人类状况的项目是如何失败的》，社会科学文献出版社 2012 年版。
④ 习近平：《在十八届中央政治局第六次集体学习时的讲话》，新华社，2013 年 5 月 24 日。
⑤ 景军：《认知与自觉：一个西北乡村的环境抗争》，《中国农业大学学报（社会科学版）》2009 年第 4 期。

不可没。

在被誉为"世界生物基因库""天然高山花园"的世界自然遗产地云南三江并流区域，有一家环保类社会组织——丽江健康与环境研究中心，经过多年的实践，逐渐摸索出一条保护与发展共赢的可持续发展路径。自2010年开始，丽江健康与环境研究中心在三江并流核心区域丽江老君山周边陆续开展"社区生态保护与可持续发展"项目，至今已经建立38个社区互助金融（村寨银行）项目、23个股份制产业项目，建立了47个社区生态保护地，总面积257383亩。丽江健康与环境研究中心的项目理念是摒弃以牺牲人的生存权利为代价的环保以及精英式环保，致力于以社区居民为治理主体，通过"内生式"项目服务，实现环境、社会、经济的融合发展，化解保护与发展之间的矛盾和冲突。2016年，在"ME 公益创新资助计划"的支持下，丽江健康与环境研究中心在玉龙县巨甸镇后箐村、金河村两个行政村实施了"三江并流区域社区发展与生态保护项目"。

## 二、案例描述

### （一）丽江健康与环境研究中心的发展历程

云南丽江老君山，因传说太上老君曾在此炼丹而得名。丰富的高山植被、珍稀的动植物、众多的冰蚀湖、奇异的丹霞地貌和纳西族、白族、傈僳族、普米族、彝族等各民族多姿多彩的民风民俗，构成老君山景区极具观赏价值和科学考察价值的独特景观。老君山地区是金沙江、澜沧江、怒江"三江并流"区域的核心区，是世界上生物物种最丰富的地区之一，是多民族、语言、宗教和风俗习惯并存的地区，也是自然保护与生存发展冲突最为典型的欠发达区域。

2010年9月，北京三生环境与发展研究院社会发展部（丽江健康与环境研究中心的前身）的项目总监邓仪和他的团队进入老君山区域的玉龙县九河白族乡河源村，开始在这里实施保护与发展并重的"社区发展与生态保护"项目。邓仪自20世纪80年代就在贵州草海自然保护区做环保工作，探索出著名的"草海模式"，还曾经在内蒙古阿拉善、贵州毕节进行类似的探索，拥有丰富的环保与发展经验。而他这次选择河源村，原因就在于该村是生态脆弱、社会冲突频发、人地关系高度紧张的典型代表村落①。河源村拥有 460 多户人家，涵盖纳西族、白族、普米族、傈僳族和汉族等民族。根据河源村委会 2010 年的统计数据，全村人均年收入只有 650 元。除了耕种经济回报较低的洋芋、白芸豆、玉米以及蔓菁，砍树卖钱成为河源人简单自然的选择。禁伐前，砍伐木材的收入在村民的总收入中大约占了 70%②。北京三生环境与发展研究院作为农村发展领域的研究机构，需要在保护与发展矛盾凸显的典型区域进行行动性研究，而河源村便成为项目团队在三江并流区域实践和探索的起点。从 2010 年进入河源村以来，"村寨银行"——一种脱胎于草海模式的公益性社区金融系统，一直作为项目团队的主要项目工具而得到实施，配合其他一些项目工具，项目团队在三江并流区域的社区发展和生态保护工作开始起色。

2013 年 3 月，时任丽江市委书记罗杰赴河源村考察"社区发展与生态保护"项目，与村民一起讨论如何实现生态保护与社区发展的共赢，并了解了河源村的"村寨银行"、生态保护、产业发展等自下而上的社区项目，给予了高度评价。同时地方政府鼓励项目团队成立了一家丽江本土机构。以此为契机，2014 年 5 月，项目团队在当地顺利注册了一家民办非企业单位——丽江健康与环境研究中心，并将项目点扩大到了玉龙县石头乡的兰香、桃花、利苴三个行政村。2015 年又增加了黎明乡黎光村，项目点增至 5 个。

在精准扶贫工作的促成下，玉龙县政协邀请丽江健康与环境研究中心的项目团队到其对口扶贫的巨甸镇的金河、后箐两个行政村开展"社区发展与生态保护"项目。经过前期调研，丽江健康与环境研究中心了解到后箐、金河两个村都存在村落组织涣散、公共治理缺失、社区发展资源匮乏及资源整合、自我监督不力等问题；同时，两个村子的森林资源、自然环境在 20 世纪 90 年代遭到极为严重的破坏，生态保护问题极为严峻。因此，这两个行政村比较适合开展保护与发展项目，遂将其纳入中心的项目点，项目点由此增至 7 个。2018 年，黎明乡黎光村的 12 个村民小组都已先后实施了村寨银行等项目，社区发展与生态保护机制基本建立，于是丽江健

---

① 对丽江健康与环境研究中心工作人员的访谈，后文未加注释之材料皆来源于对丽江健康与环境研究中心工作人员的访谈。

② 《环保 VS. 发展，云南丽江老君山的社区实验》，《南都观察》2017 年 2 月 9 日。

康与环境研究中心沿着河流往下游推进，将黎明乡黎明村变为中心开展工作的第 8 个行政村。同时，为了减轻以往资金量小、资金渠道单一的限制，从 2016 年开始，丽江健康与环境研究中心开始尝试申请国内基金会的项目资助，而其申请的第一个项目便是 "ME 公益创新资助计划"。

2010~2018 年，丽江健康与环境研究中心用八年的时间在老君山区域开展以社区居民为主体的社区发展与生态保护实践，取得了丰富的经验。进入 2018 年以来，在联合国开发计划署等机构的资助下，以及在丽江市政府的鼓励下，丽江健康与环境研究中心开始尝试对其工作经验进行梳理与总结，以求形成自己独特的 "保护与发展兼顾" 的工作模式。同时，丽江市林业局、市委政研室、农业局等部门也曾多次对项目进行调研，鼓励丽江健康与环境研究中心将项目操作的流程标准化，形成指导性材料以便于政府学习和推广。因此，丽江健康与环境研究中心计划在继续深耕社区发展与环境保护的基础上，加强对项目模式的研究和对外交流，并聘请专职研究和传播人员，搭建经验交流网络，逐步完善和推广自己独特的发展模式。

## （二）"三江并流区域社区发展与生态保护" 项目简介

2015 年，由中国民生银行发起和中国扶贫基金会联合发起的 "我决定民生爱的力量——ME 公益创新资助计划" 开始实施，丽江健康与环境研究中心申报的 "三江并流社区发展与生态保护项目" 经过层层评选最终入围，获得资助。"三江并流区域社区发展与生态保护项目" 以 "内生式" 社区发展理论为指导，以公益资源分配为载体，以社区为主体，立足社区人的改变，促进社区自组织的产生并发挥其在经济、生态、社会、文化等公共事务的自我管理、自我服务、自我教育、自我监督中的作用，探索村民自治与多元参与有机结合的农村社区发展与生态保护模式。项目的实施周期是 2016 年 1 月至 2017 年 6 月，目前该项目已经结项。

1. 项目目标

项目的具体目标包括：①借助项目竞争的方式，使公益资源合理、公开、公平、有效地分配使用；②推动村民建立社区互助金融项目，并促使其有效运转、持续发展；③推动村民建立以各村组为单元的社区自然保护地；④其他公共事务，如股份制产业发展、社区卫生等，逐步实现一定程度的自我管理、自我监督。

项目目标的衡量指标包括：①各村组超过 50% 的农户参与社区项目；②社区形成自己的项目管理小组和管理制度，管理小组成员不少于 3 人；③农民自主使用借贷资金，定时完成还借款，资金总额年增长不低于 3%；④社区农民出资与公益资金出资比例不低于 1：1；⑤社区生态保护地的面积不低于全部面积的 30%；⑥股份制产业发展年增长不低于 5%；⑦各村组 50% 以上的农户正常使用卫生设施。

2. 项目开展的主要活动

在三江并流社区发展与生态保护项目中，项目人员前期通过访问社区（该项目包括两个行政村，23 个村民小组）干部、村民，评估项目执行的可行性与重难点。为了实现项目的初衷和目标，项目分阶段开展了不同的活动，推动社区发展与生态保护的双赢：

（1）为了使当地村民有更多元的自主选择，更愿意参与公共事务，项目组织村民多次召开村民大会，让村民了解项目实施过程中的所有信息，参与过程中的所有决定。同时在村民大会上民主选出外出学习的村民代表，组织代表赴外地学习，前往已开展类似项目的村庄学习考察（外出地点及学习内容根据村民的需求自主决定），用村民教村民的方式，让有着相同处境的村民学习到其他人的经验，并通过培训扩展村民的自我选择空间，从而实现村民的经验扩展、认知扩展和技能增强。学习结束后，村民代表回到村庄以村民会议或其他村民更容易接受的方式，将外出学习的见识、心得与村民进行分享、交流。

（2）引入项目申报竞争机制，实现公益资源合理、公开、公平、有效的分配使用，让有发展意愿和有能力的人获得资源。具体由各个村组通过集体讨论达成共识后，选出项目内容和管理小组。项目管理小组组织村民制定项目实施方案，形成各小组的项目申报书。由政府、公益组织、独立专家与社区代表组成评委会，讨论并制订项目评分标准，组织召开社区项目申报会。所有提交项目申报书的村民小组，在项目申报会上公开展示、讲解本村的项目，回答评委提出的各种问题，评委当场打分，并公布成绩。最后根据分数排名确定资助名单，核实后予以实施。项目申报会一方面促使村民根据自己的实际需求，提出符合社区现实的项目，实现公共资源的合理分配；另一方面通过参与项目申报的过程，增强农民关于农村社区公共治理的主体意识和治理能力，实现村民社区公共治理自觉。

（3）为改善社区村民生产生活资金紧缺的现状，增加村民经济收入，项目设计了两种主要的项目工具——"村寨银行"和股份制产业发展项目。"村寨银行"是一种社区互助金融工具，通过村民按户自愿等额入股、公益组织按 1∶1 比例配比的方式形成本金，入股村民分三批进行等额借贷，每批借贷时间一年，一年后偿还本金利息，之后可进行下一批借贷；全体入股村民制定借贷管理办法并选举项目管理小组，从而实现全体入股村民对该笔资金及利息的共同管理、使用；同时，结合社区情况建立以各村组为单元的社区自然保护地，开展生态保护。股份制产业发展项目则是基于社区产业发展的需求，通过考察市场、技术来评估产业发展的风险及可行性，整合资金、技术、土地、市场、信息等资源，实现政府、社会、社区村民的合作化多赢，使参与的农户成为利益共享、责任共担的共同体。这两种项目工具在一定程度上解决了村民资金链的可持续问题，并帮助村民实现经济收入的增长。

（4）所有的社区发展项目都以相应的生态保护作为前提条件，以实现社区发展与生态保护的双赢。在以上所有项目执行的过程中，村民履行生态保护的义务，根据社区可持续发展的需求建立社区自然保护地，并根据村民的经验等地方知识讨论决定保护的负责人、范围、内容、奖惩措施等。首先要划定保护地区域、确定面积，需具有明确的识别标志与生态功能，如水源林、肥源林、风景林、薪炭林、公益林；其次要制定适当的保护规定，就如何在保护地内保护树木、利用资源（枝叶、松毛、山积土等）进行说明；再次要辅以明确的奖励与惩罚措施，对于违反保护规定的行为，社区予以坚决的惩罚，同时扩大社区监督，对于举报者予以奖励；最后要选出具体的管理负责人，将责任落实，负责人承担接受举报、组织村民制止破坏行为、上报林业部门依法治理等职责。

3. 项目的创新点

（1）理念创新：基于内生式的社区发展理念。传统的环保实践多以政府或环保精英主导、社区居民被动参与的方式进行，背后所秉持的理念是环保精英主义。精英式的环保是少数人的环保，一方面，它有时会与社区居民的生存发展产生利益冲突，在多数社区居民不理解时会造成社区冲突，反而给保护带来阻力。"环保不是饿肚子"，以牺牲人的生存权利为代价的环保注定无法持续。另一方面，精英式的环保缺乏对社区内生力的培育，一旦外部支持撤出，该区域的环保实践便难以持续。与精英式的环保不同，丽江健康与环境研究中心在环保实践中采用的是"内生式发展"理念，突破"为保护而保护"的技术性输入方式，将经济发展、环境保护目标建立在社区公共治理内生力的培育和建设上。通过确立村民的主体地位，发挥村民的主动性，发掘出社区蕴含的公共资源，并以此为基础，自主发展社区生态产业、积累财富，从"内生"的角度实现社区自治与可持续发展，从而避免传统项目中屡屡出现的一旦外部支持撤出后社区的发展和保护便无法持续的困境，以及以牺牲社区居民利益为代价进行环保的状况。

"内生式"发展理念强调的是：第一，人与自然环境关系（人地关系）建立中的决策主体是生活在这片土地的人们，而不是外部人群；第二，当地人在做选择时不是简单地复制已有的经验和案例，而是充分考虑到内生因素：①文化内生因素：在选择人地关系时是基于本土文化传统和习俗，建立适合于自己的人地关系；②资源内生因素：依据本地所拥有的社会资源和自然资源来建立人地关系；③能力内生因素：包括自身的语言、知识面和接触的大环境等因素。基于这些因素，人们在持续的自我决策、自我学习、自我修正、自我成长的过程中不断丰富和完善人与自然环境的关系。因此，只有选择"内生式发展"理念才能充分激发当地人的内在需求，使他们愿意去探索和处理人与自然环境的关系，把环境保护变成内在需求和动力，使之成为整个区域社会发展的生活方式。

（2）操作方式创新：发挥村民的主动性。不同理念指导下的项目操作方式有很大的不同。在"内生式"社区发展理念的指导下，丽江健康与环境研究中心在选择任何项目工具时，都极为看重社区居民的主动性和积极性，而不是代替他们决策、推行特定的项目。丽江健康与环境研究中心开展项目之前，会告知村民，有一笔资金可用于支持村民做事情，但做什么、如何做，都需要村民基于三个原则去讨论：①生态保护原则，任何项目都必须和生态保护挂钩，至少不能破坏生态；②村民出资原则，村民要筹集一部分项目资金而非全部由公益机构承担；③支持群体不支持个人原则，也就是以小组或村为单位进行支持。例如，有一些项目点难以实施村寨银行、发展合作社等项目，但却在改善村容村貌和垃圾处理问题上有强烈共识，于是村民主动提出了修建垃圾池的项目并获得中心支持；又如白芸豆是当地的传统产业，据测算种植一亩白芸豆要用两千多根竹竿，竹竿一般只有两年的使用时间，而当地的野生竹子已近乎砍绝，后来，村民学习参观之后，决定架设使用时间长久的钢筋替代竹子，中心也给予了支持，并与村民进行 1：1 的投资配比；再如项目申报会充分调动了村民的主动性和积极性，用类似草根 NGO 向基金会申请项目的方式，以村民小组为单位，通过村民自己组织的讨论形成项目申请书，并在通过项目答辩后获得资助。并且，每一份项目申请书后必须附上村民经讨论达成的社区自然保护地管理条例。综上所述，中心在项目操作中充分运用了"放手"战略，将多数事项交由村民自己去讨论，将村民的主动性充分激发出来。

（3）制度创新：建立符合本土实际的环境保护制度。村民讨论的不只是项目如何操作的问题，他们所探讨的更为关键的问题是：应该建立起一个什么样的制度，以适应本土的实际情况，在发展生计的同时保护共同生活的环境？制度的形成过程和制度呈现出的多样化、本土化特征是制度创新的两个方面：一方面，在制度的形成过程中，"争吵"扮演了极其重要的角色。"三江并流区域社区发展与生态保护项目"中，可以说最精彩的部分就在于项目实施之前村民聚在一起开会讨论以及争吵的过程。丽江健康与环境研究中心将项目各方面的决定权甚至生态保护的监督权都交给村民，一概通过村民会议讨论决定，其中牵扯的利益非常复杂，通常需要召开很多次会议，而且每次会议常常持续到很晚。比如，黎明乡黎光村第一次召开村民会议是在 2015 年 7 月，而项目最终实施是在 2017 年 12 月，前后用两年多的时间"争吵"了八九次。丽江健康与环境研究中心认为，这种"争吵"极为重要，在此过程中，村民最终针对各项复杂事务达成一致，并以白纸黑字的形式形成村规民约。这种经过不断争吵、最后达成共识的过程，正是村民真正实践公共讨论、共同决策的过程，是村民将家户与村庄联系起来的过程。另一方面，村民经过讨论所建立的社区自然保护地的保护制度呈现多样化、本土化特征。正因为"争吵"使社区中的各方利益充分参与，每个村组建立起来的自然保护地的保护方式、监督方式和惩罚机制各不相同。在过去的环保项目或是生计发展项目中，项目管理、项目监督、环境保护等制度或是外来组织直接嫁接，或是邀请专家设计得来，但丽江健康与环境研究中心认为，即使是最顶尖的学者专家所设计出的制度也不一定是最适合当地实际情况、最符合村民风俗习惯的制度。最适合当地情况的制度注定是多样化、本土化的。例如，黎明乡黎明村的一个村民小组所建立的社区自然地保护条例中不允许捕杀青蛙，而其他项目点并没有此类规定，这是因为当地使用的自然历中有一种说法，当青蛙叫第三声的时候就要开始种玉米和白芸豆了，如果把青蛙捕杀了的话，村民听不到青蛙叫，会影响农业的正常规律；再如，当地傈僳族有一个习惯是在树上打洞吸引野蜂前来筑巢，用蜂蜜换取收入，黎光村对此制定了村规民约——在自然保护区中较大的树上不允许打洞，以免破坏树木，但是仅隔20多千米的同样是傈僳族的利苴村则允许在树上打洞，他们认为这一方面可以增加收入，另一方面打了洞的树木就不会有人偷砍了。总之，不同项目点基于不同的生活习惯和习俗，发挥村民自主性所建立的多样化的保护制度使制度创新成为可能。

4. 项目的创新成效

（1）生计与环境状况同步改善。在"内生式发展"理念指导下，丽江健康与环境研究中心运用多种项目工具，包括村寨银行、股份制产业发展等项目，帮助村民增加可支配性收入，提升生计发展水平。比如村寨银行项目通过为村民提供滚动借贷，一定程度上解决了村民资金链的可持续问题；股份制产业发展项目则通过整合资金、技术、土地、市场、信息等资源，提升农产品的市场价值，实现政府、社会、村民的合作化多赢。目前在中心的支持下，社区村民建立了核桃油冷榨股份制项目、藜麦种植股份制项目、养蜂产业项目、豌豆和黑青稞种植项目等多个股份产业发展项目。

除了生计发展得到改善，在生计发展与生态保护兼顾的项目理念之下，项目区域的生态环境通过建立自然保护地等措施同样得到极大改善。据村民介绍，以前村子里常常听到油锯的声音，乱砍滥伐非常普遍，植被越来越稀疏；还常常发生泥石流，村民一下雨就很紧张，而自建立自然保护地以来，植被的密度明显增大，防滑坡的能力增强，只要不是下暴雨，村民也不必紧张发生泥石流的危险；并且，如今各种鸟类和猴子等物种也回来了，当地的生态多样性逐步得以恢复。

（2）农村社区环保意识被普遍激发。各类项目工具的资金投入并不算大，但是通过项目与生态保护的捆绑联动，在项目区建立了多个生态保护地，村民的环保意识得到了普遍激发，环保理念深入人心。在项目区所在的村子里，就曾经发生邻村村民在保护地钓鱼，从而被全体村民围住并进行惩罚的案例。为何村民的环保意识变得如此强烈？在当地，流行一种"砍了一片林，富了几家人"的说法，可见村民对于环境正义的缺失有着深切的感受，但即使想管，以前也没有合适的契机。在前期调研过程中，村民对于水土流失、滑坡、水源变少、旱季人畜饮水困难等问题都有明确的意识，但没有机会和能力加以解决。"三江并流区域社区发展与生态保护项目"的一大精彩之处就在于用少量的资金将村民组织起来，为村民提供了环保实践的机会，并在项目执行过程中进一步提升了村民的环保意识和能力。当然，也有的村子一开始并不愿意建立这样的环保制度，比如九河乡的河源村，其地理位置靠近大理的剑川县，而剑川又拥有合法的木材交易市场。对于河源村的村民来说，砍伐树木运往剑川销售是一种不错的"生财之道"。当项目刚刚介入时，村民反对的声音很强，争吵得也最厉害。对此，丽江健康与环境研究中心以项目资金支持为"诱饵"，用利益去吸引村民：如果建立自然保护地，中心就会拿出资金支持村民发展村寨银行和相关产业。在项目介入以后，村民的环保意识逐渐增强。因此，环保意识的激发是项目介入之后发生的一个重大改变，促使村民共同维护社区环境，而环境的改善进一步增强了村民的环保意识，从而形成一种良性循环（见图 1）。

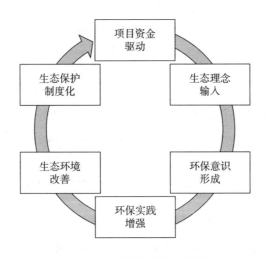

**图 1　生态环境保护的良性循环**

（3）实现社区公共治理自觉。社区公共治理自觉是项目催生的根本性变革。在内生式发展理念的影响下，村民通过反复的争吵和讨论针对某一社区问题或需求达成一致，完成了社区公共治理的一次次训练，激发了村民的公共治理意识，实现了社区公共治理自觉。社区公共治理自觉表现在：①社区公共治理能力显著提升。村寨银行项目资金及利息持续滚动累积，为社区公共事务的治理提供经济支撑；股份制产业发展项目使参与的农户成为利益共享、责任共担的共同体，学会通过制度来管理自己的集体事务，让更多的村民自主、自觉、自愿参与发展。②社区主体意识与合作精神显著提升。在过去农村普遍存在原子化的情况下，缺乏一个将各方利益统合起来的渠道。而项目使村民自己讨论形成了集体管理制度，使村民的主体意识与合作精神得到提升，人际关系也更加和谐。③建立了一个现代意义上自治的社区治理体系。生计发展与环境保护的联动机制给村民带来一次契约精神的启蒙，通过打通和联结利益与责任，形成了一个自治的治理体系。

# 三、案例分析

## （一） 创新模式是如何发生的

### 1. 创始人的实践历程与反思

从个人层面来讲，丽江健康与环境研究中心创始人邓仪自 20 世纪 80 年代开始就在贵州草海自然保护区做环保工作，彼时的邓仪在单方面、狭隘的集体环境利益思维导向下，处境尴尬且充满愤怒，常常与村民发生冲突，甚至被村民打得头破血流。此后邓仪开始反思这种环保理念及其实践中的问题，他一直思考的是：为什么大家明知道很多鸟类是保护动物，但是还要去捕杀它？为什么本来建立一个国家自然保护区是很好的事情，却会和保护区里的居民有这样或那样的冲突？当地的村民为什么不愿意参与到环境保护中来，是什么限制了他们保护自己家园的行动？带着这些疑问，邓仪进行过很多尝试，最后发现，"环保不是饿肚子"，环保不能以牺牲村民的生计发展为代价。因此，1993 年，邓仪推动草海保护区引进"参与式环保"模式，陆续推行一系列兼顾环保与扶贫、物种保护和改善当地人生活的国际合作项目，最终发展出人与自然和谐相处、名闻遐迩的"草海模式"。这种模式打破了管理者和被管理者的对立，让村民参与进来。在2002 年左右，邓仪在草海工作经验与教训的基础上于贵州黔西县古胜村继续开展环保项目，探索出"内生式发展"理念及项目管理的雏形；2004~2009

年，邓仪担任阿拉善 SEE 生态协会副秘书长等职务，深化"内生式发展"理念及项目管理；2009 年，任北京三生环境与发展研究院社会发展部项目总监，同年来到云南老君山区开始内生式发展之路。这 30 多年中，邓仪经历了环保发展的三个阶段：树立环保英雄先锋、精英主义和"内生式"发展，从"替农民做主"到"让农民自己做主"，他所主导的环保项目持续升级和迭代，不断完善成为今天的模式。

2. 机构定位为服务者和促进者

从机构层面来讲，丽江健康与环境研究中心从一开始就将自己定位为服务者和促进者，把村民的主体性、积极性、能动性放在首位，以此来激发村民的内生创造性。丽江健康与环境研究中心尊重项目区域原住民的权利，主动承担服务者和促进者的角色，发挥催化助力作用，在项目介入之前就根据村民的主观意愿来决定做不做项目，而在介入的过程中，也以村民为主体，除了大的原则框架由中心来引导，其余事项大多交由村民自己讨论而成，各类项目也都是由村民按照自己的需求去设计和执行。从第一个项目点河源村到现在的黎明村，丽江健康与环境研究中心的项目运作方式基本都沿用这种模式。这种模式最大限度地为村民创造了创新的空间，充分激发了村民的主体意识，用村民的地方知识和本土智慧，促成了持续不断的项目创新。

(二) 创新模式是如何扩散的

在本案例中，社会创新的扩散分别朝着两个方向进行：一是外向的扩散，二是内向的扩散，本节将针对不同方向的扩散展开分析。

1. 外向扩散

一是通过项目的持续扩大化而得到扩散。可将其简单理解为项目的复制，即从一个村子扩展到另一个村子，这可从丽江健康与环境研究中心的发展历程中体现出来：自 2010 年项目团队进入玉龙县九河白族乡河源村，将其作为第一个项目点以来，项目点逐渐蔓延至玉龙县石头乡的兰香、桃花、利苴村，到黎明乡黎光村，巨甸镇的金河、后箐村，以及黎明乡黎明村，项目点已经增至 8 个。

二是借助政府的扶贫工作进行理念的推广和扩散。丽江健康与环境研究中心的社区生态保护与可持续发展项目模式新颖、效果显著，受到丽江市委的肯定和重视。2018 年，丽江市委书记带领丽江市政府有关部门工作人员到项目点考察学习，希望从中吸取经验，促进政府扶贫方式和政策的改善。政府的重视一方面源自目前国家在建设长江经济带过程中尤为重视环境和生态保护问题，社区生态保护与可持续发展项目模式对于解决该问题非常有效；另一方面，社区生态保护与可持续发展项目模式对于政府目前大力实施的精准扶贫、乡村振兴战略可以贡献经验和做法，推动政府扶贫工作的开展。虽然社区生态保护与可持续发展项目的这种自下而上的项目执行方式可能并不完全适合政府扶贫工作的开展，而且实际上政府部门也尚未将此模式完全复制到扶贫工作中，但是在具体的扶贫工作中，还是能够借鉴该项目的优点，促进政府在扶贫工作中充分重视农民的主体性、积极性和主动性，将自上而下的政府动员与自下而上的村民参与有效结合起来，可促使扶贫工作更有质量和效率，这是项目理念扩散的一种表现。

三是通过工作坊、论坛交流或奖项评比等形式提升创新扩散的机会。2018年，丽江健康与环境研究中心通过建立学习网络，定期开展培训班，先后在北京、丽江举办了三期工作坊，为生态保护领域的政府部门、NGO及其服务的社区人员分享了其"以当地人为主体建立自然保护地"的环境治理方式，具体涉及以社区为主体的乡土生态保护方式——社区保护地的建立；以社区组织与制度为核心的社区自我服务、管理、学习、监督——内生式社区发展的实现；基于社区需求的、专业化、本土化的NGO服务方式——内生式项目管理的经验。中心还积极参与论坛交流，比如2017年5月，"中国—拉丁美洲——新的依靠，旧的阻力"可持续发展论坛在南美洲厄瓜多尔首都基多举行，丽江健康与环境研究中心理事长邓仪作为中方代表受邀参加了本次会议。邓仪在"中国的环境保护"讨论中就"中国三江并流区域生态文明建设"议题进行了案例展示，会后有多位参会者表示希望到项目点进行经验交流和学习分享。此外，中心还帮助黎光村加入了联合国环境署—世界保护监测中心（UNEP-WCMC）管理的原住民和社区保护地注册系统（ICCA Registry）。通过工作坊、论坛交流等形式，可以让外界对项目创新形成更好更多的认知，对于创新的扩散起到助力作用。

2. 内向扩散

社区生态保护与可持续发展项目的最精彩之处在于通过激发村民的主动性和积极性，实现社区公共治理自觉，这样的创新模式在村庄内部同样得到了"复制"和扩散。比如说项目点村委会的一些干部开始借鉴项目模式中高效的治理策略来治理村庄事务，以前很多吃力不讨好、很费精力的事情，需要由村委会干部做决定并处理，而现在一些村干部也开始灵活运用"放手"策略，将这些问题直接交给村民自己讨论，让村民充分"争吵"，协调各方利益，得出解决方案，大大减少了问题的解决难度；一些村民小组也越来越多地运用项目中的一些"策略"来处理公共生活中的问题，比如遇到红白喜事，不少村民都要到场相互帮忙，通过张贴"任务榜"，村民之间有了更好的任务分工与合作，帮工效率得到较大提升，而且避免了个别村民"磨洋工"的现象，村民的积极性被激发出来。

## （三）社会创新扩散进程中的阻力

### 1. 项目模式与传统的资助模式尚需磨合

机构创始人邓仪作为自然保护领域的社会实践者，经过 30 多年的摸爬滚打，几乎尝试了所有的环保模式，最终从"国家自然保护区"模式的执法人员，走向参与式、内生式发展理念的践行者。总体来讲，这种内生式的发展模式在兼顾生计发展与环境保护方面成效显著，是一种非常契合当地实际的有效模式。但是，在实际工作中也会遇到一些诸如筹资和寻求项目资助等方面的问题。社区生态保护与可持续发展项目是一个极具内生性的发展项目，必须从当地的实际情况和现实需求出发，因地制宜地进行项目设计和整体安排，这是一个非常漫长的过程，而大部分基金会的资助项目不会允许如此长时间的摸索和调试。比如，一个项目申报从筹备到开展可能就要耗费十个月的时间，期间需要村民分小组经历无数次的讨论形成一致的项目需求和项目设计，最终拿到项目申报会上进行展示，但基金会的项目资助周期一般为 1~2 年，有明确的时间期限，并且要求受资助机构在填写项目申请书时尽可能地细化、明确和完整。因此，这就导致村民最终形成的项目申报内容和丽江健康与环境研究中心申报项目资助时的申请书内容有出入，这直接影响到资助方对丽江健康与环境研究中心的信任和满意程度，影响着后续资助的可持续性。丽江健康与环境研究中心不得不持续向资助方申请项目调整，拉长资金使用时间，这不仅会影响到资助方与受资助方的关系，而且不利于社会创新项目的扩散。

### 2. 项目具体内容因地而异，难以标准化

在"三江并流区域社区发展与生态保护项目"的实施中，虽然目前 8

个项目村的总体理念和框架大致一致，但每一个项目村甚至村民小组的具体方式都是经过村民的激烈讨论而确定的，在项目选取和自然地的保护方式等方面都各不相同。同时，项目自下而上的特点也决定了项目操作难以标准化，它往往需要执行者付出极大的耐心，从发展者的视角出发，长期陪伴村民在讨论中逐渐形成共识，慢慢引导村民在过程中实现社区公共治理自觉。另外，每一个项目点的生计发展与生态保护制度都是结合本土的知识、文化和民风习俗而制定的，其形式和内容各不相同，这些既是优势也是劣势，从社会项目扩散的角度来看，项目模式难以标准化，将会成为其中的一个阻力。

3. 自然条件和民意基础存在限制，推广速度慢

项目点的选取需要同时满足三个条件：一是具有一定的自然生态基础，有建立自然保护地的自然条件；二是村民具有较高的主动性和积极性，有提升社区治理能力的潜力，愿意配合项目执行者通过讨论建立符合本地实际的发展方式和保护制度；三是要有强烈的发展意愿，对自然环境的破坏有保护的共识。因此，这种社会创新扩散的条件存在一定的限制，如果不能达到上述三个前提条件的话，项目复制和扩散的难度将会很大。而实际上，在农村地区，同时满足具有建立自然保护地的自然条件、村民具有强烈的发展意愿、具备主动性和积极性这三个条件的村子并不普遍，更多的情况则是需要项目工作人员花费大量的时间和精力培养，并在项目实施的过程中逐渐激发，因此，这种情况使推广扩散的速度减慢。

4. 村民现代市场质量和服务意识的建立需要时间

社区生态保护与社区发展项目虽然已经在项目地生态环境保护方面取得了显著成效，但项目创新扩散至更深处的一大阻力在于——村民的意识转化是最困难的，也就是说，如何帮助村民从一个第一线的生产者转变为一个与市场对接的、有市场意识的主体，这是项目的一大挑战。即使外来者帮助村民建立产品销售平台、对接外部市场，但村民对于产品质量要求和服务意识仍然与现代市场的要求不相匹配。比如在种植藜麦的项目区，村民在对藜麦的处理和加工时有时很不仔细，常常混杂着很多砂砾，这在他们传统的加工程序中很常见，在他们看来是一件很正常的事情，但这明显不符合现代市场对于产品质量的要求。又比如在一些致力于发展旅游的项目区，村民对于具有当地特色的如传统弓弩的产品，不懂得如何讲解

和包装，使销量大打折扣。为了帮助农民建立现代市场质量和服务意识，丽江健康与环境研究中心第一步是引导和组织村民到规范的市场上去学习考察，第二步则是利用一部分资金支持村民尝试进行产品的包装、挑选和筛检，逐步与市场对接。显然，这将是限制项目创新扩散的另一因素。

## 四、结论与建议

自 2010 年以来，丽江健康与环境研究中心"三江并流区域社区发展与生态保护项目"通过建立以村民为主体的社区公共治理模式，探索社区发展与生态保护的双赢，提高社区村民参与公共事务的积极性和能力，提升公益资源在乡村的分配和利用效率，促进农民自主使用各种资源来实现经济、社会及环境效益的最优化。项目通过"内生式"社区发展服务理念，促进了人与环境的协调发展，产生了适合当地的组织制度、生产生活方式、公共治理方式以及生态产业模式，最终实现了现代化转型中新乡村发展和区域生态文明建设的双赢。

但创新的实现及其扩散的过程并非一帆风顺，需要付出长期的努力。对此，本文提出以下建议：

首先，对于政府来说，在环境保护和扶贫工作中，应善于借鉴这种自下而上的发展模式的经验，充分重视农民的主体地位，调动农民的主动性和积极性，选择符合农民发展意愿的发展方式，更好地实现环境保护和农民脱贫的双重目标，同时为自下而上的社会创新提供更宽松的环境，促进政府与社会组织的合作，实现自上而下与自下而上的有机结合，助力社会项目创新的实现和扩散。

其次，对于环保组织来说，项目模式和理念的创新是组织长期发展的重要保障，为保证项目模式和理念创新的活力，应更加注重因地制宜的经验探索和项目创新的迭代升级，不断改进项目框架，完善项目理念，而不是固守一种模式。丽江健康与环境研究中心自 2010 年开始开展社区发展与生态保护项目，至今只有 8 个项目点，但随着项目点和覆盖区域的持续增加，要想保持项目模式和理念的竞争力，就必然面临迭代升级的需求。

最后，环保组织同样需要在项目实践的同时加强宣传和交流，积极向相关政府部门、同类社会组织及社区宣传介绍成熟的项目模式，并在交流和学习中相互借鉴经验，从而不断改善和提升自己，同时提升公益创新项目的社会影响力。这也是丽江健康与环境研究中心下一步开始加强理论和实践方面的梳理与总结、对外交流、试图总结出自己独特的发展模式的原因所在。

# 引进、迭代与规模化

## ——以"中国食物银行网络"项目为例

上海绿洲公益发展中心成立于 2004 年 11 月，是上海市首家民政局批准并注册的民间环保组织，主要从事野生动植物及其栖息地保护、水环境保护、节能减排和关注全球气候变暖等环境领域的保护宣传、实践、调查研究以及咨询和交流等工作。中国食物银行网络项目作为上海绿洲公益发展中心的核心项目，主要从农场、制造商、零售商以及个人募集即将被浪费的食物，并组织合理的运输、分类和储存，通过公益组织、社区、企业和公众等志愿者伙伴把食物和物资捐赠到弱势人群中。2016 年，"中国食物银行网络"项目经过层层筛选，最终成功获得中国民生银行和中国扶贫基金会联合发起"我决定民生爱的力量——ME 公益创新资助计划"50 万元人民币的资助，项目于 2017 年 3 月正式启动。

## 一、项目实施背景——食物银行的缘起

食物浪费与饥饿是一个并存的现象。一方面，食物从生产、加工再到消费的流通过程中始终存在浪费的情况，据一份题为《食物浪费足迹：对自然资源的影响》的报告显示，全球每年浪费的食物约有 13 亿吨，折合经济损失约 7500 亿美元。据统计，这些浪费中约有 54% 发生在生产、收获后处理和存储的过程；46% 发生在加工、流通和消费环节。① 另一方面，食物短缺依然是全球面临的严峻问题，据 2017 年《世界粮食安全和营养状况》报告显示，尽管世界上食物不足人口所占比例已从 2000 年的

---

① 人民网：全球每年 13 亿吨食物被浪费，2013 年 9 月 13 日，http：//world.people.com.cn/n/2013/0913/c157278-22905347.html。

14.7%下降至 2013 年的 10.8%，但是，下降的速度最近却大幅减慢，并且最令人担忧的是，全球饥饿人口的数量在长期持续下降后，于 2016 年出现上升，目前饥饿人口数量为 8.15 亿。①

具体到中国，2014～2016 年食物不足人数占总人口的比例约为9.6%。② 党的十八大以来，尽管扶贫攻坚取得巨大成效，我国现行标准下的农村贫困人口数量和农村贫困发生率均有了大幅下降③，但如何打赢扶贫攻坚战仍然是摆在党和国家面前的一项重要任务。与此同时，由于物质的极大丰富，社会上存在大量的浪费现象。据国家粮食局估计，我国在粮食生产、流通、加工、消费等环节存在大量浪费，每年仅在粮食储存、运输和加工环节的损失浪费高达 350 亿公斤。而消费环节的浪费更是触目惊心，据估算，每年在餐桌上浪费的食物约合人民币 2000 亿元，相当于 2 亿多人一年的口粮。④

食物浪费不仅仅意味着扔掉了大量的食物，更意味着生产和处理这些食物所投入的大量水、能源、土地以及生产资料等被无效消耗，以及温室气体额外大量排放。例如，超市中那些即将过期但又卖不出去的食品就需要花费不少资源进行处理和销毁；大量剩余农产品的加工处理同样需要耗费大量人力、物力、财力；另外，厨余垃圾的处理也带来了巨大的环境压力。我国国情已经无法支撑这种挥霍式的食物消费方式。建立以节俭为核心的资源节约、环境友好、生态循环、安全健康的绿色消费模式，势在必行。

基于此，2014 年，上海绿洲公益发展中心参考国外食物银行的做法，发起了食物银行项目，倡导惜食分享的理念，尝试利用本土化资源有效解决食物浪费和食物需求之间的链接问题。食物银行是国际上针对食物贫穷和食物保障不足孕育而生的一项重要反贫困策略。在中国，食物银行还是个新鲜事物，其实践才刚刚起步，而有关食物银行的研究更是寥寥无几。

① 世界卫生组织：2017 世界粮食安全和营养状况：增强抵御能力，促进和平与粮食安全，https：//www.who.int/nutrition/publications/foodsecurity/state-food-security-nutrition-2017/zh/。

② 中华人民共和国常驻联合国粮农机构代表处：FAO 发布《2017 年世界粮食安全和营养状况》，2017 年 11 月 9 日，http：//www.cnafun.moa.gov.cn/kx/gj/201711/t20171109_5865674.html。

③ 2013～2016 年，我国现行标准下的贫困人口数量由 9899 万人减少到 4355 万人，年均减少1391 万人，农村贫困发生率由 10.2%下降至 4.5%。

④ 网易新闻：我国粮食存储加工环节一年浪费 700 亿斤，http：//news.163.com/14/1020/09/A908CN1U00014AED.html。

西方的食物银行虽然有半个多世纪的运营经验，但不同国家对待"临期食品"的态度不一，法律法规不同，食物银行从西方舶来中国被指"水土不服"①，因此，对我国食物银行的运营方式进行描述、分析，总结其经验教训，对我国公益事业的创新发展无疑具有重要意义。

# 二、案例描述——绿洲食物银行的发展历程

绿洲食物银行致力于搭建食物浪费和食物不足之间的桥梁，并致力于发展中国食物银行网络。该项目的发起一定程度上减少了食物浪费带来的环境问题，并为社区低收入家庭提供食物补充。从 2014 年发起至今，绿洲食物银行共募集食物 320 余吨，7.6 万个家庭因此受益。目前，食物银行除了上海本地的 80 个授权分发点外，也辐射到除上海以外的新疆、成都、安徽、青岛、邯郸、北京等地。2015 年 3 月，绿洲食物银行作为大陆唯一一家食物银行加入了全球食物银行网络。2016 年 10 月，"分享冰箱"在社区试点，获得广泛的关注和好评，为减少社区 1.5 平方千米以内的食物浪费开创了新途径。②

## （一）发展历程及主要成就

回顾过去三年多的发展历程，绿洲食物银行的成长十分迅速。

目前，绿洲食物银行是上海绿洲公益发展中心的一个核心品牌项目，该中心成立于 2004 年 11 月，是上海第一家经民政局批准并正式注册的民间环保组织，2016 年，该中心被评为上海 4A 级社会组织。

2014 年，上海绿洲公益发展中心发起名为"转手遇到爱"的活动，致力于用安全有效的余量食物，帮助因重大变故等原因导致的经济拮据且有未成年子女需要抚养的困难家庭，此项目为绿洲食物银行的前身。据统计，2014 年，项目组拜访了上海郊区近 10 家农场累计行程 800 千米，获得 2 家农场主动合作；拜访了近 100 家面包店累计行程 1300 千米，获得 2 家面包烘焙坊、1 家烘焙学校主动合作，共收集 30 吨余量食物。该活动选

---

① 互助特报：食物银行全球风靡，在中国却遇水土不服，2017 年 1 月 9 日，http：//www. sohu. com/a/123819913_ 506436。

② 《绿洲食物银行年报》（2017 年），http：//www. oasiseco. org/file/2017report. pdf。

择上海市普陀区普雄社区和浦东新区塘桥社区为余量食物分发实施区域，共发动 228 名志愿者服务 20052 人次，保证余量食物的及时回收和分发。[①] 此次活动为绿洲食物银行项目的开展初步积累了经验，对余量食物的关注也促使上海绿洲公益发展中心重新思考机构的定位。在前期工作的基础上，2015 年，上海绿洲公益发展中心将组织使命定位为"打造中国食物银行网络，实现食物浪费领域的线上到线下（Online to Offline，O2O）"，致力于创建环保节约型社区。这一年，工作人员开始积极探索，学习国际经验，并于 2015 年 3 月，作为中国唯一受邀机构参加美国休斯敦全球食物银行网络年会。2015 年 5 月，上海绿洲公益发展中心正式引入国际流行的食物银行模式，在上海成立了食物银行浦东运营中心和浦西门店，"这主要是塘桥街道社会组织服务中心主任的帮助，他对我们的这个项目比较有兴趣，也看到我的朋友圈关于食物银行的介绍，给我们提供了这间免费的办公室，有了场地"。[②]

有了明确的组织定位之后，绿洲食物银行项目迅速发展，2015 年，余量食物、受益人次、志愿者、捐赠厂家、大型超市合作方等各方面数据都有了大幅度增长（见图 1）。2015 年 8 月，中心出台了全国首套食物银行国内本土化实体运营经验的实践手册，打造了一支拥有食物银行运营技能的志愿者团队及项目实施团队，为中国食物银行网络项目复制打下了基础，并通过整合食物资源，资助和培育了中国首家社区型食物银行（塘桥社区食物银行），形成了近 50 个授权食物分发点及社区型食物银行为主要食物分发渠道的绿洲上海食物银行网络联盟。[③]

在不断努力下，绿洲食物银行项目获得社会各界的支持和认可，例如，2015 年 9 月以来先后获得上海市民政局的创投支持；入选阿里巴巴全民公益合伙人项目 10 强；入选福特最美好世界社区实践奖第 1 名；入选中国公益行动奖第 1 名；连续 2 年通过中央财政资助项目的评估。

2016 年，绿洲食物银行网络已经发展出上百个捐赠渠道和 80 个授权分发点，并辐射到上海以外的其他省、市。2016 年 10 月，分享冰箱在普雄社区试点，获得中央和地方媒体的广泛关注。这一年，绿洲公益事业发

---

① 《上海绿洲生态保护交流中心年报》（2014 年），http：//www.oasiseco.org/file/2014report.pdf。
② 根据对李冰博士的访谈录音整理，访谈日期：2018 年 6 月 1 日。
③ 《绿洲食物银行年报》（2015 年），http：//www.oasiseco.org/file/2015report.pdf。

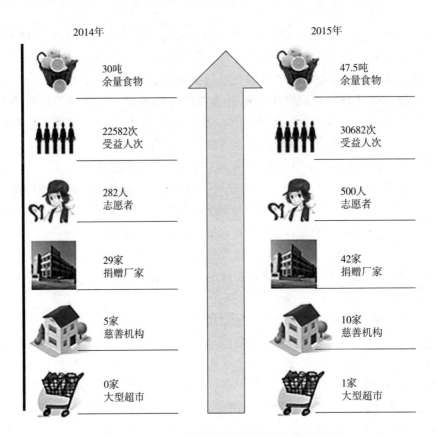

**图1　2014～2015年食物银行各主要指标增长率**

展中心取得的主要成绩有：成功利用网络技术，打造"线上捐赠食物追踪系统"，提升了项目的透明度；连续3年获得中央财政项目资金支持，获得博世基金会资助；被评为上海市4A社会组织；成功申请成为全球食物银行网络成员，获得资源网络和技术、培训支持，连续两年参加美国休斯敦的GFN年会；入选银杏伙伴计划；入选"爱佑创客+计划"；入选中国民生银行"ME公益创新资助计划"。①

（二）"中国食物银行网络"项目简介

2016年，上海绿洲公益发展中心申请的"中国食物银行网络"项目经

---

① 《绿洲食物银行年报》（2016年），http://www.oasiseco.org/file/2016report.pdf。

过层层筛选，最终成功获得中国民生银行和中国扶贫基金会联合发起"我决定民生爱的力量——ME公益创新资助计划"50万元人民币的资助。项目于2017年3月正式启动。

1. 项目目标

该项目的目标分为长期目标和具体目标。长期目标是创建节约型社区，打造全国食物银行网络；具体目标是在减少食物浪费的同时满足社区内相对缺乏发展资源或家庭经济较为困难家庭的食物需求，从而实现"食物零浪费，人人有其食"的目标。项目目标的衡量指标包括：①食物募集的重量；②免费援助的人群数量及满意度反馈；③志愿参与人数。

2. 项目开展的主要活动

围绕项目目标，中国食物银行网络项目主要从惜食理念倡导、志愿者招募与培训、余量食物分享活动、全国食物银行网络建设四个方面开展活动。

（1）惜食理念倡导。该项活动的主要目标是活化社区1.5平方千米以内余量食物资源，就近捐助就近消化。活动的形式主要包括宣传资料、媒体报道、宣讲、上门拜访等；活动地点主要是浦东运营中心及各授权分发点临近的社区、商家、企事业单位、学校等；每次活动参与人数在20~30人，每季度开展1次。惜食理念的倡导很好地改善了社区内的食物浪费现象，活化了当地余量食物资源，为食物银行网络项目的开展营造了良好的社区氛围。

（2）志愿者招募与培训。主要做法是在社区内招募志愿者，经过培训在门店向公众介绍、分发、分拣食物包，整理仓库和食物；其主要目标是分享食物银行的运营体验，逐渐达到社区自主运营。活动地点在绿洲食物银行浦东运营中心门店，每天1次，每次2人，也可以是固定两人，长期每天轮换。惜食理念分享活动与志愿者招募活动相辅相成，惜时理念的倡导活动引起公众对食物银行网络的注意和认同，为志愿者招募提供方便，同时，志愿者招募又可以进一步强化惜时理念，最终达到创建节约型社区的目的。

（3）余量食物分享活动。包括"食物劝募回收志愿活动"和"爱心食物包递送活动"两项活动。前者主要是去已确定捐赠意向的厂家回收余量食物，可通过公交地铁或自驾车方式，每次2~3人，视食物多少而定；后者主要是将爱心食物包分发给弱势群体，同时了解他们对食物的满意度反馈情况，活动地点分散在 50 个不同的授权分发点，活动频率为面包 1~2 次/周；其他食物 1 次/月。受益人主要是 50 户贫困家庭，可通过通知受益人来领或送食物上门的方式进行。

（4）全国食物银行网络建设。包括网络在线捐赠平台建设和外地食物银行网络建设两个层面，前者包含整理、发布捐赠信息，以保证捐赠信息透明化，同时提高工作效率；后者主要通过 2 年的食物银行运营已初步形成食物银行标准化手册，为外地的食物银行授权点（成都、江西、浙江等地）培训和辅导，促进全国范围内食物银行网络的规模化和规范化。

3. 项目的创新点

（1）理念创新：基于惜食理念的减贫模式。在国家精准扶贫的宏观背景下，扶贫资源投入日益增多，扶贫方式也逐步多样化和精细化，上海绿洲公益事业发展中心虽然并非专业的减贫机构，但是该机构基于惜食环保的理念开展的减贫活动具有创新价值。寻找专业的方法收集可能被浪费的食物，减少食物在上下游环节的浪费及由此而带来的碳排放，从而减轻对环境污染的压力，这是营造人与自然和谐统一的生态人居环境的题中之意，是建设"环境友好型社区"的重要目标。

"对于一家环保组织发起的食物银行项目，我们从环保的角度考虑，因为浪费食物会污染环境，我们想通过惜食分享行动及理念倡导，使大家意识到食物浪费对生活环境的影响。从每个家庭开始养成珍惜食物，认真对待食物的行为习惯，改变自己对食物的行为就是改变对自己所在地球的认知，体验一个每个人都很容易践行的环保行动，从而达到全民创建节约型社区的目的。"[①]

（2）技术创新：食物银行在中国的创新迭代。绿洲食物银行网络的关键创新点之一是利用新技术，不断进行项目的创新迭代，从而解决公益实践中遇到的困难。以分享冰箱为例，在给予社区困难群体帮助的同时保护他们的隐私和尊严，是分享冰箱的初衷，但上海"两台分享冰箱，两种不同命运"折射出来的却正是实名领取和隐私保护之间的矛盾：两台分享冰箱"一台实名领取，附近老人拉不下面子；一台自由取食，多拿的未必是

---

① 根据对李冰博士的访谈录音整理，访谈日期：2018 年 6 月 1 日。

最需要的人群"。① 面对这一问题，绿洲食物银行网络自主研发自有专利的新型分享冰箱，即分享冰箱2.0版。2.0版"分享冰箱"通过技术手段对原有模式进行了全面升级，具有自动分发、远程管理、身份识别等功能。冰箱采取封闭式设计，受助人通过身份证号识别认证，只需在感应区刷卡，并在机器上输入所需食物对应的号码，相应的食物就会出现在取货口。此外，"分享冰箱"有自动识别功能，每人每天只能领取一次食物，这样，不仅使"分享冰箱"真正能帮助那些需要的人，保护了他们的尊严和隐私，而且扩大了"分享冰箱"的受益人范围，辐射到环卫工人、快递员、外卖员等户外工作者。

（3）资源整合创新："就地"搭建食物浪费和食物不足间的桥梁。食物浪费与食物不足并行存在，绿洲食物银行网络一方面通过建立食物银行标准化手册、食物银行授权分发点、线上捐赠食物追踪系统等方式实现资源整合，搭建食物浪费与食物不足之间的桥梁（见图2）；另一方面，在食品捐赠和分发的过程中，食品的运输等成本是一项重要支出，再加上一些食品属于临期食品，又提出了时间上的要求，因此，食物银行网络非常注重"本地消化"食物的能力。"本地消化"可以大幅减少人工和运输、邮寄成本，节约食品分发时间，提高效率。

4. 项目的创新成效

（1）网络化、规模化效果。在中国民生银行和中国扶贫基金会联合发起"我决定民生爱的力量——ME公益创新资助计划"的支持下，绿洲食物银行网络得以初步搭建，在上海及其他省、市确立了80多家授权分发机构，同时，在上海以外，依托新疆喀什儿童福利院、江西省莲花县六市乡中心小学、成都爱有戏社区发展中心等机构建立七个授权分发点。至此，中国食物银行网络项目已经初具规模，其资源募集能力和受益人数均获得较大提升。2017年，绿洲食物银行共获128家单位余量食物捐赠，捐赠食物近80吨，价值980多万元人民币，另外，2017年度筹款总额为320万元；志愿者活动累计开展78次，志愿者参与人数2万人次以上，这比往年都有较大提升。

总体来看，从2014年至今，这一规模化的食物银行网络的受益人已达

---

① 上观新闻：上海两个"风向冰箱"的不同命运，2017年1月17日，http：//www.cnr.cn/shanghai/shzx/jw/20170117/t20170117_523497146.shtml。

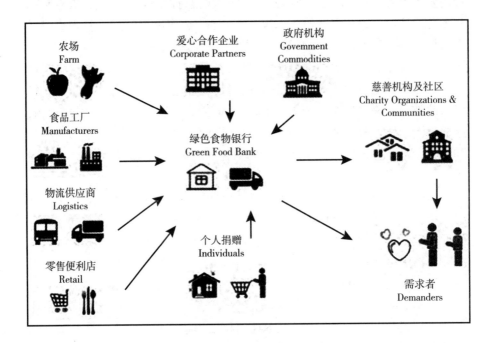

**图 2　绿洲食物银行网络的资源整合模式**

16 万人次，收集并分发余量食物 120 吨、日用品 60 吨，其中，上海以外的总受益人数达到 4120 人，主要包括农民工子弟学校的师生、特殊教育学校的师生、社区老人、有 0~3 岁幼儿的家庭。

（2）"线上+线下"食物银行网络，提升项目透明度。在"ME 公益创新资助计划"的支持下，绿洲食物银行开发了"线上+线下"相互结合的"食物银行网络"，打造智能化食品数据溯源管理平台。该平台包括独立的捐赠方、受益方、物流方等端口，自适应手机电脑等不同端口，以科技手段驱动规模化解决食物收集、管理、分发过程中的数据管理问题，进一步提升了项目的效率和专业化程度，保证食物的安全并实现捐赠信息透明。2017 年，绿洲食物银行共完成 128 家捐赠厂家、146 家授权分发点的数据系统使用培训及 2016~2017 年的数据导入。

（3）成为中国食物银行的代表，打造国际品牌。2017 年，绿洲食物银行正式成为全球食物银行网络联盟成员。要成为全球食物银行网络联盟的成员必须通过一系列严格的认证手续，"这个认证说明我们在食物处理和分发程序上的科学性和安全性得到了国际机构的认可"①，是国际影响力提升的表现。并且，在 2018 年的"休斯敦全球食物银行网络年会"中，"分享冰箱"项目从 100 多家全球食物银行网络成员中脱颖而出，获"年度最高创意奖"，其创新做法被全球食物银行网络作为案例向全世界食物银行推广，提升了项目的品牌知名度和国际影响力。

## 三、案例分析

### （一）创新的动力与环境

**1. 机构发起人对环保的执念与创新探索**

好的社会创新项目往往能够一举多得地解决社会问题，推动社会进步。但创新不是头脑间一闪念的灵感，而是在长期的知识、经验积累中从量变到质变的瞬间爆发。

目前，绿洲食物银行是上海绿洲公益发展中心的核心品牌项目，但在食物银行之前，该中心不断变更项目主题，以追求更具可持续和影响力的项目，实现创新。"要找到一个点去做，不要追求广泛，所以我们当时也做了一些尝试，以小水域生态治理项目为例，也不能说它做得不成功，但后来就发现没法深入做下去了，我们跑遍了上海所有的学校和愿意给我做的社区，都做完了，就没得做了，这个就不太可持续……后来因为办公室搬家，搬到现在的地方，扎根社区，一个偶然的机会吧，跟香港有个机构的志愿者聊起来，他们介绍了香港的食物银行。2014 年，我们也做了一个调研，发现上海的食物浪费比较严重，于是就举办了一场惜食分享的活动，慢慢就做起来了，当时有不少人质疑，但也有很多人支持，第一年就募了 20 多吨食物。"②

如何寻找一个有效的创新点对于创新的成功具有关键性作用。正是前期丰富的项目经验和知识积累，确立了发起人及其机构对环保的执念，在不断尝试、不断聚焦的过程中奠定了绿洲食物银行成功的基础。

**2. 外界对社会创新家的资助与荣誉激励**

伴随社会服务机构专业化和公信力的提升，越来越多的公众和基金会

---

①② 根据对李冰博士的访谈录音整理，访谈日期：2018 年 6 月 1 日。

愿意给社会服务机构捐赠，特别是对具有社会企业家精神的公益人才进行资助，这是绿洲食物银行网络得以快速发展的外部环境基础。

在公众资助方面，一是公众对绿洲食物银行网络的关注度较高，慷慨解囊，为其捐赠了大量资金。例如，2017 年，绿洲食物银行网络的两个项目——"最美食物包 2018" "为剩食与饥饿建桥" 在 99 腾讯公益日筹款总计近百万元，占年度筹款总额的 30% 左右；捐款人数超过 1000 人，食物银行的衍生项目 "余量食物小课堂" 获腾讯公益推送，点击量超过10 万+。① 二是大量的志愿者参与其中，不仅提供了宝贵的志愿服务，而且在志愿参与的过程中身体力行了 "惜食分享" 的理念，例如，仅在 2017年，绿洲食物银行网络累计开展志愿活动 78 次，志愿者活动参与人数2000 人次以上。② 机构与志愿者的良性互动为公益创新提供了进一步的社会支持。

基金会资助方面，绿洲公益发展中心发起人李冰博士获 "2016 届银杏伙伴计划" 支持；同年，该机构入选 "爱佑创客+计划"；入选 ME 公益创新资助计划，多家基金会的全方位资助为机构及发起人的成长提供了资金和非资金等多维度的支持。

此外，在政府和基金会的支持下，一系列的公益评奖项目提升了公益创新项目的知名度和影响力，是公益创新的另一重要支持和动力保障。食物银行网络先后获上海市民政局的创投支持、入选阿里巴巴全民公益合伙人项目十强、福特最美好世界社区实践奖、2017 年度 "公益之申" 最佳项目创新奖、凤凰网行动者联盟 2017 年十大公益创意奖等奖项；2017 年，"社区型食物银行" 入选中国好公益平台第二批优质公益产品，在中国好公益平台的多方互动合作机制下，3M 公司、思科、普华永道公司等企业对绿洲公益发展中心开展了为期几个月的战略和业务模式咨询 ③，为公益创新提供了智力支持。

3. 互联网等信息技术助力发展

无论是分享冰箱的 "远程后台管理系统"，还是智能化食品数据溯源管理平台，都体现着绿洲食物银行网络对新技术的拥抱（见图 3）。新技术的应用将项目的智能化、可信化及安全化三者结合，不仅可以提升项目运

---

① 《绿洲食物银行年报》（2017 年），http：// www.oasiseco.org/file/2015report.pdf。
②③ ME—中国食物银行网络 2017 年第四季度报告。

营管理的效率，保护受益人的隐私，更重要的是这些新技术的应用很好地提升了项目的透明度，为探索中国食物银行乃至更大范围内的公益运营模式提供了基础经验。

在互联网公益形式层出不穷的环境下，绿洲食物银行网络运用的是一种专门针对公益行业而研发的产品，主要目的是实现公益的透明化。该产品依托区块链技术，将所有爱心记录在区块链上，捐助金额、资金流向等信息公开透明，最终将爱心变成一种数字资产，让公益和慈善活动变得更可信，以此提高参与的人数及意愿。

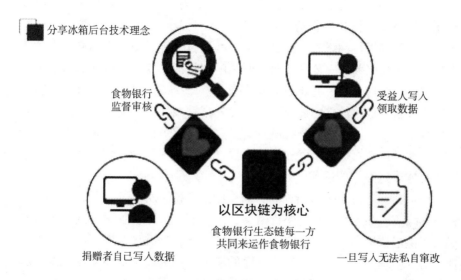

**图3 分享冰箱背后的技术理念**

## （二）创新规模化的原因及挑战

### 1. 如何实现规模化

（1）扩大合作伙伴网络，适时复制拓展，发挥规模效益。通过新技术的运用和项目不断的迭代，绿洲食物银行网络已经发展出相对成熟的运作体系，在资金允许的条件下，尽力进行模式拓展，以发挥规模效益。

截至2018年6月，绿洲食物银行网络在上海市内已有80家授权分发机构，一部分通过社区分发点进行，分布在普陀街道、塘桥街道、洋泾街道的30多个居委；另一部分通过专业社会组织进行，包括社工类机构、儿童类机构、养老类机构、农民工子弟学校、残障类机构五大类型、46 家授权机构。在上海以外，通过与北京、新疆、四川、江西等地的多家机构合作，形成了一批驻外授权分发点。

余量食物就地消化可以最大限度地减少运输、管理成本，是解决生产、流通领域大批量食物浪费的最佳手段，但就地消化的前置条件就是要在全国范围内铺开食物银行网络。目前，绿洲食物银行的尝试，无论是从自身的规模化程度，还是从积累运营经验的角度来说，都是值得肯定和推广的。

（2）项目多样化，满足不同层次的需求。一个好的公益品牌不仅要规模化，而且要多样化，打造不同的公益项目以满足不同层次受益人的需求。绿洲食物银行网络先后推出三个核心项目，针对受益人不同层次的需求提供多样化服务：①分享冰箱主要是解决社区 1.5 千米以内商家的余量食物资源，快速分享并帮助身边的陌生人。②最美食物包：把保质期长、相对更具营养价值的食物挑选出来，优先帮助困境中的受益人，满足其基本的食物需求。③余量食物超市：义卖厂家授权可以义卖的余量食物，所得收入补贴运营人员的工资和其他项目（环保普享行动、转手遇到爱关注弱势群体项目等）的运营、物流费。

（3）加入全球食物银行网络，获得国际支持。2015 年 3 月，绿洲食物银行网络正式加入全球食物银行网络。一方面，全球食物银行网络可为其成员提供包括培训、会议、交流等方面的服务，提升会员在筹款、组织治理、财务管理、志愿者管理等诸方面的能力，成为其成员便可以源源不断地从中获得支持；另一方面，作为全球食物银行网络的成员之一，绿洲食物银行必须通过一系列严格的认证手续，在食物处理和分发程序上符合一定的科学性和安全性标准，这意味着绿洲食物银行网络目前的运营获得国际同行的认可，这对其规模化、规范化运营乃至品牌知名度的提升都有重要意义。

2. 规模化过程中面临的挑战

中国食物银行网络项目在 ME 公益创新计划的资助下，通过利用互联网技术，实现项目的不断迭代创新；通过开发标准化的管理运营手册，实现项目在上海本地及北京、四川、新疆、江西等地的扩散。然而，在公益创新项目规模化的过程中，也面临诸多挑战。

（1）法律风险与制度障碍。目前，我国还没有直接针对食物银行食品安全的法律法规，《食品安全法》主要是针对食品经营行为，未就食品捐赠特别是余量食品或者临期食品捐赠的安全保障进行特别规制。《公益事业捐赠法》《救灾捐赠管理办法》《慈善法》虽对捐赠主体、捐赠程序和捐赠物资管理等方面做了规定，但未专门针对食品捐赠进行阐述和规制。食物捐赠是一种特殊的捐赠行为，除了食品的保质期之外，从捐赠到派发的各个环节，都需要较高的技术和安全要求。缺乏相关制度保障和监管规定，很容易将公益各方置于安全风险之中，而且发生安全问题后，无法进行责任认定。正是由于缺乏明确的法律规制，政府对食物银行之类的项目无法提供政策支持，最终无法形成有利于食物银行的政策环境，这将影响规模化的进展。

（2）对食品安全的担忧，限制了食物银行项目的推广。食物银行的初衷是避免食物浪费，它的食物构成主要是即将过期但又消耗不掉的食品。首先，对捐赠人来说，拿出临期食品进行捐赠，往往会有自己的顾虑，担心"名声不好"，而且一旦临期食品出现食品安全问题，作为捐赠方，是需要承担相关法律责任的。其次，对于食物银行来说，食品安全大于天，出于安全考虑，目前食物银行只接受企业或零售商等单位捐赠，很少接受个人捐赠，且食物主要以易包装类为主，食物来源受到了限制。

不仅捐赠者和募捐者担心食品安全问题，公众和受益人也同样存在疑虑。绿洲食物银行网络的发起人李冰博士从两个方面解释了公众疑虑的原因："中国人目前是'谈食色变'，一个是整个食品安全的大环境不好，正常买来的东西都会担心有问题，何况临期食品……另一个是我们的理念与西方不同，在西方，食品保质期被认为是'最佳赏味期'，有些过了最佳赏味期的食品，比如密封比较好的罐头食品，也都是可以吃的，但我们的习惯是必须要扔掉的。"[①]

项目一开始，社区居民对食物银行的到来面面相觑、不知所措："一位独居的婆婆看见面包坊募捐来的大法棍，指了指上面的白色糖霜，觉得食物肯定是剩下的，已经发霉不干净。哪怕志愿者当场示范试吃，她也不能接受。最后，因为当地其他居民用粥配着吃后赞不绝口，婆婆才同意尝

---

① 根据对李冰博士的访谈录音整理，访谈日期：2018 年 6 月 1 日。

试。"① 尽管绿洲食物银行网络采取社区分享活动的方法来打消社区居民的疑虑，但受饮食习惯和传统文化的影响，并不是所有需要的人都愿意领取这些临期食物。此外，对受益人来说，他们可能是体质较弱的老人或家庭困难人员，不仅需要充足的食物，更需要健康的食物，如果是一些高热量、高甜度、难咀嚼、难消化的临期食品，也的确会带来安全隐患。

（3）受资金限制，食物银行扩张速度有限。仅靠绿洲食物银行 80 多家分支机构，无法覆盖更多的人群，也难有更多精力去募集和分发更多的食物，并且规模化程度越低，食物就地消耗的能力也就越低，这无疑增加了食物银行的运输成本。因此，对绿洲食物银行的扩张来说，与食物捐赠同等重要的是资金捐赠。

只有充裕的资金才能支持食物的顺利分发以及分支机构的扩张。以 2017 年的数据来看，绿洲食物银行共获得近 80 吨、价值 980 多万元的食物，而该年度的筹款额是 320 万元。该年度，食物分发、维持 80 多家授权机构及 15 台智能冰箱运营的业务活动成本是 285.8 万元。可见，相对于食物捐赠，资金捐助规模相对较小，这限制了中国食物银行网络的持续扩张。未来，项目如果需要规模化影响力，还亟须筹集更多的资金，逐步探索适合食物银行项目的自我造血途径，以不断实现项目的网络化和规模化，从而达成使命。

（4）受益人的对接机制及筛选方法有待优化。目前，绿洲食物银行形成了两种与受益人对接的机制，一种是通过"分享冰箱"和"最美食物包"直接将食物与受益人对接，另一种是通过在社区服务机构和专业社会组织设立授权分发点，再由授权分发点负责与受益人对接。两种对接机制各有利弊，直接对接受益人的最大优势是可以跟受益人有更多的接触，便于更好地了解他们个性化的需求，可根据每个受益人身体及需求状况的不同提供个性化的食物包，以提升公益服务的效果。但其最大的缺点是一旦规模化，则需要高昂的业务活动成本和人力成本，尽管绿洲食物银行已经在努力募集资金和招募志愿者，但能够直接对接的受益人数量仍然十分有限。

目前，绿洲食物银行更多的是通过在社区和专业社工机构设立授权分

---

① 刘怡山：《洋气食物银行的本土化困局》，《南方周末》，2016 年 12 月 19 日，http://www.infzm.com/content/121494。

发点，再通过授权分发点与受益人对接的方式分发食物。此类方法可以降低成本、提升效率，但受益人的筛选方法有待优化，特别是在社区授权分发点，绿洲食物银行的主要受益对象是政府保障体系覆盖的低保、纳保、残障人群，而在政府保障体系之外，是否还存在更多的食物需求者，如何满足他们的需求是绿洲食物银行不得不面对的一个问题。

## 四、结论与建议

总的来说，中国食物银行网络项目在"ME 公益创新资助计划"的支持下，在学习借鉴国外食物银行成熟经验的基础上，通过应用互联网技术，不断创新迭代线上与线下运作管理模式，提高项目的本土化程度、透明度与效率。与此同时，通过运营管理手册的开发，不断标准化公益产品的管理运作流程，通过建立分支机构或与在地社会组织合作，形成庞大的食物银行网络，实现项目的规模化发展。

通过募集余量食物，将其与弱势群体的需求对接，绿洲食物银行为减少食品浪费、改善困难群体的食物供给及食品营养结构探索了一条创新之路。其创新的动力主要来自主客观两个方面。主观上，发起人对环保的执念并为此不断探索是最主要的动力来源；客观上，外界对社会创新家的资助与荣誉激励为创新提供了良好的社会环境；互联网等信息技术的运用进一步推动了项目的智能化、可信化与安全化。经过不断努力，绿洲食物银行网络已经发展出相对成熟的运作体系，在资金允许的条件下，尽力进行模式拓展，以发挥规模效益。

但由于食物银行在中国还属于新生事物，在实践中也不可避免地遇到一些问题，主要集中在法律和制度方面的限制、利益相关主体对食品安全的担忧、项目规模化过程中的资金限制三个方面。为更好地促进食物银行在中国的发展，提出以下建议：

第一，就政府而言，应尽快完善相关法律法规及监管措施，减少食品监管漏洞及由此带来的食品安全隐患，让捐赠人和受益人对食物银行"放心"。目前，我国还没有直接针对食物银行食品安全的法律法规，《食品安全法》主要是针对食品经营行为，未就食品捐赠特别是临保期食品捐赠的安全保障进行特别规制；《救灾捐赠管理办法》规定捐赠人捐赠的食品、药品、生物化学制品应当符合国家食品药品监管和卫生行政等政府相关部门的有关规定，然而，相关法律缺乏针对性的规定并且法律之间缺乏衔接。未来，政府应尽快设立准入要求，对食品收集、运输、储存、发放等环节的食品安全进行监管，并借鉴国外政府购买食物银行服务等经验，适时加大对食物银行的支持力度。

第二，就支持者而言，除了捐赠食物以外，还应考虑到食物分发过程中必然产生的物流、仓储、运营管理等成本，给予必要的资金支持。否则，由于资金限制，食物银行不仅无法形成规模化的网络，而且其日常运营也难以为继。

第三，就食物银行本身而言，应在规模继续扩张的同时，培育一支专业化的团队，建立紧密型的合作网络，进一步完善现有的受益人筛选机制，精细化其食品数据溯源管理平台，以更加透明和高效的方式保证食物快速分发至最需要的人群。环保与减贫是食物银行的一体两面，绿洲食物银行除了在拯救余量食物方面应继续耕耘以外，还应继续优化受益人筛选机制，以更好地满足弱势群体的食物需要。

# 资源枯竭型城市解决养老
# 问题的创新探索

## ——以"煤矿工人温馨驿站"项目为例

"煤矿工人温馨驿站"由河南省平顶山市志愿者协会发起，致力于解决资源枯竭型城市养老问题，为退休老人提供生活照料、家政服务、人文关怀、增值服务等综合性社会服务。2016 年，该项目获得由中国民生银行和中国扶贫基金会联合发起的第二届"我决定民生爱的力量——ME 公益创新资助计划"资助。

## 一、项目实施背景

根据联合国"凡 65 岁以上老年人口占总人口比例超 7% 或 60 岁以上人口占比超 10% 的国家都属于老年型国家"的规定，中国自 2000 年起已经进入老龄化社会，且老龄化进程不断加快。根据国家统计局数据显示，2008~2016 年，全国 65 岁及以上老人数量从 1.1 亿人上涨至 1.5 亿人，占总人口比重从 8.3% 升至 10.9%，老年人口数量的年平均增幅高达 3.99%[①]。

随着老龄化程度的加深，我国老年人对养老服务的刚性需求也在不断释放。然而养老服务供给侧的发展却远无法满足迅速增加的民众需求。第一，受"计划生育"政策影响，目前我国家庭多呈现"倒三角"结构，一对独生子女的夫妻不仅需要照料子女，还需负担双方共四位老人的养老，经济压力和社会负担日益沉重；第二，政府提供的公共养老服务虽然内容丰富，包含基本医疗保险、社区照料等，但始终很难做到覆盖全体老年

---

① 国家统计局：《中国统计年鉴（2008~2016）》，http：//www.stats.gov.cn/tjsj/ndsj/。

人，以及满足老年人的各层次各类别需求；第三，养老行业虽然市场潜力巨大，但市场力量提供的养老服务多针对有一定经济能力的中高收入家庭，低收入老人群体的养老需求仍得不到满足。2012 年，全国约有 2300 万老年人属于贫困和低收入者，失能半失能老年人更高达 3500 万余人，农村留守老年人已达 5000 万人①。七成以上的城镇老年人口居住的老旧楼房无电梯、出行困难。高龄、失能和患病老年人的日常照料护理问题，已经引起社会各界的普遍关注。

以上三大养老难题在资源枯竭型城市表现得尤为突出。资源型城市多因资源发掘而兴，又因资源枯竭而败，城市发展严重依赖资源，产业结构单一。一旦出现资源枯竭，整个城市的经济发展随即面临停滞，政府财政紧缩，面对短时期内集中出现的大量失业人员与提前退休人员自然也无法提供很好的社会保障。再加之，资源枯竭型城市在产业结构转型期内（即新产业还未得到挖掘前）必然面临城市劳动力大量外流，年轻人都出外谋生，留下来的都是年迈的老人。而这群老年人面临的情况又令人堪忧：政府财力紧缩、养老公共服务量少质差、企业倒闭撒手不管（或只提供一次性买断工龄、养老金的有限费用）、子女外出有心无力。

因此，如何增加养老服务供给，成为解决资源枯竭型城市养老问题的关键。在政府和市场双双"失灵"的情况下，社会创新便成为解决这一难题的思路之一。近年来，"居家养老""机构养老""医养结合"等新模式在全国各地不断涌现，其中，河南省平顶山市志愿者协会举办的"煤矿工人温馨驿站"公益项目可谓独树一帜，一方面完全依靠社会资源的发起、运营，积极地在政府尚未覆盖又缺乏市场吸引力的困难老年人社区中发展专业社工与志愿者为退休老人提供综合性的社会服务（包括在生活照料、家政服务、人文关怀、增值服务等方面），以助人自助为目标建立起社区中老年人互助养老模式和完善国家社区居家养老服务体系；另一方面又积极创新项目运营方式，孵化社会企业，让项目具有较强的可持续性与可复制性，提升项目的经济、社会、文化效益。本文以"煤矿工人温馨驿站"公益项目为例，首先介绍该项目的发展历程、创新内容与成效，其次分析项目创新的动力与条件以及创新规模化的可能，最后做出总结与建议。

① 《2016 中国人口老龄化现状分析及未来人口老龄化问题及对策》，《中国产业信息网》，http：//www. chyxx. com/industry/201605/414511. html。

# 二、案例描述

社会创新的发生，必然需要经历一个"创新想法提出—实践—结果产生—复制扩散"的过程①。国内外学者虽对过程的命名方式不尽相同，但过程内容都大致相似，例如，孙启贵、徐飞②将社会创新划分为三个阶段：创新思想的形成、创新思想的试验评估、创新机制的传播与扩散；何增科③将社会创新划分为三个阶段：新创意的提出与试行、新创新的实施与完善、新创意的扩散与传播；杰夫·摩根④则更加细化地将社会创新划分为四个步骤：第一步，通过理解需求和发现潜在解决方案来聚集想法；第二步：发展想法，形成模式，开始实践；第三步：评估而后扩大规模并且扩散好模式；第四步：学习和发展。本文将主要采取杰夫·摩根的创新四步法来剖析"煤矿工人的温馨驿站"项目的创新过程。

2016年，平顶山市志愿者协会申请了"我决定民生爱的力量——ME公益创新资助计划"，经过多轮的竞争与筛选，协会申请的"煤矿工人的温馨驿站"项目由于找到社会的痛点，提出了创新的解决方案，最终获得了中国民生银行50万元的项目资助。

## （一）创新第一步：通过理解需求和发现潜在解决方案来聚集想法

如前文所述，社会创新发起于一些未被解决的社会问题与新的需求。社会的问题、需求会通过多种方式为公众认识，如非正式的社会运动、志愿性组织、个体社会企业家等。杰夫·摩根⑤认为最好的创新者是能够发现未被市场和政府解决的问题，从这一角度来看，平顶山志愿者协会不失为一个创新者，他们敏锐地发现了平顶山市众多退休煤矿工人的未被政府和市场解决的日常养老照料的需求。

作为"煤矿工人温馨驿站"公益项目的发起者与运营者，河南省平顶山市志愿者协会于2006年成立，以扶危济困、传播人人公益为使命，主要

①④⑤　杰夫·摩根：《社会硅谷：社会创新的发生与发展》，《经济社会体制比较》2006年第5期。

②　孙启贵、徐飞：《社会创新的内涵、意义与过程》，《国外社会科学》2008年第3期。

③　何增科：《社会创新的十大理论问题》，《马克思主义与现实》2010年第5期。

在救灾、助学、养老等领域内积极开展社会公益活动和志愿服务工作。协会在成立的 12 年间共组织各项公益活动 1000 多次，登记在册的志愿者 1 万多人，带动全市近 30 万人参加志愿者服务工作。接受善款善物折合人民币 2000 多万元，救助各类困难群众 6000 多人次，服务学生及其他群体 5 万多人次。

目前，"煤矿工人温馨驿站"公益项目是河南省平顶山市志愿者协会的一个核心品牌项目。项目缘起于协会对社会问题的关切、自身使命的认知以及老年人需求的了解。平顶山市是一个以煤炭能源为主的老工业城市，"老龄化"的人口结构特征明显。根据 2010 年第六次人口普查数据，平顶山市常住人口 490 万人，65 岁及以上老年人口为 43.2 万人，占比 8.8%，同 2000 年第五次全国人口普查数据相比，65 岁及以上人口占比比重上升了 1.71 个百分点，本已经十分严峻的养老问题呈现出加重的趋势。再加之近年来随着煤炭资源的逐渐枯竭和经济形势的变化，平顶山平煤集团产能迅速降低，陆续关停几十座矿井，退休职工高达 9 万人。2017 年，12 座矿井相继关停，集团又新增了 3 万名下岗职工。他们大多数都选择了一次性领取养老金、买断工龄和内部退养的安置方式，这就意味着企业和国家将不再对其发放养老金，矿工们将用他们一个人的退休金负责一家人的生活就医等各项开支，矿工们的养老难题不言而喻。首先，由于退休矿工多患有各类职业病，如气管炎、关节炎等，就医频繁，有限的家庭储蓄也难以满足持续不断的医疗支出，医疗、养老的经济能力问题突出。其次，退休矿工就医需求频繁，但由于煤矿社区地处偏远，平顶山市政府提供的社区医疗服务还未能实现偏远地区的覆盖，退休矿工只能选择到 10~30 千米以外的市医院就医，初老龄老人还能通过公共交通自行就医，高龄老人则必须有亲属陪同，而子女多在外地打工，配偶也多同是高龄老人，出外就医就困难重重。再次，地处偏远的煤矿社区不仅缺乏社区医疗供给，社区其他公共服务供给也十分有限，老年人的日常生活照料，如买菜做饭、洗衣洗澡、理发等都需自行完成，给老年人日常生活带来极大的不便与困难。最后，缺乏娱乐、沟通活动的社区生活也让大多数老年人感到十分孤独，部分老年人甚至有轻生意向，老年人的精神问题日趋严重。

在项目定位为满足煤矿工人迫切的养老需求之后，平顶山志愿者协会还进一步通过结构式访谈、填写问卷等方式调研其需求的细化内容。在经过 575 人次的访谈与问卷后，协会发现煤矿社区老人的养老需求主要为以下几点：

（1）日常生活照料是老人最为需要的服务活动。生活照料服务需求可分为：①免费服务：为社区困难老人免费供餐、与洗衣企业合作为老人免费洗衣、定期为社区老人开展爱心理发、免费体检、节假日关爱等志愿服务。②低偿服务：志愿服务小时工上门家居清洁、陪同外出就医、送餐服务、日常登门巡视、代理购物、协助洗澡如厕、家居维修等服务措施。通过调查，33%的老人把爱心供餐服务列为最需要的服务项目，因为对于困难老人来说，随着年纪渐长，加上子女大多在外工作，做饭十分困难。

（2）老年人的医疗健康服务需求同样急需满足。社区内大部分老人都患有慢性疾病，需长期服药和去医院就诊，但由于子女工作繁忙，老人们大多自己出行或者由老伴陪同就医，拥挤的公共交通和长时间的排队对老人而言十分吃力。对于初老龄老人来说，乘车外出就医还是力所能及的，但对于高龄以及行动不便的老人，没有别人的帮助，外出就医几乎是不可能的事情。因此，胜利花园小区的老人特别希望医院医生能到社区"出诊"。一是由于他们的医保都挂靠在平煤神马总医院或其他医院里；二是胜利花园小区内只有一所社区卫生服务中心，不能满足老人的就医需求；三是尽管社区老年人对卫生保健知识了解十分有限，但他们都有了解健康保健和慢性疾病知识和得到医生用药指导的愿望和需求。

（3）老人对精神文化服务的需求日益提升。平顶山志愿者协会通过调查发现，老人在退休后交往圈子渐渐缩小，仅限于周边的街坊朋友，社区内简单健身器材和露天棋牌桌的娱乐活动对老年人而言太过单一，且以个体活动为主，群体性活动较少。因此，大多数老年人都存在不同程度的孤独感，希望有机构能多组织群体性活动，有更多的机会与其他老人认识交流。

社会需求的发现，还需要具有可能性，才能共同触发社会创新的产生。基于以上社区老年人的需求调研分析，平顶山志愿者协会萌生了在社区建立煤矿工人温馨驿站，整合各类社会资源，弥补政府和市场的不足，为社区老人提供各类服务，完善退休矿工的养老社会服务体系的想法。与此同时，平顶山志愿者协会还开始评估组织本身的能力、资源，并讨论开办温馨驿站的可能性。

## （二）创新第二步：发展想法，形成模式，开始实践

一个创新想法在萌芽之后，还需通过实践才能发展和提高。同时，创新者的一大特征就在于他们总是有很高的驱动力去实践想法，并且认为等待政府和市场对问题做出回应、讨论对策、实践解决的时间太长，因此社会创新总是在发现社会需求的早期就开始实践。平顶山志愿者协会在 2016 年底萌生建立"煤矿工人温馨驿站"公益项目的想法后，就开始积极寻求社会各界的支持，一边利用协会此前积累的资金开始筹备，一边通过多媒体平台（包括传统纸媒、广播电视台、新媒体渠道等）进行项目宣传，同时，积极报名参加各类公益创投项目以吸引更多的社会关注与资金支持。2017 年初，"煤矿工人温馨驿站"公益项目成功获得了来自中国民生银行"民生爱的力量——ME 公益创新资助计划"的资助。2017 年 3 月，"煤矿工人温馨驿站"项目在平顶山市新华区民主街社区平煤二矿胜利花园小区正式启动。

项目的短期目标在于面向煤矿社区 500 名 60 岁以上的退休煤矿工人，以家庭为中心，以社区为依托，根据老人的需求，为相关群体量身定制服务。根据老人及所接受的服务的具体情况分为无偿服务、低偿服务。机构指派专业社工管理此项工作，创造温馨热情的服务队伍，树立品牌形象；完善各项制度、流程、经营模式。从长期来看，项目希望在平顶山市不断复制煤矿社区的养老服务模式，建立一支以退休党员为核心的 100 人志愿互助服务队，并以其为项目支撑，以"生活照料、家政服务、志愿服务、精神关怀、增值服务"为基本服务内容，以温馨驿站为依托，以有效"整合社会服务资源"为目标，建立完善的居家养老服务体系，打造真正意义上的"没有围墙的养老院"。

项目内容主要分为五类：第一类：老人管理类服务，包括①对社区内的 500 名老人登记在册，将老人们根据健康情况做出分类，以方便后续的分类服务。例如，平顶山志愿者协会对 50 名不能自理的老人采取多种形式的上门服务。②明确专职人员，温馨驿站聘请 6 名服务人员（2 名来自平顶山志愿者协会，作为项目协调和管理人员，4 名通过社会招募，其中 2 名需具有专业厨师从业资格证，另外 2 名在不需要从业资格的专职人员的招募原则上优先考虑低保对象、下岗工人）。平顶山市志愿者协会的其他职员则作为兼职人员负责项目的反馈、传播、财务监督工作。③严格透明

的财务管理。温馨驿站要依照中国扶贫基金会的财务管理要求建立严格的财务管理制度,并每三个月将温馨驿站项目所产生的费用票据反馈给中国扶贫基金会。平顶山市志愿者财务人员要对温馨驿站项目单独进行核算,做到账目清楚、专款专用,严禁挪作他用。协会、街道社区、老人互帮互助志愿队的骨干分子成立监管小组对温馨驿站进行财务监管,定期对财务收支情况进行检查,并向社会公示。

第二类:日常生活照料服务,包括①为老年人提供餐饮服务。社区温馨驿站设立爱心餐厅,并设立两条温馨驿站热线,为50名困难老人免费供午餐,并为450名退休煤矿工人低偿收费供餐、送餐,每餐不超过5元(不含送餐费用)。②爱心洗衣活动。温馨驿站采购2台全自动洗衣设备,男、女各设一个,由专人负责对失能、独居、困难老人每天免费清洗、晾晒衣物,其他450名有需求的老人采取每次1元的标准进行低偿服务。③为有需要的老人提供智能定位器。

第三类:医疗健康服务,包括①为老人提供免费日常性身体检查(测血糖、血压、体重)。②为老人免费提供康复、医疗、健身等器材。③为老人提供康复理疗服务项目。

第四类:精神文化服务,包括①为老人提供棋牌室、图书室等休闲场所和健身活动场所。②组织老年人书画、演唱等业余团队。③发动平顶山市志愿者现有的志愿队伍,如社区党员干部、爱心居民和社区周边的学生等人员,来社区举办老年人交友活动、公益服务活动等。④通过个案访谈、小组活动等形式疏解老人的孤独感和其他不良情绪。

第五类:老人赋能服务。助人自助是项目的一大核心目标,反映在实践中就是:温馨驿站积极组织500名老人成立互帮互助志愿者队伍,采取左邻右舍互相关照、60岁左右的老人帮助70岁左右老人的形式,定期、定时、定点帮扶结对子进行志愿服务。

(三) 创新第三步:评估而后复制、扩大

当一个想法可以在实践中证实可行,并且有继续成长的可能,就可以开始社会创新的第三步:评估而后复制、扩大模式。评估项目的创新点、项目成效与影响力,以及项目运行过程中产生的经验问题是最核心的部分。"煤矿工人温馨驿站"公益项目的创新点主要体现在以下四个方面:

第一,养老路径创新:积极发挥社会力量,弥补政府与市场的不足。

人口老龄化背景下，养老刚性需求骤升，完全依靠政府公共服务供给与市场供给显然无法满足大众的养老需求。因此，社会力量与公益资源的调动就显得尤为重要。杰夫·摩根[1]认为，最好的创新者是能够发现未被市场和政府解决的问题，从这一角度来看，平顶山市志愿者协会能够积极发挥自身社会力量与创造性，在政府与市场力所不及的养老服务供给领域，发掘平顶山市边远矿区众多退休煤矿工人未被政府市场解决的日常养老照料的需求，并建立温馨驿站提供服务，解决其养老问题。

第二，养老理念创新：从单向助人到双向自助的养老模式。同以往大多数养老项目、模式所不同的是，平顶山市志愿者协会不仅提供单向的助老服务，如日常照料、健康指导、精神关怀等，更强调助人自助，帮助老年人建立互助机制，探索新的优化方案。具体而言，平顶山市志愿者协会在日常的项目运营中帮助老人建立社区老人互助机制，志愿者协助社区老人建立社会网络，增强左邻右舍间的互相关照，建立相对年轻的老人与相对年迈老人之间的定期、定时、定点帮扶模式。

第三，运营模式创新：建立持续学习机制，不断提升组织能力。平顶山志愿者协会内部建立了持续学习机制，在运营温馨驿站项目的同时，还会定期组织团队成员学习省内、省外先进项目运营经验，每年都受邀参加在深圳举办的中国慈善项目展览会，鼓励团队参加专业公益项目培训课程"青螺学堂"等，学习新知识，积极与志同道合的伙伴讨论，刺激创新想法的出现。同时，为保证项目的持续性、加强项目的生命力，平顶山志愿者协会在不断学习与经验总结的过程中，探索引入新的合作者，升级驿站服务，打造"花生米"社会企业项目（项目具体内容见下文），用商业模式运营一家公益咖啡厅，从而丰富老年人的物质精神生活，同时增加项目的运营资金，用于支持和拓展项目的发展。

第四，社会资源整合创新：用科技突破区域限制，探索"政社企"多方资源联通。在项目的运营过程中，平顶山志愿者协会充分利用互联网等信息技术，力图突破地理区域的限制，寻求"政社企"多方资源的支持。首先，协会以"走出去"为项目推广思路，在保持传统媒体（电视和报纸）宣传的同时，更积极地拓展各类互联网公益宣传网站、公益筹资平

---

[1] 杰夫·摩根：《社会硅谷：社会创新的发生与发展》，《经济社会体制比较》2006 年第 5 期。

台、自媒体等新渠道，获得各级政府、基金会、省市慈善总会、企业及爱心人士在物质和宣传推广上的大力支持。其次，协会重视社会资源的发掘与整合，不仅积极参与公益组织间的交流，搭建公益社交网络，寻求潜在的合作伙伴（例如，"花生米"项目的合伙人即协会组织人通过公益项目培训结识），而且还积极参与平顶山市本地与河南省的企业家社会责任教育活动，为企业搭建参与公益养老服务的桥梁，帮助项目获得稳定的资助来源。截至 2018 年 8 月，"煤矿工人温馨驿站"项目共获得社会各界的捐款 24 万余元。最后，平顶山志愿者协会还积极寻求政府支持，不仅获得政府层面对于协会工作内容和成效的认可，还成为全市社区养老项目的典范，继而在王庄社区、曙北社区、联盟路社区孵化出三家温馨驿站。

而就"煤矿工人温馨驿站"项目的成效而言，主要体现在以下三方面：

首先，"煤矿工人温馨驿站"项目的成效体现为项目目标的顺利完成。①为 500 名社区老人提供送餐、洗衣、剪发等生活服务，满足社区老人生活照料的需求。②整合各类社会资源，为社区老人提供多层次多样化的养老服务，完善边远社区的养老服务体系。例如，与平顶山三甲医院平煤神马总医院合作成立平煤神马总医院志愿服务站、定期组织免费体检、组织健康知识讲座、关注社区老人心理健康、开展老年人各类文娱活动，为老人提供社交平台和政策咨询与资源链接服务，满足老年人身心健康需求。③老年人互助团体初步建立，养老观念与养老行为得到改善。④项目运营管理成体系化、制度化，逐步建立起了一支 10 人左右的专业化社工队伍，发展了一支以退休党员为核心的、近百名老年人组成的互帮志愿者队伍，以及以社区女性为主体的巾帼社区志愿服务队、大学生志愿服务队、医疗志愿者服务队、红领巾志愿服务队，为社区老人开展志愿服务 32 场，累计志愿服务时长 3000 多小时，1000 多名老人从中受益。此外，项目还建立了社区老年人和志愿者信息台账与温馨驿站运营管理制度，帮助完善平顶山市针对矿工社区的居家养老服务体系。⑤引入"低偿、有偿服务"，如洗衣、送餐、信息化、智能化呼叫救助服务平台等，使这些项目不会完全依赖社会捐赠，具有自我造血能力和可持续性。

## "煤矿工人温馨驿站" 项目中的案例故事

### 韩婆婆与孔婆婆的故事

　　家住煤矿社区的韩婆婆今年80岁高龄，丈夫已经过世，自己独自一人在家生活，穿衣、做饭、就医都很不方便，都是靠对门邻居60多岁的孔婆婆偶尔帮帮忙。有一回，韩婆婆洗菜的时候不小心摔了一跤，幸好被来串门的孔婆婆及时发现并送往医院，否则后果不堪设想。韩婆婆一直很害怕各种意外的发生，但又无能为力。直到温馨驿站的挂牌成立，韩婆婆有了社区老年人志愿者的定点定时帮扶，买菜、做饭、洗衣、理发都被安排得井井有条，还能偶尔观看驿站组织的娱乐表演活动，现在对自己的老年生活特别放心，并表示"温馨驿站真是为俺们办了一件大好事"。

　　作为韩婆婆的邻居，60多岁的孔婆婆身体康健，生活都能很好地自理。但孔婆婆却在受访时表示之前自己一直过得不开心，儿子、女儿都在外打工，平常一个电话也不打，自己每天看电视也无聊，社区老人也不怎么出来活动，熟悉的韩婆婆身体不好，也就是偶尔能找她聊天解解闷，大部分时间都感到很孤独，有时候甚至觉得还不如早点走了好（过世），心态十分消极。但自从有了温馨驿站，孔婆婆说"感觉像有了新家一样"，孔婆婆积极报名了老年人志愿者团队，每周每月都积极参加活动，又认识了朋友，也帮助了他人，消极心态转变之余，还发挥了自己作为老年人的社会价值。

　　其次，项目的社会影响不断扩大。一方面，煤矿工人温馨驿站很好地弥补了政府在边远地区养老公共服务覆盖不全面的问题，以及市场在贫困地区提供养老服务乏力的情况，通过释放社会活力满足了社会未被满足的需求，并得到社会各界的认可和政府的推广。在2018年新华区政府工作报告中明确提出要将"煤矿工人温馨驿站"打造为社区养老的典范，鼓励其模式在全市范围内推广。另一方面，由于项目的成效显著，协会先后获得平顶山市文明委"文明志愿服务先进单位"、市政府先进社会组织、河南省政府"扶残助残先进集体"、河南省"温暖2009十大爱心集体"、民政部"全国先进社会组织"等荣誉。志愿者李彬彬获得2008年"中国十大自强不息标兵"称号，志愿者王菊红获得"感动中原十大爱心人物"称号，志愿者杨操旭、崔二勇获得平顶山市"劳动模范"称号，会长周俊范获得中央文明办"全国百名优秀志愿者"称号。

最后，项目在传播过程中，不仅让项目本身获得广泛的社会关注与支持，还向大众普及公益精神，助力中国公益事业的发展。在各类公益慈善项目比赛中，"煤矿工人温馨驿站"项目也屡获殊荣，如第六届中国公益慈善项目大赛银奖。

需要注意的是，一项社会创新不可能是完美的，尤其是创新想法的首次实践必然存在些许困难与问题。①观念障碍。"求人不如求己""多一事不如少一事"的传统观念，让部分老人尽管有明显的服务需求，也不愿意去寻求帮助。②人员管理仍需提高。对项目服务量的预判不足，使机构没能配备充足的社工人员，从而局限了项目服务范围和内容的扩大。人才队伍稳定性也有待加强，要加强社工能力建设，启动激励机制，激发社工服务动力。③宣传能力有待加强。二矿胜利花园小区地域广阔，辖区内有医疗、企业、学校等各种各样的资源，但初期阶段社工开展的服务没能充分地覆盖居民所需，辖区内大、中院校志愿者队伍服务覆盖面和影响力也还存在一定的不足。对公众媒体、网络、宣传资料等宣传平台、手段的应用虽然都有所涉及，但仍待加强。

## (四) 创新第四步：学习和发展

学习和适应新变化，不断调整项目形式，是社会创新的第四步[①]。社会创新组织仍需保持各种形式的学习和各种新思想的讨论，因为只有如此，此前创新的实践成果才不会驻足不前。换言之，可持续性、可复制性是社会创新在这一阶段所面临的最大挑战。

就"煤矿工人温馨驿站"项目而言，初期实践中通过提供部分有偿服务来提升服务供给的可持续性，以及完全依靠平顶山志愿者协会自身队伍的壮大来实现项目在多地区的复制，都存在难度，也非长远之计。基于此，平顶山志愿者协会也积极寻求政府的支持，成功在王庄社区、曙北社区、联盟路社区孵化出三家温馨驿站。

---

① 杰夫·摩根：《社会硅谷：社会创新的发生与发展》，《经济社会体制比较》2006年第5期。

　　同时，平顶山志愿者协会积极加强队伍建设，组织团队成员学习省内、省外先进项目运营经验，每年都受邀参加在深圳举办的中国慈善项目展览会，鼓励团队参加专业公益项目培训课程，通过"青螺学堂"、深圳国际公益学院等，学习新知识，积极与志同道合的伙伴讨论，刺激创新想法的出现。通过不断的学习与发展，平顶山志愿者在原有"煤矿工人温馨驿站"的服务内容中增设外卖服务，针对河南人吃面食这样的特点，向社区居民提供馒头、面条和餐饮等外卖的服务，以获取更多项目发展资金。

　　此外，引入新的合作者（来自培训课程的同学），升级现有驿站的服务模式，打造"花生米"社会企业项目，希望将正在运营的社区养老项目进行赋能和经营理念方面的升级，探索一种"智慧养老（赋能养老、自助养老、抱团养老）"的新模式。"花生米"项目的内容主要包括：①通过"煤矿退休工人温馨驿站"，联合平顶山市的社会团体、研究机构和民主街社区的老党员、技术退休矿工等组成核心志愿者，计划打造一个以 5~8 名退休老党员为主的核心管理团队，以及大约 50 名技术退休矿工组成的支持团队。让社区有能力的老人自主参与养老项目管理，一方面发挥他们的示范引领及带动作用，另一方面通过各类有趣的、好玩的、老年人喜欢的服务项目，转变老人消极懈怠、空度余生和没有人生价值的思想。②用商业运营手段带动温馨驿站管理团队学习经营咖啡（茶）馆、面包店、社区营养餐厅，50 名社区老人共同参与其中，让老人们打发空余时间，能够自助养老、抱团养老，激励老人通过参与式的学习和劳动，收获满足、提升价值、分享红利，使社区老人实现老有所为、老有所乐，减轻政府、社会及家庭的负担。③社会企业（米糕店、咖啡厅、社区餐厅）对外营业，并不断开展主题活动，与平顶山本地企业和中小学签订合作意向，拓展销售渠道，邀请媒体报道，扩大项目影响力，组织参观交流学习，对项目进行总结、结项。

　　用商业化的模式实现公益项目的可持续性和可复制性是"花生米"项目最大的亮点。"花生米"项目是由深圳国际公益学院 EMP 同学会、社区、企业、社会组织跨界联合共同搭建的赋能平台，EMP 同学会掌握商业项目先进管理模式，社会组织有较强的动员能力和社会资源，政府提供扶持政策和场地支持，多方合作、优势互补。同时，在项目中，老人不再是单纯的项目受益者，而是项目的参与者、管理者、受益者和执行者。参与项目的老人共同持股、共享分红，经营收入由老人共同支配。项目的发起方平顶山市志愿者协会只提供项目支持、服务陪伴、第三方监管，不参与项目分红和持股。

# 三、案例分析

## （一）项目创新的动力因素分析

创新的发生绝非偶然。总结"煤矿工人温馨驿站"公益项目创新的动力，主要取决于以下三大因素：

第一，社会创新发起于那些未被解决但又急需解决的社会问题。发现煤矿老人的养老问题并清晰地定位出多类型、多层次的需求是项目创新的动力来源。平顶山市面临着严峻的老龄化问题，随着 2017 年 12 座矿井关闭，上千名退休矿工的养老问题给政府、社区和家庭带来了巨大的压力。政府公共服务数量和覆盖范围有限，远不足以满足老人们大量的以及不同层次的需求。而老人受传统文化影响，大多排斥机构养老，同时又希望融入社区，减轻子女压力。正是由于新的社会问题与居民需求的产生刺激了平顶山市志愿者协会养老项目的开展以及服务内容的创新。

第二，社会创新离不开社会创新家群体的不懈努力。国内外经验表明，社会创新家群体往往是推动社会创新发生的关键要素。尤其在各项资源匮乏，也甚少物质利润刺激与政策支持鼓励的社会创新初期，社会创新家的个人理念、能力、社会资本等特征对于创新是否能落地就显得尤为重要了。"煤矿工人温馨驿站"这一项目的创新想法与顺利落地实践都深深得益于平顶山市志愿者协会核心团队的社会创新家精神。首先，核心团队成员有社会责任感与理想，愿意积极参与当地社会问题的解决。其次，具有较强的执行力。核心团队成员依托协会自 2006 年成立至今建立起的文化体系、组织架构、管理制度、强大的志愿者团队以及丰富的公益项目运营经验，让"煤矿工人温馨驿站"这一想法迅速落地。再次，善于整合资源。核心团队成员借助多种方式进行筹款，不仅申请了平顶山市政府的财政拨款，以及市内几家大企业的稳定捐款，更借助新兴互联网平台向社会大众募捐资金。协会骨干人员部分为市政领导干部与商界精英，社会资源丰富，积极帮助联络项目所需政治、社会、企业等资源。最后，善于抓住机会。协会核心骨干积极参与各类公益项目培训与比赛，如"ME 公益创新资助计划""中国公益慈善项目",以及深圳公益慈善研究院培训项目,获得大量外部机会与资源。核心团队成员还十分倡导"终生学习"和"交流迸发创新"的理念。例如,"增设外卖服务"的想法在协会内部定期讨论中产生,用商业模式打造"花生米"社会企业项目是协会会长在深圳国际公益学院进修时与课程同学讨论中产生,并邀请同学共同参与实践。

第三,社会公益环境的改善也是孕育公益项目创新的一大重要土壤。首先在制度层面,2016 年《中华人民共和国慈善法》的颁布实施为慈善事业的发展与各类公益项目的推动奠定了一个坚实的法律保障。《中华人民共和国慈善法》一方面明确了税收优惠原则,明确允许企业的慈善捐赠可连续三年合计计算减免税收的额度,规定对扶贫济困捐赠实行特殊优惠政策,以促进慈善事业的发展壮大;另一方面也提出要加强对慈善行业的监管力度,打造健康的制度环境。其次,公益环境的改善也体现在公众参与意愿的提升。平顶山志愿者协会的志愿者数量从 2006 年成立之初的几百余人发展到至今 1 万余人,且更多的来自平顶山市以及全国各地的志愿者还在源源不断地加入项目活动之中,这都为项目的实施以及复制提供了坚实的人力基础。最后,社会各界对公益事业的关注度不断提高,平顶山政府对公益项目的社会效应愈加重视,不断在政府工作报告中频繁提及,更给予其政策优惠与资金支持。企业也开始强调发挥企业自身社会责任,积极参与慈善事业的捐赠与组织执行,民生银行即为一例。为更好地参与国家社会建设、发挥企业的社会责任,中国民生银行和中国扶贫基金会于 2015 年联合发起"我决定民生爱的力量——ME 公益创新资助计划",截至 2017 年,该项目已为涵盖社区发展、教育支持、环境保护、文化保护、卫生健康五大领域的 41 个基础公益项目提供了总计 2050 万元的创新资助,项目覆盖全国 29 个省、市、自治区,直接受益人群 18 万人,间接受益人群超过 25 万人。活动期间共有近 150 万人参与投票,网络点击超过 4500 万人。"煤矿工人温馨驿站"公益项目就是 ME 公益创新资助计划的资助项目之一。

(二) 创新项目规模化的原因分析

公益创新只有规模化,才能形成有效供给,发挥创新价值。"煤矿工人温馨驿站"公益项目在近两年的时间内在王庄社区、曙北社区、联盟路社区迅速复制、孵化出三家温馨驿站,成功地让这一项目的创新扩散至更广的地区，让更多的老年人受益。一个成功的创新实践背后必有原因，俞可平[1]提出社会创新是政府、企业与民间三方合作的重要平台，一项社会创新得以成功的因素不外乎以下几点：①社会创新的成功离不开政府的引领和支持[2]。基于中国特殊的国情，党和政府在社会创新中将发挥特别重要的作用，例如，为社会创新提供宏观的制度环境、资源，以及将社会服务领域向民间资本和社会组织开放[3]。②社会创新的成功也有赖于市场商业组织的发展程度。发达的企业组织会为社会创新提供了丰富的物质条件。③社会创新的成功最关键的还在于作为创新主体的社会力量的发挥，而社会力量的发挥又取决于社会组织的发展程度、组织能力与创新能力的高低[4]。④政府、企业与社会组织多元主体是否能合作采取社会行动，以及能实现多大程度的相互支持与合作也会影响社会创新的成功实践。

　　具体就"煤矿工人温馨驿站"项目而言，其成功规模化的原因主要有以下五点：

　　第一，"老龄化"特征显著的平顶山市老年人对养老服务有巨大的需求基础。首先就"温馨驿站"项目的服务对象——矿区老人而言，平顶山全市大约有12万个平煤集团退休煤矿工人，他们对"温馨驿站"所提供的各类服务有不同程度的需求。而全市其他老人同样也存在对"温馨驿站"项目服务的需求，例如，生活条件较好的老人希望参与项目举办的精神文化类活动，经济困难的低收入老人、失能/半失能老人以及高龄老人希望获得项目在生活服务供给上的帮助。换言之，全市43.2万个65岁及以上老年人都是"煤矿工人温馨驿站"公益项目的潜在服务对象。而以目前一家温馨驿站服务500位老人的容量进行粗略计算，如果要实现覆盖全部12万个退休煤矿工人，需要复制240家温馨驿站，如果要实现覆盖全市43万个老人，需要复制860家温馨驿站。尽管这一简单计算没有排除部分对驿站服务无需求的老人，数字不够精确，但仍然能够体现出平顶山市对能提供养老服务的公益项目的需求是十分旺盛的。

---

① 俞可平：《社会创新的若干趋势》，《21世纪经济报道》，2011年4月22日。

② 康宗基：《中国民间组织管理体制的现状与改革模式》，《中国石油大学学报》（社会科学版）2012年第28期。

③ 丁元竹：《软实力、社会企业、社会创新》，《21世纪经济报道》，2005年1月18日。

④ 何增科：《社会创新的十大理论问题》，《马克思主义与现实》2010年第5期。

第二，"煤矿工人温馨驿站"公益项目的运营模式已经进入成熟化阶段，各项管理环节都实现标准化、制度化，为项目规模化奠定了良好的技术基础。具体而言，平顶山志愿者协会已经在项目的运营中建立起完备的项目运营制度、项目管理制度、人才队伍培育机制。当温馨驿站项目需要在一个同质性较高的新社区进行复制孵化时，新地区的核心团队完全可以按照已有的项目方案执行，当然实践过程中项目团队的指导以及灵活调整是必需的。

第三，"煤矿工人温馨驿站"公益项目内容高度契合地方政府的执政理念与工作方向，从而得以借助政府的力量实现推广。首先从政府角度而言，地方政府并非全能的，社会问题不能也不应该全部依靠政府一方之力解决。积极发挥社会力量的作用是党的十八大报告的重要指示之一。而应对老龄化社会、积极解决老年人的养老问题也一直是国家和地方政府施政的重点和难点之一。"煤矿工人温馨驿站"公益项目不仅很好地弥补了政府和市场在边远地区贫困老年人养老服务供给上的空白、帮助解决社会问题，还积极促进政府职能由亲力亲为向制度建设与全面监督转型，因此能获得政府的大力肯定与支持。再从项目推广角度而言，大量国内外社会创新成功的经验告诉我们，社会问题得以解决的过程通常是由灵活性佳、创新力强的社会组织进行各类初步探索，一旦探索成功，再依靠政府力量的推广，实现创新的大面积复制与扩散，从而解决社会问题。"煤矿工人温馨驿站"公益项目在平顶山志愿者协会于一个社区探索成功后就获得了当地市政府的高度关注，不仅被写进当年政府的施政报告中列为社区养老工作的典范，更被市领导、区领导要求在全市范围内推广实施"温馨驿站"项目模式。在政府高层的明确指示之下，平顶山市王庄社区、曙北社区、联盟路社区迅速进行了项目复制与推广。此外，在几个社区复制推广的过程中，也得到了社区所在地区政府的各类支持，如简化审批流程手续、开放试点项目区域以及给予政策性补助资金等。

第四，"煤矿工人温馨驿站"公益项目积极借助市场的力量促成规模化并提升影响力。平顶山志愿者协会创新性地将商业化的项目运营思路引入"煤矿工人温馨驿站"中来，力图打造一个能实现"赋能养老、自助养老、抱团养老"的"花生米"社会企业项目。项目的目标在于通过社会企业（米糕店、咖啡厅、社区餐厅）的对外营业，帮助老人在探索自身价值的同时，还能分享项目红利，实现老有所为、老有所乐，减轻政府、社会及家庭的负担。

第五，社会各界对优秀公益项目的资助呈稳定上升趋势，为项目的扩散提供了坚实的经济基础。这主要表现为关注社会问题并愿意积极提供资助的捐赠机构越来越多，资助型基金会比例迅速上涨，不少传统运作型基金会也正在朝资助型或综合型转向，以及越来越多的资助型基金会开始从传统的简单散财转向关注社会治理和发展。

综上，广泛的需求基础、坚实的技术基础（项目良好的运营能力与制度标准化）、政府网络的推广、市场力量的注入，以及不断改善的公益资助环境是"煤矿工人温馨驿站"公益项目得以顺利开启规模化之路的五大核心原因。

# 四、结论与建议

## （一）主要结论

第一，人口老龄化背景下，养老服务问题日益严重，亟需各类社会创新的出现以探索有效的解决之道。河南省平顶山市志愿者协会发起并运营的"煤矿工人温馨驿站"公益项目即一个社会创新的佳例，它不仅很好地满足了所在社区 500 位老人的生活照料与精神娱乐需求，探索出一条"以社会力量为主体、商业化模式运营、分类服务供给、实现助人自助"的社区养老模式，调动政府、企业、社会组织、老人共同建立社会服务支持系统，建立多层次、全方位的居家养老保障体系，还产生了多方面的社会积极效应：弥补政府与市场在边远地区贫困老年人养老服务的供给空白，为"政府—市场—社会"三方合作共同参与社会治理，促进政府职能转型做了良好的示范，通过项目大面积传播，号召社会大众关注并支持社会养老问题的解决，普及公益精神，助力中国公益事业的发展。

第二，"煤矿工人温馨驿站"公益项目的创新之处主要体现为：①养老路径创新：靠社会力量的发挥，弥补政府与市场的不足；②养老理念与运营模式创新：从单向助人到双向自助的养老模式；③社会资源整合创新：用科技突破区域限制，探索"政社企"多方资源连通。

第三，精准发掘社会需求、社会组织自身强大能力、政府部门支持、社会公益环境改善、组织学习机制建立是"煤矿工人温馨驿站"公益项目得以成功创新的五大重要原因。

第四，广泛的需求基础、坚实的技术基础（项目良好的运营能力与制度标准化）、政府网络的推广、市场力量的注入，以及不断改善的公益资助环境则是"煤矿工人温馨驿站"公益项目得以成功实现社会创新复制、推广的五大法宝。五大成功因素所依赖的主体与所处的维度各不相同，可以说相辅相成，缺一不可，十分值得其他社会公益项目在推广复制时借鉴与学习，例如，先考虑项目现有条件在五大维度上是否满足，就未能满足的维度思考原因何在与如何进行弥补，以及在已经满足的维度上，思考如何进行优化加强。

（二）主要建议

综上所述，为更好地促进养老公益项目的发展，我们提出以下几点建议：

第一，就政府而言，首先，应在明确自身提供养老基本服务职能界限的基础上，继续推动政府职能的升级转移，进一步鼓励社会力量参与服务供给，增强政策优惠导向、加大政府购买或其他资源投入力度，引导市场化的机制使养老资源得到合理配置与有效利用。其次，政府应进一步加强养老相关的制度建设工作，继续完善基本养老制度，以及政府购买养老服务、市场供给养老服务的相关政策法规。最后，政府还要积极发挥监管作用，号召政府、社会和企业三方共同建立统一的养老服务质量标准与评价体系，制定出台养老服务设施建设、老年人能力评估、养老服务需求评估等具体标准。

第二，就"煤矿工人温馨驿站"公益项目本身而言，首先，应进一步挖掘和释放老年人的养老需求与提升社区养老服务的利用率。始终明确社区养老是社会养老体系的核心与重点，加大服务宣传力度，充分利用新科技、新媒体以及传统媒体来传播社区养老的政策信息与服务内容，以提高公众对于社区养老的认可度。其次，要不断提高养老服务项目本身的质量，加强养老服务的专业性。例如，服务对象更加精准化（建立老年人动态评估与追踪机制，为不同层次不同类别养老需求的满足提供了强有力的支撑）、服务内容更加标准化、服务组织更加专业化、服务平台更加智能化。

  第三，就养老专业人才队伍的培育而言，首先，建议政府出台养老专业人才激励政策，帮助养老服务人员树立良好的职业道德与素养；其次，建议相关行业协会建立养老服务人员资质考核与认证体系和培训制度；最后，加强社会力量的动员工作，鼓励社会组织、团体在养老领域广泛参与，逐步实现社区养老服务的规范化与常态化。

# 从项目 1.0 到 2.0 的迭代创新

## ——以"社区草人 e 工坊"项目为例

2015 年，乌拉特前旗博雅文化协会申请的"社区草人 e 工坊"项目获得了首届"ME 公益创新资助计划"的资助。经过首届"ME 创新资助计划"的实施，乌拉特前旗博雅文化协会对项目进行了迭代升级，并于 2017 年再次申请了第三届"ME 公益创新资助计划"并获得了资助。该项目主要是利用当地乌梁素海湿地特有的蒲草和芦苇叶为原料，免费向双手灵活的残障青少年和贫困家庭妇女传授草编技能，再利用乌梁素海湿地成熟的旅游平台以及线上微店和线下社区进行整合营销，为学员们建立一个稳定的生活收入来源，来改善他们的生活现状，树立他们对未来的信心。

## 一、项目实施背景

改革开放后，随着城乡收入差距的增大，农村地区贫困更加凸显；80 年代中期，我国全面实施脱贫攻坚政策以来，尽管我国扶贫工作取得了举世瞩目的成就，贫困人口数量大幅度减少，但未脱贫的人口规模仍然较大。与此同时，学界对贫困的认识也在发展，阿马蒂亚·森认为，贫困必须被视为基本可行能力的被剥夺，而不仅仅是收入低下。联合国开发计划署提出人文贫困的概念，并将人力贫困（缺乏基本的人力能力，包括识字水平、足够营养、预防疾病、健康长寿）纳入其中。这说明致贫原因是复杂而非单一的，相应地，治理视角也从线性视角向多维视角转变，不再只是就收入补收入，而是开始关注教育扶贫、注重人力资源积累、实施医疗政策倾斜等，针对不同致贫原因开展全方位扶贫工作。而且，脱贫并非一劳永逸的工作，还可能出现脱贫后返贫的现象。2014~2016 年，我国年减贫率在不断增加，从 14.9%、20.6% 到 22.2%，但脱贫难度越来越大，减贫率增幅越来越小，未脱贫的多是深度贫困或脱贫后再返贫人群，并且越发集中在中西部地区，尤其是西部地区，在脱贫的同时还需关注生态环境保护（李丹凤、王亚芬，2017）。简言之，扶贫工作愈发复杂化、异质化，进入目标实现困难期，依靠单一的扶贫主体和扶贫手段已经很难突破扶贫瓶颈，必须寻求新的方式方法。

一是参与主体的改变。党的十八大以来，政府高度重视，动员市场、社会力量参与贫困治理，并从政策上提供相应保障。2014 年 12 月 4 日，国务院办公厅发布《关于进一步动员社会各方面力量参与扶贫开发的意见》，提出要大力倡导民营企业扶贫、积极引导社会组织扶贫、广泛动员个人扶贫、强化东西部扶贫协作，形成政府、市场、社会协同推进的大扶贫格局。2017 年底，国务院扶贫开发领导小组发布《关于广泛引导和动员社会组织参与脱贫攻坚的通知》，更是凸显了社会组织在扶贫工作中的重要性和可为性。文件指出，社会组织是动员和组织社会力量参与脱贫攻坚的重要载体，社会组织要发挥自身优势，在提供智力支持、实施帮扶项目、协助科学决策等方面要主动作为。二是扶贫方式和内容更加多样化、本地化，如法治扶贫、产业扶贫、医疗健康扶贫、教育扶贫等均应根据当地特点进行扶贫项目开发和实施，使扶贫与扶志（智）相结合、物质资本积累与人力资本提升相结合，提升贫困人口、贫困社区摆脱贫困的内生动力和发展能力，从而实现根源性脱贫（向德平等，2017）。三是贫困治理由普遍脱贫转向"精准扶贫"。"精准"不仅指对贫困对象的精准识别，还指向针对具体贫困原因的帮扶政策，并对扶贫效果进行精准监测考核，实现扶贫对象、扶贫方式和扶贫效果考核的全面精准化。

由于经济发展的地区不平衡性，我国西部地区更是扶贫工作的重中之重。从贫困人口分布看，1999 年西部贫困人口就占 50%左右（邹康、赵子铱，2002），2015 年西部贫困人口占比仍然过半，为 52%；从贫困发生率看，截至 2015 年，东部贫困发生率已降至 1.8%，但西部贫困发生率仍在 10%[①]。多维贫困视角下，西部地区，特别是西部农村地区还存在基础设施薄弱、教育和医疗资源不足、人力资源质量不高、生态环境脆弱、产业结构单一等问题，这些都限制了西部地区脱贫目标的实现（高云虹，2006；陈会方、朱平华，2016；张建军，2017）。

---

① 《中国农村贫困监测报告》。

内蒙古自治区作为西部地区的省份之一，在贫困问题上存在上述共性。此外，由于农牧区的特征，牧区贫困更加难以解决，在寻求发展的同时需关注生态环境保护；也由于长期以来的产业结构和较低的人口流动性，内蒙古的乡村劳动力转移程度①较低，劳动力未得到充分开发与利用（钱贵霞等，2013；张丽君等，2017）。而对贫困人群中的残障者来说，他们的脱贫难度更大，除了生存攸关的经济困难外，人力贫困更为明显，身体的局限性加剧了已存在的人力贫困，他们很难接受常规教育和技能培训，也几乎不可能离家外出务工，使他们的生存、生产和生活更为艰难，针对他们的扶贫工作和脱贫目标也更难实现。

在这一背景下，内蒙古乌拉特前旗博雅文化协会（以下简称"博雅文化协会"）充分利用当地自然资源——湿地中的蒲草，通过培训草编技能和互联网销售技术"授人以渔"，提升青少年残障人群和贫困家庭妇女的生产技能，使弱势群体的自立和脱贫成为可能。该组织的产业扶贫方式既有鲜明的地方特色，也充分利用了现代网络技术，帮助贫困人口中最困难的群体提升生存能力，最终实现造血式脱贫。为了总结扶贫与社区发展的经验教训，以下对该组织的基本情况、项目实施过程进行分析，特别是对其迭代创新过程进行探索，为其他社会组织的创新项目提供借鉴。

# 二、案例描述

## （一）机构发展历程

### 1. 萌芽阶段（2007~2008 年）

内蒙古巴彦淖尔乌拉特前旗博雅文化协会于 2007 年 6 月成立，10 月26 日在当地民政局登记注册为社会团体。正是机构发起人滑闻学在内蒙古红十字会的志愿者经历，让他萌生了成立社会组织、力所能及做公益的念头。机构成立初期，并没有明确的宗旨和使命，由于滑闻学曾是高中学校的英语老师，因此选择从青少年英语免费教育做起。之后，在他同学，也是当地青基会负责人的建议下扩展为残疾学生和贫困学生的扶贫助学，不

---

① 从事非农工作的乡村劳动力占比。乡村劳动力转移程度越高，越有利于农村家庭经济收入的提高。

再局限于英语教育。这一阶段主要是摸索和尝试阶段，所开展的英语免费教育和扶贫助学效果不甚明显。

2. 发展阶段（2009~2012 年）

2009 年，滑闻学通过与同学朋友的交流，结合当时的新闻热点，锁定了乌梁素海环保主题，并凭借这一主题获得了 SEE 的"绿色领导力实验班"培训机会。培训后提供了 5000 元项目经费，由于项目进展顺利和良好的效果，项目经费逐渐增加，最终增加至 2012 年的 10 万元，当时的项目为"科学施肥节水灌溉"，通过节水灌溉的宣传和推广，有效改善了乌梁素海的生态环境，2012 年底项目结项，效果显著。SEE 的"绿色领导力实验班"培训涉及社会组织、财务管理、组织管理等方面的相关内容，期间还参加了一系列社会企业相关培训，逐渐形成了用商业方式解决社会问题的意识。此阶段，博雅文化协会有了较成功的项目经验，创始人也通过培训和实践提升了组织管理能力和管理意识。

3. 停滞与重新起航发展阶段（2013 年至今）

乌梁素海环保公益项目（"科学施肥节水灌溉"项目）后期，因记者报道偏颇和接受境外基金会的资助，造成不良社会影响，机构发展因此停滞。2013 年下半年质疑解除后，滑闻学在当地民政局的建议下，结合国家精准扶贫的战略，转向以社区为基础的扶贫项目。项目依然以青少年为服务对象，只是聚焦于残障青少年，以一对一的模式培训残障青少年（16~22 岁）习得一技之长。该项目获得中华儿童慈善基金会资助，为期两年。项目结束时还获得了中华儿童慈善基金会颁发的优秀社会组织奖。经过这一阶段的停滞和重新调整，协会开始转向政府关注、支持且不敏感的领域，尽可能保证所开展的公益项目和活动在方向上与当地政府的工作重点保持一致。虽然项目领域发生了转变，但因为有了之前的项目管理与运作经验，对残障青少年的培训项目依然取得了较好的效果和官方的认可。这为其后来 ME 公益创新资助计划的申请和实施奠定了良好基础。

此外，在机构发展、受挫、成长的过程中，机构使命经历了从青少年教育到环保教育再到社区文化服务的变化，最终确定为推广社区传统道德文化和社区文化发展服务。机构宗旨则是弘扬慈善文化，倡导和爱社区。简言之，其关注对象是社区，强调文化与和谐。这一较为广义的宗旨和使命给机构项目申请和开展留下了足够的空间和余地。

## (二) 社区草人 e 工坊项目——第一届 ME 公益创新资助计划

2015 年底，滑闻学在《中国发展简报》上看到了 ME 公益创新资助计划申请的信息。由于刚结项的残障青少年培训项目取得良好效果，他便决定继续在改善残障青少年的生存方面做努力，同时将贫困家庭的女性纳入帮扶范围，以扶贫为核心主题申请了"社区发展"板块的项目。此前对残障青少年的培训只是草编技能，但销售并未涉及。因此，在申请 ME 公益创新资助计划时，为了突出创新点，同时也是希望借助 ME 公益创新资助计划的资助，推动原有项目的升级，故在申请 ME 公益创新资助计划时，增加了利用互联网进行线上销售的设计，相应地，也增加了电商培训的内容。也就是说，在原有项目的基础上，社区草人 e 工坊项目扩大了受益人群、增加了培训内容、提升了项目目标，尤其是突出了对互联网的运用。最终，社区草人 e 工坊的社区发展项目由于其创新性赢得了第一届 ME 公益创新资助计划给予的 50 万元资助。

在项目目标方面，社区草人 e 工坊的目标是对残障青少年和贫困妇女进行草编技能和电商技能培训，通过社区活动和互联网电商进行线上和线下产品销售，最终帮助他们获得生产技能，并尽可能就业、脱贫。项目预计直接受益人群为 50 名残障青少年（15~25 岁）和 100 名下岗无业贫困家庭妇女，至少 8 人就业；间接受益人群为当地社区居民约 2000 人，当地旅游纪念品公司约 5 家，政府残联、电商产业园 30 人；全国社群粉丝约 6000 人。

从各个项目子目标完成情况看，项目效果较好。这一阶段草编产品以小动物为主，项目结束时，共编制 8000 余件，受益人每月收入为 500~1000 元，已达到脱贫标准。滑闻学对此阶段的总结是"博雅文化协会的初创后期""社区草人 e 工坊项目的初级阶段"，主要收获是开始进入市场，弥补了过去项目中所缺失的市场经验。主要困难是产品销售方面经验不足，过于依赖线上形式——电商和义拍，市场未能打开，主要靠创始人个人社会资源销售产品，消耗了人脉资源的爱心却没有形成长期稳定的客户群。

## (三) 项目迭代升级——第三届 ME 公益创新资助计划项目

2017 年中，博雅文化协会完成了第一届 ME 公益创新资助计划项目，经此过程，滑闻学表示团队成员的管理协调能力、活动策划能力等均有了明显提升，对其他公益组织、中国扶贫基金会等有了更多认识，也意识到宣传对公益项目的重要性。而且，社区草人 e 工坊已有了一定经验，还需时间和资金继续发展，因此，在项目结项后，再次申请了第三届 ME 创新计划，仍然是申请社区发展板块的项目，但在具体项目内容、项目管理上已有了明显变化。由于项目合同签订已是 2018 年初，目前项目仍处于进展之中。

1. 项目目标与活动的变化

博雅文化协会申请的第三届 ME 公益创新资助计划项目名称为"草人 e 工坊"，项目定位是在迭代创新的基础上，进行成熟项目的推广。项目受益群体包括国家精准扶贫户 40 户、乡村贫困家庭 60 户；间接受益群体为精准扶贫户所在乡村 3400 人、政府扶贫办、草人 e 工坊社群粉丝约 2159 人、当地 7 个旅游景点等。具体目标有：①2 年内培训 100 名乡村贫困家庭学员，其中有 40 名精准扶贫户，帮助 8 名学员彻底脱贫；②建立草人 e 工坊共享营销中心 1 个，解决学员的培训、产品销售及就业问题；③建立线上营销服务平台 1 个，学员在平台上可以拥有自己的微店，在统一品牌和统一销售式系统中，利用自己的人脉资源和自己的能力自产自销，可以实现学员的自主创业；同时可以建立自己的电子档案，便于精准扶贫工作的跟踪服务。①

与社区草人 e 工坊 1.0 相比，社区草人 e 工坊 2.0 在草编技能培训内容上有了变化，从简单的小动物变为篮、篓、盘、草编帘、草编垫等物品的编织，编织技能更为复杂，产品更加实用。此外，草编饰品等附加价值更大的产品在继续设计中。截至 2018 年 12 月，草编技能培训和电商培训已完成，产品编织已进行三个月，累计 1500 余件。预计受益者每月收入可达 1000~1500 元。

2. 项目运营与管理的升级

（1）人员配置更完备。在社区草人 e 工坊 1.0 施行过程中，博雅文化协会的工作人员通过中国扶贫基金会提供的各类宣传平台了解到更多公益组织，也意识到宣传对公益项目影响力和机构筹资的重要性，因此增加了一名专职宣传人员，负责机构的宣传资料撰写和新媒体平台上的信息及动

①《2017 年 ME 创新计划项目申请书——社区草人 e 工坊》。

态更新。除此外，博雅文化协会的人员配置无明显变化。但工作人员的业务水平有所提升，首先是财务管理水平的提升，财务人员认为中国扶贫基金会提供的财务报表更加清晰高效，值得借鉴；其次是培训专员写作能力的提升，这与 ME 创新计划项目要求提交项目季度报告有关，帮助其梳理了项目进展和管理逻辑。此外，由于机构收入有所增加，如兼职人员的工资由每月 500 元增加至每月 700 元，以更好地激励工作人员的热情。

（2）项目运营与管理更高效。项目经历了第一届 ME 公益创新资助计划的试水和经验总结后，开始寻求更专业的合作伙伴将社区草人 e 工坊项目与市场结合，借助其力量实现自产自销。具体可从以下几个环节分析：培训环节、产品生产环节、销售环节、战略规划环节。在培训环节上。社区草人 e 工坊 2.0 通过网络找到了专门生产和销售手工艺品的有限公司，邀请公司里具有更高技艺的编织老师对青少年和妇女进行培训。这直接促使了产品生产环节的升级：从小动物升级到篮、篓、筐等更有难度和市场价值的产品。在产品生产环节上，协会还开展了手工艺品创意大赛，将民间艺人的作品汇集，选出可以规模化生产的文创产品为下一步草编饰品的升级做准备。这样的改变意味着产品不再只是简单的技术复制，还包含了创意与创新，进一步提升了产品的市场竞争力和商业价值。此外，社区草人 e 工坊 2.0 还加入了新的编织材料——玉米皮。这是在与陕西巧娘编织机构的产品比较后发现，内蒙古不仅有玉米皮，而且其材质韧度更好，可编织的物品和效果也更好，因此，便把玉米皮也纳入了编织原材料中。

与社区草人 e 工坊 1.0 相比，社区草人 e 工坊 2.0 在销售环节上有了更大的创新改进：从零散义卖转为企业订单。社区草人 e 工坊已经与当地一家企业签订合作协议：企业一方面购买他们的草编产品，另一方面接收已被培训好的编织技工。此外，协会与吉林青越精品编织有限公司签订合作合同，成品被他们以合理价格直接收购，无需过多为销售渠道困扰，从而减少了销售成本，使受助人群获得更多收益，更快脱贫。

在战略规划环节上，社区草人 e 工坊 2.0 也有了改变：不再仅仅以社会组织的发展为目标，而是以社会企业的目标来规划组织未来的发展，可以简单概括为"产品为载体，设计作加持，规模化生产与销售，市场化运作以实现机构自我供血、使脱贫助残可持续进行"。正是在"社会企业"的展望下，才会对各环节都有了更高要求，为真正进入市场、参与市场竞争做准备。

# 三、案例分析

## （一）项目迭代创新的本质

英籍奥地利经济学家熊彼特在其 1912 年所著的《经济发展理论》一书中系统阐述了"创新理论"。"创新"是指生产要素和生产条件的新的组合，具体包括五种类型：引入一种新的产品或提供一种产品的新质量；采用一种新的生产方法；开辟一个新的市场；获得一种原料或半成品的新的供给来源；采取一种新的企业组织方式。他认为企业家之所以进行创新活动，在于获取潜在的经济利润或者争取带来盈利的机会。

尽管社会企业、社会组织与企业不同，并非以营利为目标，其经营性收入也不在成员间分红，但经营收入的适度增加意味着可用资金的增加，意味着受助人群获益更多，因此，同样具有创新的需要和动机。

从上述案例描述中可以看出，社区草人 e 工坊迭代升级的本质便是各类资源重新整合的结果：更换培训老师从而提高产品的技术含量与产品质量；增加新的原材料（玉米皮）也促使了新产品出现；增加的销售合作方——吉林青越有限公司帮助其打开了产品销路并开拓到了国际市场，属于整合社会资源的迭代创新；以社会企业这一不同于社会组织的新形式为组织发展导向，推动了协会各环节和各要素的升级。

## （二）迭代式创新的原动力

### 1. 更高目标的定位带来的创新动力

当一个机构有更高的发展目标时，面临的问题会更多，创新的动力也就更强。第三届 ME 公益创新资助计划项目申请时，博雅文化协会的未来规划已是"社会企业"，因此，当他们以社会企业的标准来回应消费者需求和手工艺品市场时，其技能培训、产品原料、产品质量到销售方式与路径便都迫切需要迭代升级，否则无法参与激烈与残酷的市场竞争，因此，也就有了不断创新的需求和动力。举例来说，当草编产品因过于简单而没有市场竞争力时，机构负责人滑闻学便会寻找更好的技师进行培训；当义卖的形式难以持续时，便去寻求新的销售途径，才有了与当地企业、外地企业的合作；当产品的附加价值缺乏时，便通过创意大赛的形式来搜集获取创意产品，等等。可以说，机构更高的发展目标、机构向社会企业的转型和引入市场机制，是协会迭代创新的首要原动力。

2. 学习型团队——迭代创新的基础

创新依靠的是人，因此团队成员的素质很大程度上决定了创新发生的频率和程度。协会一方面利用 ME 公益创新资助计划的资助，以高于当地平均工资水平的薪酬来吸引人才；另一方面在招聘机构人员时便强调学习的必要性，挑选既有一定基础又愿意继续学习的人才加入团队，这样的团队更容易碰撞出新想法，对于创新也是平常心看待，不是"为创新而创新"，而是围绕问题、打开思路，探寻最有效的解决办法。此外，还需懂得从已有经历中总结经验与教训，好的坚持，不合理的尽快改进。社区草人 e 工坊项目本身就是在前一项目——残障青少年技能培训的基础上，利用 ME 公益创新资助计划的资助拓展和引入互联网技术与电商销售，而社区草人 e 工坊 2.0 更是在 1.0 的基础上，不断总结市场运作过程的经验与教训，从各环节进行改进，最终实现项目迭代升级，使项目得以走向成熟发展。因此，在学习型团队中创新是日常且可持续出现的。

3. 专业性——问题解决效率的保障

在项目实施的各个要素上，博雅文化协会都很注重专业性：从团队成员、培训技师到合作伙伴，均是寻找可能范围内专业水平高的人和团队。用滑闻学的话说，"只有跟更专业的人合作，才有可能提升品质，求得发展"。而且，这种专业性并非停滞静止的，而是不断提升的。例如，在入选 ME 公益创新资助计划后，经过中国扶贫基金会组织的项目管理培训后，协会的财务管理能力、宣传意识、写作能力、活动组织能力均有了明显提高。随着项目团队成员能力的提升，社区草人 e 工坊项目的培训效果、产品质量以及销售方式，从 1.0 到 2.0 版本均有明显升级。专业性的本质是分工细化后的技能水平，当各环节、各要素的水平均较高时，即专业性较强时，整个项目成果便不会太差。

4. 高效使用资金——应对创新过程中的资金需求

无论是更专业的合作伙伴还是机构的可持续发展，都需要大量资金作为支撑。而机构能够筹得的资金是有限的，那么如何高效使用资金便成了一个重要问题。在此案例中，两个方法提高了机构项目资金的使用效率：一是对互联网的充分利用，二是优化资金使用结构。对互联网的利用不仅指线上的电商销售，也包括利用互联网进行合作伙伴的筛选、工作人员的招聘等，前者打破了地域限制，后者减少了对人脉关系的无畏消耗。充分利用互联网资源之后，机构可将人力资本运用到更需要的时刻、靠网络解决不了问题的时刻。

优化资金使用结构强调的是在数量一定的情况下，把资金用在收益更大的地方，即"好钢用在刀刃上"。虽然滑闻学运营的是社会团体，但因接受过社会企业家的相关培训，具有一定商业运营头脑，因此，他会用高薪吸引适合的人才，并在专业水平和薪资投入之间寻找平衡点——兼职但专业的人，可以不为所有，但为所用。项目是由人管理和运行的，因此合适的人选直接影响到项目最终的效果，对人才的投资是最高效的。

综上所述，更高的发展目标会引领机构产生创新的需求，学习型团队是迭代创新的知识基础，专业性是创新的技术保障，而资金的有效利用是创新的物质保障，在此基础上，迭代创新便成为可能。

（三）迭代式创新的可推广性

上述创新出现的原因不止可以解释社区草人 e 工坊的项目迭代升级，同样可复制到其他社会组织。

合适的发展目标会激发工作改进的热情，在追求目标实现的过程中会遇到各种问题，困难与问题是创新的种子。而学习型团队就像土壤，只有土壤够肥沃，种子才能发芽、成长，提供源源不断的肥料。对专业水平的不断追求其本质是资源的更优化组合，即更合适的水、阳光和肥料，会帮助种子更快发芽、长大，发生质变，实现迭代升级。资金亦可理解为资源的一部分，对资金的合理使用便是财务管理专业化的表现。因此，发展目标、学习型团队和不断提升的专业水平是迭代创新发生的条件，这是本案例可复制的部分。不可复制的部分主要体现在地区特殊性上，如对本地自然资源——蒲草、玉米皮等的充分利用。无论哪种迭代方式，总需要与本地情况相结合。

# 四、结论与建议

通过对比社区草人 e 工坊从 1.0 到 2.0 版本在项目目标、项目运营与管理上的变化，可以发现，这些变化不是仅针对公益产品的研发创新，或是成熟产品的规模化创新，而是一种迭代式创新——既有产品的升级，也有相关环节和要素的升级。此类创新是以前期项目经验积累为基础，在更高目标的激发下，充分且合理地整合各类资源，为解决发展中面临的问题而发生的，创新涉及的面更广、创新点更多。

（一）主要结论

内蒙古乌拉特前旗博雅文化协会所开展的"社区草人 e 工坊"项目从创意产生，到两次成功申请 ME 公益创新资助计划，均体现了项目的迭代升级。从残障青少年培训项目到第一届 ME 公益创新资助计划资助的"社区草人 e 工坊"是第一次升级，是新项目探索试错的阶段，升级主要体现在受益对象范围的扩大和培训内容的增加；第一届 ME 公益创新资助计划资助的"社区草人 e 工坊"项目到第三届 ME 公益创新资助计划资助的"草人 e 工坊"项目则是第二次升级，迭代意味更加明显，因为既延续了"草编+互联网"的项目特征，又从产品质量到销售渠道均有了明显升级：编织技能培训的难度和目标覆盖人群均在增加，手工艺产品的质量在提高；销售方式从零售转向与企业的订单协议，可以预见未来销量会显著增大；项目重点从关注线上销售转向关注线下产品生产、线上资源整合；在 ME 公益创新资助计划的帮助下，项目合作伙伴的专业性也均有了提升；机构的未来发展目标也明确为能够实现自我造血的社会企业。

一系列的创新迭代升级不仅使项目效果和影响力提高，同时促进了机构及团队成员能力的提升。换言之，项目迭代升级与组织发展互相促进，是组织发展的重要原因。通过比较分析可以发现，社区草人 e 工坊的迭代式创新发生的主要动力是更高目标的制定、学习型团队的建立和对资源整合利用能力的不断提升。而这些条件在其他社会组织中也是不同程度的存在的，也就意味着此类迭代式创新是可复制的。

（二）对社区草人 e 工坊的发展建议

需要注意的是，社区草人 e 工坊也存在着一些发展困难，首先，技能培训周期较长，被培训者需经过一段时间的反复训练才能编织出合格的草编制品，沉没成本较高。其次，对合作伙伴的过分依赖带来一定风险，一旦合作伙伴出问题，项目正常运行便难以维系。最后，以蒲草文化为载体的文创产品设计和社会企业战略具有一定操作难度，实现起来有现实困难等。针对这些可能的挑战，提出以下发展建议：

（1）培训和训练交替进行。目前项目是以先培训，后训练，再生产产品的方式进行，在未来周期较长的项目里，可以将培训与训练交替进行，前一批人经过培训后已进行训练期，新一批人则开始接受培训，这样技工数量和产品数量、质量便都有了保障。

（2）在关键合作环节中至少有一家备选合作伙伴。在市场竞争背景下，需做好风险管理和控制，当对合作伙伴的依赖度较高时，未来，随着生产规模的扩大，至少需要一家合作伙伴备选，甚至可以多家合作伙伴并存，以降低项目中断的风险。

（3）以当地历史文化代替蒲草文化作为文创产品的内核。蒲草文化在本地并未形成，据此生产的文创产品不一定有市场。但历史文化长期存在，具有更好的民众基础和推广性。

# 规模化社会影响力的探索

## ——以"心智障碍人士服务行业线上资源中心"项目为例

残障人保障是维护社会公平、促进社会和谐发展的重要方面，也是社会组织特别关注的重点领域之一。心智障碍人士是残障人当中较为特殊的一类弱势群体，且有别于一般的肢体性残缺，其在群体特性和服务需求等方面具有一定的特殊性。广东省慧灵智障人士扶助基金会（以下简称"慧灵"）以15周岁及以上大龄心智障碍人士为目标群体，在提高大龄心智障碍者自主生活能力方面不断创新服务理念与模式，并在影响力规模化方面做出了积极探索。2016年，在中国民生银行和中国扶贫基金会联合发起的第二届"我决定民生爱的力量——ME公益创新资助计划"的资助下，慧灵成功运营"心智障碍人士服务行业线上资源中心"项目，搭建服务于心智障碍人士服务行业从业人员的专业资源分享平台。本文以该项目为例，对慧灵实施的ME公益创新资助计划及其规模化影响力的路径进行分析。

## 一、案例背景

国际上对心智障碍的主流定义以美国智力与发展障碍协会为代表：在智力功能和适应性行为方面存在显著障碍，其中智力能力包含学习能力、理解能力、推理能力和问题解决能力等，适应性行为主要表现为概念的、社会的及应用性的适应技能[①]。我国于1986年对智力残疾提出的定义为："智力明显低于一般人的水平，并显示出适应性行为的障碍。"[②]在实践操作

---

① 美国智力与发展障碍协会（The American Association on Intellectual and Developmental Disabilities, AAIDD）, Definition of Intellectual Disability, http：//aaidd.org/intellectual－disability/definition。

② 李正：《中国残障人手册》，地震出版社1988年版。

中，心智障碍主要指智力商数在 70 及以下并显示出适应性行为障碍，主要包括脑瘫、自闭症、唐氏综合征、后天脑部损伤造成智力发育迟缓等。在我国，心智障碍人群的生活面临着诸多的难题。

（一）生活面临种种困境

首先，心智障碍人士缺乏自主生活能力。自主生活的理念来源于美国，主要指心智障碍者在周围人的帮助下能够和正常人一样生活于社区之中，能够根据自己的需求和喜好来决定和安排自己的生活①。心智障碍人群在自主生活方面能力较为低下，导致其在生活中困难重重，并且很难获得周围人的正确认识和理解接纳，常会被认为是"奇怪的人""危险的人"。

其次，照顾者面临长期身心压力。心智障碍人群缺乏一般的生活自理能力，容易发生意外，身边需要有人时刻照顾，主要照顾者通常为其家长。照顾者在长期的照顾过程中往往承受着巨大的身体、精神、经济等多方面压力。

最后，社会接纳度低，社会歧视严重。心智障碍人士需要周围人的理解和接纳。在现实生活中，由于缺乏对这类人群的正确认识，社会普遍存在对心智障碍者的偏见和歧视。心智障碍者需要社区接纳，也需要职业接纳。我国残障人整体就业率为 43%②，而心智障碍人群的就业率不到 2%③。心智障碍人群的社会融入问题成为社会难题。

（二）支持系统薄弱，大龄心智障碍人士社会服务存在巨大缺口

在政策层面，目前，我国关于心智障碍人士的政策还不够完善。在福利保障方面未对智力残障人群进行单独区分，享受福利标准和其他类型肢体残疾并无差别，无法满足心智障碍家庭的特殊需求。此外，还存在一些政策规定与心智障碍者需求相悖的情况，未能很好地发挥政策保障的

---

① 杜静：《增能理论在残障人自主生活服务中的运用——以成年智力障碍者为例》，《开封教育学院学报》2017 年第 12 期。

② 张宝林：《智障人就业与支持性模式》，http：//www. capidr. org. cn/news1302. html. 2015-11-07/2018-09-04。

③ 广东省慧灵智障人士扶助基金会统计数据。

作用。

在社会层面，目前服务于心智障碍人群的社会组织在数量和质量上均无法满足社会需求。据中国残联的最新数据显示，截至 2010 年末，中国约有残障人 8502 万人，其中智力残疾 568 万人[①]，约占我国残障人总数的 6.68%。此外，多重残疾中伴有心智障碍的人群还有 430 万人[②]。由此推算，我国心智障碍总人数将近 1000 万人。另外，据估计，目前我国约有 1 万家服务心智障碍人群的社会组织，其中仅 4000 家（包括未注册和工商注册）为民间机构[③]。该领域社会组织主要集中于服务小龄心智障碍人群（出生至九年义务教务阶段），服务手法主要以个案服务为主，组织形态以家长组织居多，组织规模多数较小，服务能力极为有限。据推算，当前仅有 3% 的心智障碍人士能够得到适当的社会服务[④]。

为了解决大龄心智障碍人士的社会服务问题，提高对大龄心智障碍人群的自主生活能力，广东省慧灵智障人士扶助基金会做出了有益的创新探索。其打破了传统封闭式的心智障碍者看护模式，发展出社区服务模式，促进大龄心智障碍人士社区融入能力培养。同时，将慧灵多年成功的经验和创新模式总结并推广至全国，在全国范围内建立起慧灵服务网络。2017 年初，慧灵的心智障碍人士服务行业线上资源中心项目获得了中国民生银行和中国扶贫基金会联合发起的"我决定民生爱的力量——ME 公益创新资助计划"项目的资助，搭建服务于心智障碍人士服务行业从业人员的专业资源分享平台，在提升行业服务能力与专业度方面探索创新。

# 二、案例描述

## （一）机构简介

### 1. 机构的成立与发展

（1）机构的缘起。慧灵的前身是一所专门面向心智障碍儿童的民营特

---

① 中国残障人联合会：《2010 年末全国残障人总数及各类、不同残疾等级人数》，http：// www. cdpf. org. cn/sjzx/cjrgk/201206/t20120626_ 387581. shtml，2012 年 6 月 26 日。

② 张宝林：《智障人就业与支持性模式》，http：// www. capidr. org. cn/news1302. html. 2015- 11-07/2018-09-04。

③ 心智联会：《中国心智障碍服务行业发展报告》2013 年第 3 期。

④ 张武娟访谈内容整理，访谈日期：2018 年 7 月 30 日。

殊教育学校——至灵学校。创办人孟维娜是 20 世纪 50 年代生人，成长于广州的一个革命军人家庭。20 世纪 80 年代中期，孟维娜在当时的广州市解放家具厂做工会干部，受一部电影的启发，开始关注自己身边的社会问题。作为工会干部，孟维娜一直对妇女问题比较关注，慢慢地，她发现生活周围有一些智障孩子的母亲生活极为困难。被这些人的处境所触动，孟维娜决定开始自己的"人道主义"事业，开办心智障碍者康复机构。当时我国的福利机构都是国家办的，孟维娜没有资金也没有技术，只能寻求专业机构的支持。1985 年 5 月，孟维娜赴中国香港争取到香港明爱基金会的支持。1985 年 9 月 1 日，至灵学校正式开学。这是全国第一家面向心智障碍儿童开办的民办学校，也是全国第一家引进外资的特殊教育学校。当时孟维娜的想法很简单，邓小平的儿子邓朴方也在做残障人帮扶，做这个"肯定有前途"①。而现实是，初创的至灵学校曾因难以拒绝家长的渴求而大幅超额招收学生，也曾向学生家长借款渡过资金难关，更曾长时间面临身份问题的尴尬。

第一批至灵学校接收的孩子毕业时，孟维娜发现孩子离开学校后都面临着无处可去的境地。经过调查了解才发现，心智障碍孩子在九年义务教育毕业后缺乏再教育机构，社会服务出现空档，只能回家，而被关在家中的孩子极易出现教育成果的倒退，且非常容易产生心理疾病。面对大龄心智障碍人士服务高成本和高风险的实际情况，孟维娜坚持了让心智障碍者实现"自强、自立、自理、互助"的理念，转而从事大龄心智障碍人士服务。孟维娜又一次通过向家长集资的形式，接收了至灵毕业的 20 个孩子。1990 年，广东慧灵正式注册成立。

（2）机构的发展阶段。

初创期（1990~2000 年）：处于起步阶段的慧灵将服务力量集中在广州，接收来自全国的大龄心智障碍者。组织模式方面，以传统的托管式服务为主，为心智障碍者提供 24 小时托管服务，服务规模较小。机构主要收入来自家长缴纳的服务费用。在这期间，组织的价值理念逐步树立、发展与形成。由于特殊信仰和社工技术的注入，组织逐渐形成了尊重心智障碍者人格、关注心智障碍者人性需要的价值理念。

---

① 《慧灵创始人孟维娜：做特教最需要一份感同身受》，http：//3g. 163. com/dy/article/DQFKQA4C0516WTVJ. html。

发展期（2000~2012 年）：虽然初创阶段的集中托管式对于机构和家长来说便于运行和管理，但对于心智障碍人士来说却限制了其培养自主生活能力、回归正常生活的可能性，这与组织逐渐建立起的价值理念相违背。另外，慧灵接收的心智障碍者来自全国各地，家长往返探望成本太高，为这些家庭增加了经济负担。因此，慧灵在服务模式和服务地域方面开始尝试突破创新。服务地域上，慧灵开始走出广东省，通过自建分支机构的形式，在其他省市建立各地慧灵。2000 年，北京慧灵成立，为在全国范围内推广、实践服务智障人士迈出了第一步。随后相继在西安、西宁、天津等地成立慧灵机构。服务模式方面，慧灵在"正常化"理念的支持下，开始探索新型的社区服务模式，让心智障碍者从托管中心走出来，回归社区，体验常规的家庭生活，培养其自主生活能力。北京慧灵是全国第一家心智障碍人士社区化服务机构。社区服务模式让当时的慧灵成为了同类服务机构中的"异类"，但之后的多年实践证明了该模式的有效性，其在服务模式上的创新引领了心智障碍人士服务行业的发展方向。

扩张期（2012 年至今）：经过一段时间的发展，慧灵开始通过组织形式和管理方面的创新，开启了机构的规模化影响力阶段。2012 年，慧灵入选南都公益基金会"景行计划"，成为慧灵发展的重要转折点。在南都基金会的帮助下，慧灵梳理了组织多年来的服务技术和模式，并初步形成了6 本标准化服务手册，建立起一套组织评估体系，开启了连锁加盟模式，并组建了一支培训师队伍为各地加盟慧灵提供技术支持。2013 年 10 月，慧灵成立了自己的基金会——广东省慧灵智障人士扶助基金会，对社会资源进行更为有效的整合。之后几年，慧灵在全国迅速扩张。目前，慧灵已在全国 22 个省 27 个城市设立了加盟慧灵机构。基本沿四纵四横交通网络，依循"一线城市→省会城市→二三线城市→地县市→乡镇"的发展脉络扩张，并在中国香港设立慧灵分部。2017 年，慧灵入选中国好公益平台优质公益产品。

2. 机构的组织与管理

（1）使命愿景。慧灵专注于服务 15 周岁及以上的心智障碍青少年和成年人，以"推广社区化服务模式，提高心智障碍人士生活品质"为机构使命，以"心智障碍人士平等参与社区建设，共享社会文明成果"为愿景，以"正常化"为服务原则，坚信心智障碍人士享有与其他人相同的权利并应得到接纳和尊重的理念，长期以来希望通过机构的不懈努力，创造出一个友好的社会环境，使心智障碍人士能像普通人一样有尊严地生活和寻求帮助。

（2）组织管理。慧灵实行集团化管理，内部设有总裁1名，行政和运营副总裁各1名，下设行政部、财务部、服务部、社会企业部、研究中心、运营中心、公共事务部和项目部8个部门。慧灵在全国共有全职员工462人，其中一线服务人员最多，共342人，占比74%。慧灵的员工中，专业工作人员（特教、社工等）有148人，持证护理员或其他持证人员有111人。

（3）财务状况。2017年慧灵年收入共计4073.68万元。收入来源中服务收费排在第一，占比38.89%，第二是国内社会捐赠，占比30.05%，政府资金以25.36%的占比排在第三。慧灵的线上众筹能力值得关注（见图1）。2017年全国慧灵共有19个城市28个项目参与"99公益日"线上筹款活动，总筹款金额将近800万元，累计捐赠人数6万余名。

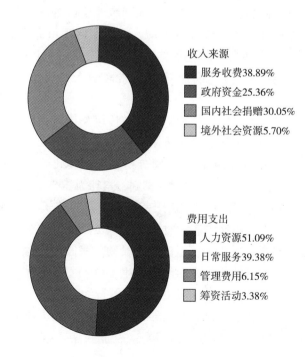

**图1　慧灵2017年收支分部**

资料来源：慧灵2017年报。

2017 年全年机构支出 4159.94 万元，其中人力资源开销 2125 余万元，占全年开支的一半以上（51.09%），日常服务支出排在第二，占支出比例 39.38%，管理费用占比 6.15%，筹资活动开销占比 3.38%（见图 1）。

（4）服务状况。机构以心智障碍人士个案服务为中心，截止到 2017 年累计服务人数 1564 人，其中日间中心服务人数累计达到 1247 人，庇护性就业服务 253 人，支持性就业服务 48 人，独立性就业服务 16 人[①]。

慧灵的服务分为两大类：生活类服务和就业类服务。生活类服务以"社区化服务"为主要模式，以帮助心智障碍人士学习和获取生活技能、提高生活质量为主要目标。主要服务项目有日间服务项目和社区家庭项目。

日间服务项目主要依托慧灵日间服务中心开展。慧灵目前在全国建有 48 个日间中心，打破建筑的物理空间局限，利用社区本身资源，包括文体设施、街坊邻里和社区志愿者、社区企业和政府单位等，协助心智障碍人士在真实的自然和社会环境中开展活动，帮助他们学习和掌握生活常识、礼仪和社交技能。这种真实的生活体验大大焕发了心智障碍人士的"自我"和"自主"意识，使他们能够很自然地融入社会生活，参与社区建设。

社区家庭项目是慧灵的一项创新，打破传统集体寄宿的封闭模式，让大龄心智障碍人士回到不同的社区居住，由 5~6 名智障人士和 1 名"家庭妈妈/爸爸"组成一个社区家庭，共同分担家务，彼此分享生活点滴。目前慧灵在全国已建有 77 个这样的社区家庭，累计为 300 多名成年心智障碍者提供社区化的住宿服务。一些家长表示，他们的孩子从社区家庭回来后，有时会主动帮助父母洗衣服、收拾碗筷，虽然有时候会遇到使衣物染色、打破饭碗等问题，但变化还是比较明显的。张武娟副总表示，社区家庭服务首先在生活习惯的养成方面已经产生了效果，习惯养成后要进一步教会心智障碍人士例如深浅色衣服要分开洗等行为细节。[②]

就业类服务的目的是通过就业辅导让大龄心智障碍人士有能力拥有一份工作，通过自己的劳动挣得一份报酬。就业是融入社会的一个重要表

---

① 慧灵 2017 年报。
② 根据慧灵副总裁张武娟访谈内容整理，2018 年 7 月 30 日。

现。心智障碍人士的就业形态一般包括三种：庇护性就业、支持性就业和竞争性就业。慧灵主要提供前两种形态的就业服务。

庇护性就业旨在为心智障碍人士提供过渡性的就业工作训练，协助其在工作中建立规律性的生活和工作习惯，学习一般工作要求，发展社交技巧和人际关系，增加心智障碍者的工作信心和成就感。慧灵建有一家庇护工场，为独立注册的民非组织，目前有45个学员在工场中进行过渡性就业培训，11个辅导老师（或就业辅导员）进行辅导。工场内有代加工（如包装航空餐具等）、缝纫编织手工艺和绘画制陶等生产类别。平日训练中比较注重培养心智障碍人士的工作人格、工作态度、人际关系和综合工作技能。由心智障碍者生产的产品会进入市场销售或组织义卖，所得收入用来支付这些心智障碍学员的工资和工场的运营。庇护工场自2003年扭亏为盈，当年盈利8万元，2004年实现盈利20余万元。经过过渡性就业训练的一部分有能力的心智障碍学员有机会经慧灵推荐到一般企业工作。2017年慧灵推荐了10名学员到社区就业，2018年慧灵已成功推荐30名学员到宝洁就业。

支持性就业指为支持心智障碍人士适应普通企事业单位的就业需求，就业辅导员在开发工作岗位、制订就业计划、陪同就业、薪酬谈判等一系列环节中，为个案提供2~3个月的持续性支持，使其适应工作环境和熟悉工作技能要求，直至其能独立胜任工作任务后退出支持。全国各地的慧灵已通过支持性就业计划帮助了不少智障人士走上稳定就业职场，常见的岗位有交通协管员、餐店服务员、公司保洁员和博物馆衣帽间管理员等。

慧灵在多年的服务之中，一方面不断总结经验，提升服务专业性；另一方面不断探索扩大影响力的途径，以求通过有效的途径使更多的心智障碍人士获得适当的服务。此次"ME公益创新资助计划"资助的"心智障碍人士服务行业线上资源中心"项目是慧灵在此方面的又一创新探索。慧灵希望将机构多年的专业经验通过线上平台分享给同行业从业者，通过提升行业人员的专业服务能力和机构管理能力来扩大心智障碍人士的受益范围。

（二）心智障碍人士服务行业线上资源中心项目——借助互联网规模化影响力

为了更好地规模化机构的影响力，2016年，慧灵向"ME公益创新资助计划"申请了心智障碍人士服务行业线上资源中心项目，经过激烈的竞争，最终获得了中国民生银行的资助，开始借助互联网技术扩大机构社会影响力的创新探索。

1. 项目目标

心智障碍人士服务行业线上资源中心项目主要解决同行服务机构专业能力的提升问题，进而满足大龄心智障碍人士日益增长的服务需求。该项目的长期目标是使心智障碍人士能够普遍获得适当的服务。具体目标为：提高 1000 名心智障碍人士服务行业工作人员的专业技能；提高 100 家同行服务机构的专业技能。衡量指标为在线上平台注册的学员人数和机构数量、学员培训后的考试结果。

2. 项目活动

心智障碍人士服务行业线上资源中心项目于 2017 年 1 月~2018 年 2 月主要开展了以下多项活动：

（1）平台开发。2017 年 3~10 月，慧灵进行了资源中心平台的开发，开发内容包括平台技术解决方案（服务器架设、平台运行与开发）、内容开发（栏目结构图、功能板块）、用户体验（UX）设计、内测等。2017 年 10 月中下旬，平台的基础搭建基本完成，并通过内测正式上线。上线平台名为"慧灵网"（http：//www. huilingwang. org）。目前网站资源对注册会员免费开放使用，会员可免费参加在线学习、学习考核、分享交流、咨询答疑等功能。

（2）服务手册内容开发、编写及电子版本转化。项目组以工作坊的形式在 2017 年 2 月和 7 月分别举办了两次服务手册内容开发设计工作坊。在第一次工作坊中，项目总负责人主持，各地慧灵个案中心主任或服务总监参与，共同完成手册内容规划，确定了手册的编写方向并进行了手册编写任务分工。第二次工作坊主要对内容材料成果进行审核、讨论、修改和定稿。目前，慧灵总结多年服务经验，一共编写了 6 本心智障碍人士服务手册。手册均由相关领域深耕多年的各地慧灵一线社工负责编写完成。编写质量和验收由慧灵总部项目负责人和项目执行管理人员共同把控。

慧灵系列 6 本服务手册编写并验收完成后，慧灵总部技术人员组织安排了广州慧灵的技术团队对手册内容进行了技术代码转化，并将手册上线网站平台供会员参考学习。

（3）培训课程开发与课程线上电子版转化。2017 年 2 月，组织了第一次培训工作坊，由慧灵专家团讨论完成了线上培训课程的框架设计和培训内容规划，确定了课程课件的编写方向、内容、互动方式等。2017 年 7 月，第二次培训工作坊对培训课程材料进行了审核讨论和修改定稿，并确定了授课方式、授课老师和授课课时。在项目期内，网站项目组一共完成了 70 个线上培训课程的设计开发和上线，分别采用视频、音频、PPT 和现场录制等相结合的模式。课程视频最初设定为 40 分钟/节，后在内部测评时发现时间太长，很难维持注意力集中，故上线时调整为 5~10 分钟/节。

课程内容通过慧灵技术团队编写 HTML、CSS 等技术代码上传至网络平台。

（4）开展调研。项目组在慧灵内部和外部试点推广网络平台，通过问卷调研了解收集用户使用体验，用于后期慧灵网的改进和升级。内部试点设置在全国 25 个慧灵分部，外部试点主要分布在首期推广的同行服务机构。共回收 103 份线上问卷和 22 份线下问卷，用户反馈较为积极，表示对于了解心智障碍人士服务知识和技能、了解学习慧灵服务手法、提升组织管理制度建设和财务制度完善有所助益。

（5）项目推广。在项目的宣传推广方面，慧灵主要通过线上和线下两种方式展开宣传推广活动。线上推广方面，慧灵借助微信平台以公众号推文的形式在慧灵基金会和一些同行机构（如心智行业、广州穗星社工中心、东莞展能社会工作服务中心）的公众号上发文推广慧灵网平台。另外，慧灵还在心智障碍服务领域的主要同行交流群里分享了平台的信息和资源，包括孤独症康复教师群、省儿童孤独症康复群、广东特殊教育群、育盟项目交流群等。

线下推广方面，项目组在 2018 年 4 月、5 月分别在北京、长沙、西安、大连、兰州、桂林和清远 7 地举办了线下推广会，共计有 255 人参与活动，其中有 213 人被发展注册为慧灵网会员，比例高达 84%。

3. 项目成效

慧灵基金会在不到一年的时间内用有限的资源搭建起了国内心智障碍人士服务领域首个专业资源分享平台——慧灵网，免费为注册用户提供专业知识、行业信息、培训课程、在线辅导、同行交流、答疑解惑等功能，为心智障碍人士服务行业从业人员创造了一个良好的学习提升和交流解惑的公共平台，有益于整个行业服务质量和能力的提升。

项目期间开发并撰写了 6 本心智障碍人士服务手册，从实操层面为行业从业人员提供指导和借鉴，填补了行业操作技术规范的缺失。设计并制作了 70 个网络培训课程，以 5~10 分钟的短视频、音频、PPT 和现场录制相结合的模式免费提供给注册会员。课程内容包括行政类和服务类两大模块（见表 1）。行政类课程主要为成立初期处在起步阶段的同类组织提供管理经验，助其避免管理失误。服务类课程主要为同行工作人员的服务工作提供技术支持。会员可随时随地进行观看和学习。

表 1　项目开发手册和课程

| 服务手册 | 行政类培训课程 | 服务类培训课程 |
| --- | --- | --- |
| 社区家庭服务手册 | 文化建设制度 | 辅具介绍及运用 |
| 日间活动服务手册 | 职业伦理制度 | 个别化支持计划（ISP） |
| 以个案为中心操作手册 | 运营制度 | 需求评估—支持强度量表（SIS） |
| 实务经验集 | 财务制度 | 个人生活质量成果（POS）操作说明 |
| 志愿服务管理与发展手册 | 能力建设制度 | 服务安全管理 |
| 艺术调理实操手册 | 五常法在机构中的运用 | 关于心智障碍的基本常识 |
| | | 小组管理 |
| | | 社区化服务理念 |
| | | 挑战性行为与情绪管理 |
| | | 工作分析法 |

截止到 2018 年 6 月，慧灵网注册会员数达到 1329 人，超出相应计划任务。由于预算和技术的限制，目前慧灵网还无法掌握会员机构数量和会员考试情况。

## 三、案例分析

作为中国最早一批成立的民间社会组织，慧灵一步步逐渐走出了草根组织普遍面临的资源紧缺、合法身份缺失、专业化程度不高、公信力不够等诸多困境。这其中的原因就在于慧灵从初创到规模化扩张的各个发展阶段中始终没有停止创新。慧灵在其近 30 年的发展过程中走出了一条不断探索创新、扩散创新、规模化创新影响力的具有慧灵特色的创新道路。

（一）主要创新点

慧灵的主要创新做法可以大致归纳为三个方面：服务理念的创新、组织管理的创新和技术手段的创新。

1. 增能大龄心智障碍人士，提高其自主生活能力

"增能"概念最早由美国学者芭芭拉·索罗门（Barbara Solomon）在研究黑人问题时提出，意为"增强权能"。增能是指帮助个体通过和周围群体与环境的积极互动而获取更大的对生活空间的掌控能力和自信心的过程①。传统的价值体系下，心智障碍人士在接受照顾和社会帮扶的过程中，常常被认为是脆弱的群体，从而忽视了他们是具有潜能的，是可以改变的。而慧灵的价值理念认为每个弱者都有力量，每个生命都应得到尊重。慧灵改变传统的残疾观，从个人层面、人际层面和社区层面着手，通过对大龄心智障碍者的居家生活增能、教育增能、就业增能、交友增能、社区生活增能，挖掘大龄心智障碍者的潜能，培养其自主生活的能力和信心。

2. 由服务型机构向"服务型+支持型机构"转变

慧灵早期专注于为大龄心智障碍人士提供直接服务，是一个纯粹的服务型机构。经过前期的铺垫和专业技术的提升、提炼后，慧灵开始了规模化拓展。区别于一般的连锁化经营，跑马占地搞垄断，慧灵是探索可推广的解决大龄心智障碍人士社会问题的专业技术，并无条件开放，让包括服务对象和同类社会组织在内的利益相关者有能力解决社会问题，参与社会发展，而非让所服务人群永远依赖慧灵的组织和技术。慧灵不是要占市场，而是通过对技术的总结与开放，支持行业内同类组织的发展。通过这种方式，慧灵逐渐由直接服务型机构转变为直接服务与间接服务相结合的形式，探索向支持型机构发展转型的路径和可行性。

3. 利用技术手段探索有效传播途径

打破行业内传统的师傅带徒弟的一对一低效模式，利用互联网技术，搭建网络资源平台，将专业服务技术数字化，寻求更有效的技术传播途径。技术创新能够减少传播中的不确定性，带来直接收益。首先，打破培训的地域限制，使传播范围得到无限扩大。其次，使传播速度大幅提高，

---

① 杜静：《增能理论在残障人自主生活服务中的运用——以成年智力障碍者为例》，《开封教育学院学报》2017 年第 12 期。

且不再受到时间限制，受众可随时、无限次重复获取数字化信息资源，达到资源利用最大化。最后，传播成本有效降低，任何能够连接网络的智能终端均可作为获取数字化信息资源的媒介，有效解决中小型或初创期同类社会组织的人员队伍能力建设经费短缺问题。

### （二）创新的动力

慧灵创新的发生并不是偶然的，其动力主要来自机构自身和其主要面对的服务群体，也来自机构外部同行组织和支持型机构的推动。

#### 1. 创始人的使命感和创新精神

使命是公益机构的根本和产生创新的不竭驱动力。公益机构的所有工作都是围绕着实现机构使命这一目的开展的。一个清晰而强烈的使命对于公益组织而言最大的作用在于组织决策方面，对于哪些项目应该开展、哪些项目应该避开或退出，特别是新的项目或路径应不应该开展，这些重要决策都应该以使命为依据。慧灵创始人孟维娜有着坚定的使命感，那就是让心智障碍人士实现自强、自立、自理、互助。要实现这一使命，就需要不断创新。在她 30 年的社会服务事业中，她一直坚守着慧灵"简单朴素"的使命，在此基础上不断尝试探索创新有效的服务和管理手段，并勇于承担风险。比如，为了探索可持续发展模式，孟维娜大胆尝试社会企业，创立"麦子烘焙"，虽然投入巨大，目前还未实现收益，但却增加了大龄心智障碍人士的社区曝光度，提高了普通人对他们的了解，促进其融入社会。作为创始人，孟维娜时刻以实现使命为己任，勇于冒险，不怕犯错和承担责任，带动组织内部形成了极强的使命驱动的工作环境，为创新的发生创造了沃土。

#### 2. 需求拉力

社会的创新与发展往往来源于社会需求，因为需求最能够触动研发创新，以解决社会问题和满足社会需求。慧灵服务于大龄心智障碍人士，目前该领域社会服务严重滞后，社会问题极为复杂，社会需求非常迫切，慧灵必须要寻求创新突破，将需求压力转化为创新的动力，从而解决社会问题，满足社会需求。

#### 3. 外部社会力量推动

外部力量对于社会创新的产生而言往往是一副强有力的助推剂，因为一个组织在运作过程中已经形成了一个固定的生态体系，这种固定生态往往是很难靠内部力量来打破的。外部的社会力量能够发挥三方面优势，对组织创新发挥推动作用：①客观地观察，发现组织的优势、需求和问题所在；②拓宽思路，挖掘更行而有效的解决策略；③链接更多资源，协助组织完成更高层次的提升。

在本案例中，南都基金会的外部推力在慧灵的创新发展过程中起到了关键的作用，尤以 2012 年慧灵加入南都"景行计划"为契机。该计划以民间具备支持性或引领性特征、有能力或潜力影响行业的阶段过渡的社会组织为资助对象，不仅提供运营资金与专业技术支持，更重要的是协助入选机构开发具备前瞻性、行业标准、示范性的业务，并为组织的转型期提供探索和研发咨询。景行的非资金性支持的一大成果是促成了慧灵和国际咨询机构（Global Development Incubator，GDI）建立深度辅导式咨询。辅导式咨询的主要目的是预计组织大的方向和目标，其重要价值在于设计机制、提供工具、辅导掌握使用方案和工具的能力[1]。南都在充分了解慧灵的需求后为慧灵对接到第三方咨询机构，帮助其规划出战略发展方向与具体实施方案，在其推动下，慧灵成立了基金会，总结技术经验并标准化，开启规模化加盟道路，完成了机构的几项重大创新转变。

## （三）社会创新的规模化

慧灵在不断提升机构自身专业性、优化服务模式的发展过程中，并未局限于机构自身的发展，而是积极探索如何通过规模化手段使机构的创新成果和成功经验能够服务于更多的心智障碍群体。规模化是将创新服务手段和解决方案的影响力扩大化的一种途径，同时实现规模化也需要依赖创新。

1. 慧灵规模化的主要条件

（1）专业服务的标准化。标准化指"为了在一定范围内获得最佳秩序，对现实问题或潜在问题制定共同使用和重复使用的条款的活动"，其主要作用在于改造产品和服务的适用性[2]。标准化能够为技术和服务的大量复制提供便利，是规模化的必要前提和条件之一。

---

[1] 刘晓雪：《散财有道：南都公益基金会风险投资的理念与实践探索》，社会科学文献出版社 2017 年版。

[2] 国家标准《标准化工作指南 第 1 部分：标准化和相关活动的通用词汇》（GB/T200000. 1-2002）。

　　慧灵在其多年大龄心智障碍人士社会服务经验的基础上，对其专业服务技术和机构管理经验进行了总结和提炼，形成了标准化手册和培训课程，内容涵盖了服务技术标准化和组织管理标准化两个方面。

　　慧灵开发的标准化手册共六册，主要提供心智障碍人士服务标准。其中，"以个案为中心操作手册"为主要以个案服务为中心的心智障碍人士服务行业提供了操作标准；"社区家庭服务手册"和"日间活动服务手册"为慧灵的加盟机构和育盟机构①提供了统一的服务技术要求和操作标准，以便对其服务过程和预期结果进行管控，同行业其他有意开展社区家庭和日间活动服务的机构也可以参考此标准来规划自己的服务。

　　培训课程分为行政类和服务类两个类别。行政类课程主要为慧灵的加盟和育盟机构提供组织管理标准，便于慧灵总部对其统一管理，同时也为其他同类组织提供机构管理的相关参考标准和经验，内容涵盖组织运营管理标准、财务管理标准、职业伦理要求、能力和文化建设制度等。服务类课程主要对服务过程中常见的具体主题进行了标准化梳理，内容涵盖基础概念、服务需求评估、服务技术、服务工具、服务形式、服务安全保障等方面。例如，"挑战性行为与情绪管理"课程为服务过程常见的心智障碍者挑战性行为与极端情绪的应对和管理技术提供统一操作标准，"需求评估—支持强度量表（SIS）"课程提供服务者利用 SIS 量表评估心智障碍人士服务需求的具体操作标准和方法，"辅具介绍及运用"课程为服务人员明确了服务过程中需要的辅助工具的正确使用环境和方法。

　　（2）标准化技术服务的更新迭代。专业技术的不断更新迭代是规模化可持续的保障。

　　慧灵手册初版（1.0 版本）是在 2012 年成为"景行伙伴"之后在南都基金会的协助下完成的。这是慧灵对过去 20 年的服务模式的全盘梳理、总结和提升，也为慧灵服务的标准化提供了很好的基础和依据。2017 年在"ME 公益创新资助计划"的资助下，慧灵对服务手册进行了升级，形成了2.0 版本。在这次升级过程中，慧灵主要从三个方面对手册进行了改进：

　　1）理念升级：如何更好地坚持以个案服务为中心，以有效措施保证

---

　　① 加盟机构：指同类型组织或团队申请加入慧灵，使用慧灵的名称，接受慧灵的统一管理和监督。育盟机构：指同类型组织或团队引入慧灵模式，接受慧灵的技术支持，但可以不使用慧灵的名称，保持组织的相对独立性。

所提供的服务是真正从个案角度而非服务人员角度出发。

2）内容升级：丰富和完善手册内容，增加适应新时代环境的主题，纠正和添补原有内容结构和主题。

3）技术升级：完善专业服务技术与手法，提高服务技术专业性和精准性。

手册的迭代由专门的技术团队负责。慧灵设立有一支师训团，主要负责员工的培训培养和机构管理机制与制度的制定，这支队伍主要负责此次项目中标准化手册的更新升级。师训团的人员组成有三个层面：

管理层面：机构内部高层领导和中层管理干部。

服务层面：慧灵全国各地分支机构选拔出的专业服务骨干。

外聘专家层面：包括外部的咨询团队、香港的专业社工和同行业机构。

师训团成员分工：外聘专家为项目搭框架，内部人员填内容。外聘的专家主要从专业的角度来把关项目框架的搭建，如标准化手册各册主题的确定，每个主题手册内容结构框架的梳理和明确等。框架搭建起来后，师训团中来自慧灵管理和服务团队的人员则负责向框架中填内容，因为其最了解慧灵内部的工作情况。

手册的更新升级分为四个阶段：

1）一线素材的收集：向慧灵各地一线人员收集五年来不断积累的更新与修正的素材。

2）素材的整理：通过工作坊的形式，确定手册更新的方向和内容，根据内容规划对收集的更新素材进行分类整理。

3）手册的编写：由师训团成员分工完成。

4）手册的修订：通过工作坊的形式，由师训团内外部专家对更新的手册进行讨论和修订，形成最终版的第二代标准化服务手册。

此次标准化手册的升级，是一个由量变到质变的过程。第一版形成后的五年间，慧灵各地一线工作者在服务过程中，不断发现问题，纠正问题，积累经验，最终形成了新的文字规范。

（3）创新的传播扩散。创新的传播扩散是一个认识创新的过程，而大众传播媒介是最有效的创新信息传播渠道[①]。大众传播是一种利用大众传播媒介以特定多数人作为传播对象进行的大规模信息生产和传播的活动。

---

① Rogers E. M.：《创新的扩散》，电子工业出版社 2016 年版。

本案例中，慧灵在传播渠道的选取上进行了技术创新，利用了新兴的大众传播媒介——互联网作为创新扩散的渠道。互联网的出现对于大众传播媒介本身就是一种创新，因其改变了纸媒、广播、电视等传统大众传播媒介的单向性特征，以其互动性为特点提高传播的效果。

在传播创新信息的过程中，慧灵除了传统的线下推广会的模式以外，更多地利用了互联网作为媒介，做出了三种类别的创新扩散尝试。

1）群媒体的针对性传播：利用微信群和 QQ 群功能，在心智障碍人士服务领域的主要同行交流群里分享资源共享平台信息。这些线上交流群包括行业内主要的同类组织、社工、特教、家长等群体，这些群体正是慧灵本项目中资源共享平台的主要目标群体，信息递送目标群体明确、针对性强。

2）社交媒体的广覆盖传播：利用微信公众号以推文形式将"慧灵网"信息推送给公众号订阅者。这种推广模式只能够在推送端进行公众号的选择来提高传播的针对性，订阅者群体较第一种形式较为分散多样，且增加了一个订阅者"点击阅读"的选择环节。这种模式较第一种而言优点是传播范围更广，缺点是针对性稍弱。

3）网络平台的双向性传播：主要通过慧灵搭建的资源共享平台"慧灵网"来实现信息的传播扩散，将信息上传至网络平台供注册会员免费学习使用，并为受众提供了自主搜索和信息反馈的渠道，将信息认识的过程由单向变为双向，由被动变为主动，为创新的采纳提供了更多的机会和更大的可能性。

2. 规模化途径与保障措施

具备了规模化的基本条件之后，如何规模化以及如何保障规模化的效果非常重要。慧灵在规模化方式的选取上采取了多元化结合的形式，其在效果保障方面采取的措施也比较突出。

（1）规模化方式。慧灵的规模化方式主要有两类：前期的规模化阶段主要以地理性扩张方式为主，包括直营式、加盟式、育盟式等；后期则脱离了地域性的局限，更加追求影响力的传播和采纳，主要形式包括开源式和培训式等。

1）直营式，即慧灵总部到地方直接建立分支机构并派团队进行管理运营，服务内容和管理模式与慧灵总部保持高度一致。

2）加盟式，即地方同类组织或团队申请加入慧灵，将慧灵模式引入当地，加盟机构使用慧灵的名字，按照慧灵提供的服务标准和管理要求规范机构自身的管理和工作，接受慧灵总部的监督和两年一次的实地评估。

3）育盟式，即地方组织引进慧灵模式，但保持组织自身的独立性不纳入慧灵统一管理。这类组织可以选择使用或不使用慧灵的名字，慧灵主要通过培训的形式为其提供技术和理念支持。

4）开源式，即慧灵通过其此次项目中建立起的慧灵网资源共享平台，将其多年来总结的专业技术、方法、经验等资源在平台上开源，免费共享给同类型组织工作人员、特殊教育教师、大龄心智障碍人士家长等相关需求群体，最大化地降低获取门槛，扩大影响范围，以求更多同行人员可以获得并采用慧灵模式，使更多大龄心智障碍人士得到有效的服务。

5）培训式，与开源式以自主学习为主不同，培训式以授课为主，慧灵主要通过线上和线下两种途径对同行业从业人员进行专业技术和理念的相关培训。线上途径主要依托慧灵网平台，提供短视频录播与直播课程；线下途径主要通过在各地开展的培训活动开展面对面授课。

（2）可行性考察。为了保证地方加盟或育盟机构对慧灵理念的准确接纳和其服务的质量达到慧灵标准，慧灵总部会对申请加入慧灵的组织机构进行考察。考察项目主要包括五个方面。第一，慧灵总部考察人员会到当地开展心智障碍人士家长座谈会，了解当地家长的实际需求和意愿。第二，考察该组织，包括组织创办人和工作团队的实际情况，以了解该组织是否有相应能力且与慧灵的价值理念同步。第三，考察当地政府，包括民政部门和当地残联，了解该地与心智障碍人群相关的政策法规和相关政府部门对于心智障碍人士服务的基本态度和意愿。第四，考察服务场地，以慧灵总结的一系列服务场地标准来对照该组织场地的适合度。第五，考察当地城市环境，主要考察该地的经济发展水平和同行业社会组织的专业性和人员水平（能力、工资等）。这五项考察项目中三项以上符合标准的可以获得加盟慧灵的资格。加盟慧灵后，地方组织需一次性缴纳两万元品牌建设费，加盟费免除。慧灵目前正在计划自 2018 年以后按照加盟组织的发展程度收取不同比例的加盟费，比例大约控制在 1.5%~5%。

（3）绩效评估与学习改进。慧灵总部组织评估委员会对加盟和育盟机构开展两年一次的评估，以了解其服务情况，发现并解决问题，保障服务和管理质量。该委员会委员由各地慧灵的资深工作人员组成，评估前统一接受委员培训。评估期间，评估委员与当地受评估组织工作人员同吃同住，深度观察当地实际工作情况。发现问题的组织将被要求整改，整改后接受再次评估，直到符合标准。自评估机制引进后，慧灵已开展两次全国性评估活动，第一次评估结果差强人意，仅有 60% 左右达标。第二次评估时地方组织水平已有明显提升，一次达标率增长到 80%。2019 年慧灵将要开展第三次全国评估，预期目标是达到 80%~90% 的一次达标率。较高的达标率表示慧灵规模化取得了较为良好的效果。

### （四）问题和挑战

慧灵为支持行业发展所做出的创新尝试是非常值得肯定的，项目也取得了一定的成效，但是在项目执行过程中，也出现了一些问题，面临一些新的挑战。

#### 1. 项目存在的问题

（1）项目设计。公益项目设计时，应该将社会需求、机构优势条件和外部可利用资源三者进行合理规划配置，设计出一个可行的解决方案。本案例的项目设计中，社会需求是大龄心智障碍人士普遍得不到适当的社会服务，及心智障碍服务机构人员专业能力普遍需要提升。慧灵的突出优势是机构多年的专业经验、行业品牌领导力，以及成型的专业化服务产品和标准化手册。可用于项目执行的外部资金资源是"ME 公益创新资助计划"项目资助的一年期 50 万元资助款。项目设计的解决方案是机构自己搭建一个网站将总结的标准化服务技术与管理规范开源给行业工作人员，通过提高工作人员的服务能力使更多大龄心智障碍人士获得服务。就项目设计而言，首先，项目目标很大，可利用的资源却非常有限。想要搭建一个功能完善的网络平台，预算远不止 50 万元，此外还有网站搭建之后所需的网站运营和维护等各种持续性投入。慧灵在项目设计之初的市场调研和风险预估方面并不完善。其次，项目设计方案未能将机构的优势条件充分发挥。面对有限的资源，慧灵并未发挥优势拓展市场资源，例如，寻找企业 CSR 部门支持合作，提供公益性的技术支持或资金支持等。此外，机构出于对内容资源和用户数据所属权的坚持，选择放弃利用现有互联网资源分享平台（诸如线上微课平台等），而自己搭建网站，也给项目的实现带来了极大的挑战。

总体而言，出于各种原因项目解决方案的设计未能很好地将需求、优势和资源合理匹配。虽然慧灵已在最大程度上克服资源限制将网站成功搭建起来，但呈现效果并不理想，后台数据收集分析方面也因为资源限制和技术壁垒而未达到慧灵的预期。公益领域资源相对紧缺，在项目设计时，应该充分做好市场调研，将项目设计与组织资源相匹配，更多地做组织更擅长的事，把想做的事和能做的事做到最佳的平衡融合。

（2）技术支持。由于社会组织资源的有限性，在原机构 IT 工程师离职后，慧灵认为机构平日工作中没有需求也没有预算长期聘用一位 IT 工程师，内部只聘请了一位网管人员负责解决机构日常工作中的计算机常见问题。慧灵的志愿者队伍以社会工作专业大学生为主要群体，没有精通 IT 技术的专业型志愿者可以提供服务。种种局限为慧灵项目的技术性解决方案设置了障碍。

（3）人力资源与流动性。影响慧灵网平台项目顺利实施的另一个重要因素是核心执行团队人员的流失。项目组原有一位非常精通计算机编程的外籍工作人员，负责独立完成网站代码的编写工作，为项目组省下了可观的技术公司雇佣费用。但是在项目执行期间，该员工因个人原因离职，其未完成的代码因为与国内编码方式的差异问题，导致没有国内技术公司人员可以续写。最终，机构迫于项目进度和经费预算的压力，只能选择聘用了一支国内初创型 IT 公司重新编写网站代码，搭建网站结构。核心人员的流动在本案例中给项目组带来重挫。首先，在项目执行层面，直接影响了项目的进度，打乱了项目计划。其次，在项目投入方面，增加了项目的执行成本，间接影响了项目的实现效果。项目组核心成员在访谈中表示，社会组织能提供的工资待遇比较低，实在没有市场竞争力，无法跟企业争夺人才。这也是社会组织在人才队伍建设方面面临的普遍问题。

2. 机构面临的挑战

慧灵在未来的发展中，主要面临着对机构能力的多方面挑战。

（1）慧灵网的升级改进与持续运营维护的挑战。虽然慧灵网这一心智障碍人士服务资源分享平台已经搭建起来，但是网站在许多方面还有待改进，且今后还要面对网站升级改进和运营维护的需求。网站视觉呈现方面，平台栏目框架和板块设计需要优化，页面呈现效果需要提升；用户体验方面，平台交互逻辑设计需要进一步改进，以提升用户的使用便捷性和舒适度；内容方面，慧灵需要根据会员反馈有计划地更新手册与课程内容，同时要不断优化网站的论坛功能，系统地管理论坛内容；后台监测方面，需要优化用户注册信息设置，提取有效用户数据为网站运营管理、平台效果监测和机构服务发展提供线索和依据。为了实现多方面网站后续改进和持续运营的需要，慧灵在今后将要面临来自资金、技术、人力资源等多方面的挑战。

（2）发展社会企业的挑战。慧灵在社会企业的发展方面敢于冒险、敢于尝试，目前旗下有国内著名的烘焙工坊"麦子烘焙"、从事大龄心智障碍人士庇护性就业培训的"庇护工场"、从事有机食物种植的"慧灵农场"等品牌。在发展社会企业方面，慧灵面临的一大挑战是保持社会企业的可持续运营。社会企业需要用商业运营的模式来运作，而社会组织往往非常缺乏具有商业能力和经验的人员，包括产品包装、产品销售、市场营销等专业人才。商业人才的缺乏为社会企业的可持续发展带来巨大挑战。另外，像慧灵这样服务残障人的社会组织通过社会企业形式促进残障人就业的，具有一定的特殊性。残障人的生产培训成本很高，生产效率较低，生产产品质量不易控制，这就决定了这类社会企业不能依靠扩大生产规模来提升经济效益的传统工业化模式来提高收益，而应尽量提高产品的附加值。如何能够更好地提高产品附加值，就回到了商业人才的问题上来。社会企业需要专业的市场营销人员，深谙市场规律，了解消费群体心理，讲出一个好故事，卖出一个好价钱。

我们在访谈中得知，慧灵发展社会企业更多的是一种使命驱使的选择，而非主要为了盈利。以麦子烘焙为例，虽然运营多年持续亏损，但慧灵仍然坚持，其主要原因是为了给大龄心智障碍人士创造一个展示的窗口，通过这家店告诉社会上其他人群，心智障碍人士是有工作能力的，是能够创造社会价值的。这种使命驱使的选择是需要勇气和信念的，这个窗口也确实让更多人增加了对心智障碍群体的认识。然而从长远看，持续亏损对于资金本就有限的社会组织来说是不利于其发展的。慧灵在未来还是应该注重商业人才的吸纳和培育，以求社会企业的可持续运营。

（3）筹款的挑战。慧灵基金会目前面临的来自筹款方面的挑战主要有两个。第一，机构内部缺乏筹款专业人才。目前，机构相关员工多为社工专业背景的年轻人，比较缺乏对公益筹款的系统认识和技术技巧，对潜在捐赠者的需求洞察和开发，以及捐赠者人群的管理和维护等方面缺乏专业技能，为机构筹款带来挑战。第二，机构外部环境不稳定。中美开启贸易战之后，越来越多的国外基金会面对不明朗的国内政治环境，逐渐撤出了对慧灵的资金资助，转而投向别国，给慧灵的筹款工作增添了不少压力。

机构在未来需要更多地开发国内社会资源。

# 四、结论与建议

## （一）主要结论

广东省慧灵智障人士扶助基金会在"ME 公益创新资助计划"的资助下，完成了机构网络资源共享平台慧灵网的搭建；完成了心智障碍人士标准化服务手册的更新迭代和同行业从业人员培训课程的开发，并开源上传至网络平台；借助互联网新媒体技术对创新进行推广。从慧灵智障人士扶助基金会的案例可以看出，社会创新规模化影响力的路径与条件在于：

1. 规模化的主要路径

（1）扩张。通过机构自身的不断成长和发展壮大来扩大机构影响力的扩张型路径。该策略集中于某一单个组织内部的活动和实践，对组织能力与资源条件要求较高。异地建立分支机构、直营是常见的主要形式。

（2）复制。通过其他组织对该组织创新模式的接纳和复制来扩大组织规模和影响力。通常要通过协议约束、人员培训、监管评估等手段来保证复制效果。加盟连锁为最常用的方式。相对于直营和自建分支的方式来说，复制能够降低规模化给组织带来的人力、物力和财力等各方面压力。

（3）合作。与其他同类组织建立正式的合作关系，形成网络型结构，以扩大创新的影响规模。组织间关系通过订立协议缔结，各组织保持各自的独立性，同时实现资源的互通共享。

（4）开源。将创新信息开源，直接将创新想法、解决方案或模型等无差别地扩散给其他同类组织和公众。该种途径强调提供解决某一社会问题所需的创新方法、资源或工具以使其他组织或个人能够做出创新实践，旨在提高行业整体服务能力和社会公众的认识水平。数字化手段在开源和扩散方面具有得天独厚的优势。

希望对创新进行规模化的社会组织可以依据自身能力和外部环境条件，选择单一的路径做规模化探索，也可以根据组织发展程度选择同时或先后采取多种路径，逐渐扩大规模。需要注意的是，以上四种规模化路径对于创新的制造者来说，影响力和控制力此消彼长：随着创新者逐渐扩大影响力规模，其对创新实践的控制力逐渐降低（见图2）。

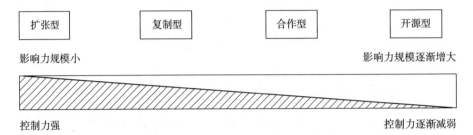

图 2　规模化路径谱系

2. 规模化的条件

（1）创新者提供可行的创新性解决方案。要实现规模化，首先需要创新的生产者提供具有创新性的解决方案。该解决方案需要具备可以标准化的特性，即该方案要能够在技术手法、组织管理、操作流程等方面便于标准化，从而提高创新性方案的复制、扩散、采纳和转化的能力。

（2）创新者对解决方案不断升级迭代。创新者需要对创新解决方案进行不断改进和优化，以提高方案的可行性与可适应性，激发更多对创新的认识、采纳和转化行为。迭代过程中除了要对专业服务技术手段做出改进和提升外，还要重视对方案背后支撑理念的升级和方案执行所需工具、平台的改进，以提高其他采纳者结合当地的实际情况调整方案、落地方案的可能性。方案的优化提升可以从时代变化特点、服务群体需求变化、服务技术进步、服务理念提升等方面着手。

（3）协调带动各方利益相关者共同参与。扩大影响力，依靠单个组织的力量难度很大，需要包容性地协调各个利益相关方共同参与、相互合作。能够让规模化成为可能的相关方包括资助者、合作或同行机构、政府机构、受助者等。前三者手里往往掌握着社会组织创新者不具备的资金、权力与人际资源，他们的参与对于推动规模化具有重要推动作用。例如，南都基金会作为资助者，其参与和资助对慧灵形成标准化手册和基金会的成立起到了关键作用；同行机构的沟通协作也为慧灵的手册升级和服务模式优化提供了专业的建议。受助者作为"被影响者"也应被包含进来，参与规模化决策，有助于机构理清规模化的目的，优化实施方案。不同利益相关方的参与和协作有助于共同愿景与价值观的建立，使规模化环境不断改进，规模化所需资源不断汇入，从而提高规模化成功的可能性和可持续性。

3. 讨论

慧灵的案例为社会组织进行创新的规模化提供了很好的经验，同时也带来了对一些问题的思考。

（1）规模化是不是必然选择？

是否需要规模化，要根据不同组织的具体情况来分别判断，并非对所有社会组织的绝对要求。决定是否需要规模化，主要应回答三个方面的问题，判断是否有需求，是否合情理，是否有依据。

1）规模化是否符合机构使命？

2）机构是否有能力规模化？

3）规模化是否会对受助群体产生不可预见的风险或负面影响？

（2）组织的规模化是否等同于影响力的规模化？

影响力的规模化经常会伴随着组织的规模化，但是对于规模化影响力来说，组织的规模化并不是必然要发生的。衡量影响力规模的指标不仅是项目的辐射范围，还可以是项目的可及度与服务获取的便利度、项目的效率、项目的可持续性和受助人群的满意度等。社会组织在实施规模化之前，要做好战略规划设计，避免盲目扩张组织规模而损伤影响力水平。

## （二）主要建议

### 1. 政府层面

首先，地方政府和管理部门应根据时代发展和需求变化进一步完善残障人保障，特别是心智障碍人士保障相关的制度体系建设，旨在从教育、医疗、就业、社会保障等各方面为大龄心智障碍人士提供制度保障。同时加强残障人社会服务制度建设，为社会组织提供一个更为有利的服务环境。

其次，政府部门应该鼓励心智障碍人士及其家庭寻求社会组织服务，并根据政府服务和社会组织服务的特点和各自优势将二者更好地结合起来，互为补益。

最后，政府部门可以根据各地服务需求和社会资源匹配情况，适当增加政府对心智障碍人士服务的购买力度。

### 2. 行业层面

应该加快推动心智障碍人士社会服务专业操作技术标准和规范的制

定。可依托案例中慧灵开发的标准化专业技术和服务手法或其他主要同类组织的专业经验，号召行业同类组织和专业人士参与协作，共同讨论与整理形成心智障碍人士服务标准与操作规范，推动行业服务能力与管理水平。

3. 社会组织层面

首先，在规模化探索之前，应合理评估机构需求与能力，选择适当的规模化路径，设计具有创新性、可复制性和可适应性的服务项目。在规模化过程中，做好动态评估，跟踪影响力在规模、类型和质量等方面的变化，及时调整方案，发挥积极影响，防范负面风险。机构的组织形式和管理模式也要根据机构规模化的发展程度做出相应调整，以适应规模化发展需求。

其次，坚持走专业化道路，注重组织对于专业理论与技能的持续学习与提升，不断提高解决社会问题的专业性和精准性。

再次，在项目设计时，要充分了解机构自身的优势能力与资源条件，以及机构的外部环境，统筹考虑，更多地做机构更专业、更擅长的事。

最后，加强与市场的合作，不仅停留在争取企业公益性捐赠的层面，还要努力开发与企业建立新型的深度合作。这种新的合作可以包括两个方面：一是通过合作，学习企业有益的商业化运营管理模式并思考如何有效地利用到社会组织的管理中来，以提高组织效率；二是对于社会组织比较缺乏的专业技术与经验，通过与企业合作引入技能志愿服务，利用企业人才为社会组织提供财务、互联网技术、营销、运营、战略规划等方面技能志愿服务。技能志愿服务对于社会组织和企业来说是一个双赢的选择，既可以缓解社会组织对专业性人才的大量需求，又可以帮助企业提高其员工的工作技能、参与度和忠诚度。

# 创新的发生与扩散

## ——以"NEW WAY——心智障碍者的支持性就业"项目为例

　　北京融爱融乐心智障碍者家庭支持中心（以下简称"融爱融乐"），是支持性就业理念在中国的先行者。自组织成立至今的 7 年时间以来，融爱融乐将国际上先进的残障群体就业支持模式应用于中国的心智障碍群体就业支持的实践，并进行本土化创新，逐渐探索出在中国开展支持性就业的独特模式。2016 年，北京融爱融乐的"NEW WAY——心智障碍者的支持性就业"项目获得了中国民生银行和中国扶贫基金会联合发起的"我决定民生爱的力量——ME 公益创新资助计划"的资助。

## 一、心智障碍者的就业困难

　　就业是社会发展的重要根基，也是民生建设的根本，残障人士作为社会中的弱势群体，其就业状况关系到整个社会的和谐稳定。尽管近几年来，在政策与法律的推动下，残障人士就业的议题受到了一定的重视，但是残障人士就业依旧面临来自各方面的障碍。据统计，到 2017 年为止，我国的各类残障人士数量已经达到了 8500 万人，其中有 1500 万人生活在贫困线以下，占到了我国贫困人口数量的 11% 以上①。在残障人士群体之中，相比肢体残疾人群，心智障碍者面临着更为严重的就业障碍。根据全国第二次残疾人口普查的数据显示，我国有超过 1000 万名智能发展障碍者，该人群的平均就业率不足 10%，即使近几年来，政府出台了一系列促进心智障碍者就业的规定，依旧有许多企业宁可选择支付残疾人就业保障金而不

---

① 念其仙：《残疾人就业服务的现状与改善措施分析》，《人力资源管理》2017 年 5 月。

愿意雇佣心智障碍者①。推进心智障碍者就业，是解决当前残障人士就业困难问题的重中之重，也是中国社会文明与进步的表现。

近年来，政府高度重视残障人士就业问题，也积极推动心智障碍者实现就业。2015 年 9 月，财政部联合国家税务总局、中国残疾人联合会，印发了《残疾人就业保障金征收使用管理方法》，要求用人单位按照残疾人就业比例不得低于本单位在职职工总数的 1.5% 执行，并规定了企业与残障人士签订劳动合同的最低工资标准、社会保险费、时长等细节②。另外，国家也将支持残障人士就业纳入"十三五"规划之中，提出了"统筹做好残障群体的就业工作，消除针对特定群体的就业歧视，营造公平就业环境"③ 的目标。同时，在规划方案之中，提出了"未来五年在全国发展2500 名就业辅导员，推进心智障碍者融合就业④"。在这种政策环境之下，如何提升心智障碍者的就业能力，如何帮助克服企业雇佣心智障碍者时面临的现实困难，成为了解决问题的关键。

为了帮助心智障碍者像正常人一样实现就业，需要来自社会组织、家庭、雇主以及社会公众等群体的共同支持。支持性就业作为一项社会政策，最早出现于 1984 年美国的《发展障碍法案》。支持性就业具有如下特点：①带薪同酬，②持续性支持，③融合性，④个别化。强调为因存在各种类型的障碍以至无法正常工作的人群提供支持，以保证其能够在融合的工作环境中进行持续性的工作⑤。支持性就业打破了心智障碍者仅仅是社会照顾对象的社会观念，作为一项社会理念已经在美国、德国、日本等发达国家先后实践，并依据本国的国情演化出具有自身特色的社会政策。然而，在中国，支持性就业还处在探索阶段。

北京融爱融乐心智障碍者家庭支持中心便是支持性就业理念在中国的先行者。自组织成立至今的 7 年时间以来，融爱融乐将国际上先进的残障

---

① 焦梦：《心智障碍者就业率不足 10% 探索支持性就业模式》，《中国网》2014 年 8 月 20 日，http：//news. china. com. cn/2014-08/20/content_ 33291934. htm。

② 财政部：《关于印发〈残疾人就业保障金征收使用管理办法〉的通知》，《中华人民共和国财政部》，2015 年 9 月 9 日，http：//www. mof. gov. cn/zhengwuxinxi/caizhengwengao/wg2015/201510wg/201602/t20160202_ 1662806. html。

③ 国务院：《"十三五"促进就业规划》，《中国政府网》2017 年 1 月 26 日，http：//www. gov. cn/zhengce/content/2017-02/06/content_ 5165797. htm。

④ 北京融爱融乐的"NEW WAY"申报"ME 公益创新计划"资助项目的项目申报书。

⑤ 宋颂：《国际残疾人支持性就业比较研究》，《残疾人研究》2015 年 1 月。

群体就业支持模式应用于中国的心智障碍群体就业支持的实践，并进行本土化创新，逐渐探索出在中国开展支持性就业的独特模式，以服务机构专业的就业辅导员作为支点，为心智障碍者、家庭及雇主等各利益相关方提供支持，帮助心智障碍者更好地在融合环境中实现稳定、持续、有报酬的就业，在工作中实现人生的价值，改善个人的生活状况，也体会到社会对他们的包容与支持。2016 年，北京融爱融乐的"NEW WAY——心智障碍者的支持性就业"项目获得中国民生银行和中国扶贫基金会联合发起"我决定民生爱的力量——ME 公益创新资助计划"（以下简称"ME 公益创新资助计划"）资助。本文拟对北京融爱融乐的"NEW WAY——心智障碍者的支持性就业"项目进行研究，并对项目的创新性进行分析，最后得出结论与建议。

# 二、案例描述

## （一）融爱融乐的发展历程

### 1. 初创阶段（2011~2013 年）

2011 年 5 月，15 名心智障碍者家长自发建立了北京融爱融乐心智障碍者家庭支持中心，由心智障碍人士的家长参与管理并为心智障碍家庭提供支持。组织成立的初衷来自心智障碍者家长的自身诉求，第一任理事长——王晓更女士，作为一位心智障碍者的母亲，在对比中、美心智障碍者的生活状态之后，希望建立一个旨在推动心智障碍者支持性就业的倡导型家长组织。在联合国《残疾人权利公约》的理念倡导下，融爱融乐致力于实现对心智障碍者的家长倡导、社会倡导以及支持心智障碍者的自我决策及自我倡导，从而促进心智障碍者的社会参与与社会融合①。在组织成立初期，主要通过工商注册性质运营，并通过家长志愿加入的方式开展支持性就业活动。

### 2. 专业化发展阶段（2013~2016 年）

从 2013 年开始，现任理事长否定了组织志愿化运营的道路，将组织定

---

① 后文未加注释之材料皆来源于对北京融爱融乐总干事李红女士以及项目经理曲卓女士的访谈，不再冗述。

位于更加专业化的服务团队，提倡家长应当从组织的日常运转中撤离出来，推动民间的非营利组织注册，并发展专职团队规模至 14~15 人。2014年，融爱融乐在北京市海淀区正式注册为民办非企业单位。2015 年，王晓更女士辞去理事长的职务，由李俊峰先生接任，同时有近 8 年国际公益组织工作经验的李红女士加入并担任组织的总干事一职。2015 年，融爱融乐被北京市残联选为北京市首批支持性就业六家试点机构之一。

3. 品牌塑造阶段（2016 年至今）

自李红加入之后，融爱融乐进入品牌塑造阶段，体现在更多元的资金支持渠道与更强大的倡导力。在资金来源方面，融爱融乐实现了从单一依靠国外基金会（英华、达理）到依靠本土资源的转变。通过与中国扶贫基金会、爱佑慈善基金会等本土大型公益组织开展项目合作建立与深化关系，从 2016 年开始，李红总干事推动组织走互联网众筹的发展道路，在全国心智障碍家长组织联盟的助推下，组织开始呈现出井喷式的发展态势。组织对于倡导支持性就业的信念更加坚定。组织自身发展规模的扩大也吸引了媒体的关注。从 2016 年开始，几乎每个月都有主流媒体对融爱融乐进行有关支持性就业的报道，也帮助组织提升了自身的影响力与社会知名度。2016 年，融爱融乐被列为北京市残联支持性就业项目的重点示范项目。

## （二）"NEW WAY——心智障碍者支持性就业"项目简介

1. 项目目标

"ME 公益创新资助计划"资助的北京融爱融乐"NEW WAY——心智障碍者支持性就业"项目的总体目标是在就业辅导员专业、系统、持续的支持下，帮助心智障碍者在融合的工作环境中实现平等的、有薪酬的、稳定的就业，从而获得真正的自主独立，融入社会。具体目标包含如下：①帮助心智障碍者实现就业，促进平等就业，通过项目引导心智障碍者实现更高的社会融入并在工作中提升个人尊严，发挥自身价值。②通过相关培训与引导，提升心智障碍家长对心智障碍者发展支持的理念与方法。③心智障碍支持服务领域社工、特教老师等人员可以在项目的研讨交流与经验总结中提升对心智障碍者社会参与及社会融合的认知水平，并拓展工作方法，提升工作技能，形成心智障碍者支持性就业服务的行业标准。④通过合作，推动企业中残障人士就业事业，促进企业社会责任的发展与完善。⑤强化政策倡导能力，通过项目实施，提升社会公众对于心智障碍者权利及社会融合的意识，进一步促进融合就业理念在中国的传播，实现对政策的影响。

用于实现项目目标的衡量指标包括：①通过接受就业引导，至少使 80 名心智障碍者能够增强工作意识，协助至少 80 名心智障碍者获得系统的就业评估与支持，获得个性化的职业发展及衔接准备，其中至少 30 名心智障碍者能够实现在融合的工作环境中获得有偿、持续、稳定的就业。②通过相关培训与引导，提升至少 80 位心智障碍者家长对于心智障碍者发展支持的理念与方法，超过 1000 名心智障碍者家长可以提升对心智障碍群体权利及社会融合的意识，从而更好地协助子女实现自主独立与就业衔接。③通过项目实施，至少 50 名心智障碍支持服务领域的社工、特教老师或其他支持人员（包括融爱融乐的就业辅导员团队）能够在项目研讨、学习与交流中提升对心智障碍者社会参与及社会融合的理念认识，提升融合就业支持的工作方法。④帮助至少 50 名企业管理者、工作人员获得融合就业理念培训指导，促进企业融合文化与社会责任意识建设。⑤在项目实施经验的基础上进行总结，开发完成就业辅导员职业技能要求与培训纲要，并开发形成面向家长与企业支持心智障碍者就业的指导手册。⑥在实践中总结形成更加成熟有效的本土化 NEW WAY 支持性就业服务模式，包含完善的服务流程、量表、人员培养及绩效体系、服务评估及监督机制，总结支持性就业政策建议并作为提案提交。

2. 项目开展的主要活动

"NEW WAY——心智障碍者的支持性就业"项目的实施周期是 2017 年 3 月 1 日~2019 年 2 月 28 日，项目在 2017~2018 年的一年时间内开展了如下活动：

（1）项目对象招募。招募在就业年龄段、有就业意愿的心智障碍者参加融爱融乐支持性就业项目，主要的招募渠道包括：①由海淀区残联推荐社区申请就业支持的心智障碍者；②与北京市的特殊学校合作，如海淀健翔学校、文华、培智等特校；③通过微信平台招募，或向经常参加融爱融乐社区融合活动的心智障碍家庭公开招募；④经接受过融爱融乐帮助的家庭推荐介绍。全年共招募 43 名心智障碍者参与入项目及评估。

（2）心智障碍者个案服务。围绕就业，对参加项目的心智障碍者提供就业评估、岗前培训、密集支持等一系列的个案服务。通过就业评估，了解就业对象的基本能力情况、家庭生态、就业意识和就业倾向等，并根据评估结果制订服务对象的个性化支持方案，涵盖服务对象的支持目标、主要支持内容与关注点。基于评估结论与个性化支持方案，为心智障碍者提供岗前职业人格及工作礼仪培训，帮助树立良好的工作意识与认知。在培训中，就业辅导员对服务对象进行进一步观察与评估。若有适合的岗位，即可推荐符合条件的学员上岗。在服务对象成功上岗之后，就业辅导员会在企业内对心智障碍者开展密集的岗位支持，协助其了解工作任务、熟悉工作规则与工作流程，增进与团队其他成员的沟通合作，从而内化职业要求。同时，在必要情况下，对心智障碍者的工作进行合理化的调整。在一个阶段后（通常3~8周），当服务对象能够较好地融入企业并独立完成工作后，就业辅导员就会退出企业内支持，只提供阶段性跟踪反馈。在项目实施的第一年中，共有28名心智障碍者参加了职业素养培训，组织对满足项目条件要求的14名服务对象制订个性化就业支持方案，14名学员在辅导员的密集支持下全部上岗工作[①]。

（3）辅导员培训课程。提供针对就业辅导员课程式培训以及现场工作的案例指导，组织同行业服务考察学习1~2次，引导就业辅导员与特殊学校及同行业服务机构合作，促进同业交流与进步。同时，引入日本、马来西亚和我国台湾地区的心智障碍者就业支持系统，翻译出版马来西亚支持性就业网络开发的就业辅导员手册，进而规范项目就业辅导员的职业技能要求与培训规划。仅在2017年，项目便开展了3次行业研讨会以及9次相关辅导员培训。

（4）家长访谈与交流。针对接受就业支持的心智障碍者家长，组织一对一的家长约谈，引导家长对支持性就业的认知。组织阶段性家长会，向家长阶段性反馈培训效果。全年度共开展两次阶段性家长会，并针对项目工作中的实践经验进行总结，并开发相关案例，完成《家长指导手册——心智障碍者融合就业的衔接及准备》。

（5）企业调研与雇主支持。与专业机构合作，对项目相关企业开展小规模调研，以融合就业为主题，组织雇主分享会，促进企业间的相互交流学习。同时，结合服务对象就业，为参与到支持性就业项目中的企业提供关于支持心智障碍者融合就业的培训与咨询，帮助其更好地接纳心智障碍

---

① 北京融爱融乐《我决定民生爱的力量——ME公益创新资助计划2017年中期进展报告》。

者就业。

（6）项目研讨与政策建议。融爱融乐与中国残联、中国智力及亲友协会、国际劳工共同发起并举办支持性就业国际研讨会。组织相关专家、企业、同业机构等共同召开 NEW WAY 项目总结会。在总结实践经验的基础上，形成总结报告，提交给残联等相关部门，并于 2018 年向全国人大提交了有关支持性就业的提案。

3. 北京融爱融乐——"ME 公益创新资助计划"资助项目的创新做法

融爱融乐作为本土化的心智障碍者支持性就业机构，自成立以来，逐渐形成了一套稳定的运营体系，在项目发展理念、组织管理、项目运营模式、项目成果等方面不断积累经验，经过不断的试错与改进，修正项目具体目标、完善项目运营模式、增强项目发展动力，从而助力心智障碍者的支持性就业事业。"NEW WAY——心智障碍者支持性就业"项目创新做法的具体表现如下：

首先，项目理念的创新。当前，支持性就业在我国的实施还面临着相当程度的现实障碍，缺乏完善的支持性就业服务体系，更缺少针对心智障碍者的就业支持措施。政府对于支持性就业的政策资源投入还不足，大部分企业在雇佣心智障碍者就业时还存在疑虑，专业服务团队的能力也较弱，在职业技能标准制定以及能力培养体系建设方面还处于探索阶段。融爱融乐的支持性就业服务引自国外先进支持性就业模式，并参考了日本、美国等发达国家的就业辅导员等支持方式。但是，融爱融乐在借鉴的同时依据中国社会情况进行了本土化创新。发达国家的支持性就业往往依靠整个社会支持体系推动，是学校、专业机构、企业、辅导员等环节的协同合作，配备专业化的服务与完善的支持体系。然而，在中国，心智障碍者家长对于融合就业的意识不足，并且缺乏正确的就业引导方法与技巧，大多数企业尚未形成包容的企业文化，缺少有效的心智障碍者接纳策略。来自家庭与企业的障碍，加之主流社会缺乏对融合理念以及支持性就业的了解，导致在我国推广心智障碍者支持性就业缺乏来自家庭、企业及社会的支持，因此在融爱融乐的项目发展模式中，辅导员的作用被充分发挥。尤其是职前培训的设置，一定程度上弥补了我国校园中转衔①课程较为缺失的漏洞。在"NEW WAY——心智障碍者支持性就业"项目中，融爱融乐致力于构建适合中国国情的心智障碍者就业融合支持系统，由机构专业的就业辅导员作为支点，为心智障碍者、家庭与企业等各利益相关方提供支持，最终目标是促成心智障碍者的成功就业，并借助自身经验总结出一套本土化的心智障碍者就业支持模式。在融爱融乐的模式之中，辅导员是联结各方的关键，为心智障碍者提供从岗位开发、就业评估、个性化支持方案制订、岗前培训、密集支持等覆盖就业全过程的支持，其意义在于弥补因为企业、政策、家庭及社会支持不足所导致的就业障碍。同时，在创新模式之中，融爱融乐也注重通过为家庭、企业提供支持从而提升他们对于心智障碍者的协助能力，通过为家长提供相关培训与引导使心智障碍者家长更好地认知支持性就业，从家庭环境出发培养心智障碍者的规则意识；通过为雇主提供相关培训与咨询，不仅可以在合作中拓展雇主资源，增强项目成员与工作岗位的匹配度，而且可以帮助企业更好地接纳心智障碍者，对于企业融合文化建设有重大意义，增进企业员工的归属感与责任心，也增强了辅导员之外整个社会支持体系的支持能力。

其次，项目合作模式的创新。融爱融乐的心智障碍者支持性就业项目在合作模式上对传统模式进行了革新。由于意识到融合性就业对于企业承担社会责任的重要性，也充分意识到应当将组织使命与特殊学校需求相对接，融爱融乐创新出公益组织与企业、特殊学校的多方合作模式。从项目设计开始，融爱融乐便将企业作为项目实施的重要资源之一。由于企业是绝大多数心智障碍者实现就业的最终归宿，融爱融乐在项目设计中从"岗位开发""案主评估""岗前培训"到"密集支持"等环节都需要与相关企业建立合作关系。在融爱融乐开展的10项项目活动中，"雇主支持"相关活动占据了相当的比重。其中，"企业调研"帮助了解企业在雇佣残障员工时的困难与需求，"雇主分享会"通过成功案例为企业提供融合就业指导，"雇主培训"则协助企业更好地接纳心智障碍者。同时，在组织架构上，融爱融乐也逐渐向企业合作倾斜，于2018年正式招募一位具有企业社会责任（Corporate Social Responsibility）工作背景的员工，更加表明组织

---

① 在身心障碍者教育中，以学生未来为导向，为某一位学生提供包含融合性就业、成人教育、社区参与等方面的特殊活动。

对于企业合作的重视。融爱融乐在合作模式上的创新不仅体现在对企业合作的重视，更在于实现组织与企业的双向合作。融爱融乐通过为企业提供咨询与培训，提升企业对于心智障碍者的接纳能力，而企业在接纳心智障碍者过程中的实践经验也可以为组织更好地总结项目成果，有助于开发支持性就业雇主手册及案例故事。例如，通过与企业的示范性合作，融爱融乐开发形成了面向企业的支持性就业指导手册，实现了社会组织与企业之间的双向支持与合作，增强组织的学习能力，促进了支持性就业指导理论与实践的结合。融爱融乐也注重与特殊学校之间的合作，在支持性就业项目计划之中，融爱融爱每年招募40~50名适龄的、有就业意向的心智障碍者。融爱融乐意识到特殊学校本身在心智障碍者支持性就业上的强烈需求，与北京市内的多所特殊学校开展合作，招募应届高职毕业生作为项目对象。融爱融乐将支持性就业项目中的社会组织与项目支持对象通过学校实现了高效的对接，增强了项目的可持续性，提升了项目的实际应用能力，推动了心智障碍者支持性就业在社会范围内的推广。

最后，以家长资源作为组织和项目的驱动力。区别于一般的社会组织，融爱融乐在项目发展过程中，不仅在成立之初受益于弱势群体家庭的推动，更在项目逐渐发展壮大的过程中实现了将家长推动作为项目动力的二次创新，持续性地为组织与项目目标的实现提供驱动力。融爱融乐的成立，其本身便是家长推动的结果，家长是该项目萌芽的原始动力。在项目实施阶段，虽然融爱融乐已经脱离原有的以家长为骨干管理人员的服务运作模式，但是仍然高度重视家长在机构发展和项目开展中的作用。2014年，融爱融乐与具有类似使命的组织共同发起成立了全国心智障碍家长组织联盟，由全国范围内心智障碍患者家长组成并由家长之间互助实现对心智障碍者的支持，联盟的发展实现了全国规模的家长连接与互助，增强了组织的社会影响力，并为项目的发展提供了支持。除了与其他组织合作，融爱融乐也通过挖掘自身项目内部的家长动力来实现对心智障碍者支持性就业的推动。融爱融乐注重家长赋能，建设家长网络，其中的重要措施之一便是发展家长互助小组。在组织的日常活动之中，不同主题与类型的家长互助小组充分调动了心智障碍者家长互相交流的积极性。家长互助小组分为区域性小组：例如，以房山、通州等地理范围划分；以及职能性小组：例如，家长智库小组（分享信托相关知识）、自主生活提案小组（负责心智障碍者支持性就业提案的拟定）、保险志愿服务小组、影视会小组等。融爱融乐家长小组的创新是对来源于家长动力的二次挖掘，重点在构建家长网络。首先，可以直接促进项目相关家长之间的交流，家长之间有了更多接触的机会，通过互相安慰与引导实现对家长心态的调节。同时，家长可以就如何协助支持性就业进行沟通，从而更好地掌握支持心智障碍者就业的技巧与方法。其次，家长小组实现了对家长动力的聚合，让家长充分参与到支持性就业方案的构思、效果评估中来，以一种松散灵活联盟的方式为整个组织的发展注入新鲜血液，家长不仅成为项目的委托方，而且也承担了一部分实施方的责任，进一步激发了整个组织的创新动力，而家长的广泛参与也可以促使支持性就业的理念通过其人脉网络呈现数量级传播，增强了融爱融乐组织的倡导能力。

（三）北京融爱融乐——ME 公益创新资助计划项目的进展

项目的创新成效可以从两个方面进行评估：首先，项目活动是否按照计划完成，衡量指标是否达到计划要求；其次，项目目标是否按照计划实现。融爱融乐"NEW WAY——支持性就业项目"计划在两年的时间内帮助至少 30 名心智障碍者在融合的工作环境中实现有偿、稳定的就业，一年的目标支持人数为 15 人。截止到 2018 年上半年，该项目通过融合活动、家长专题讲座、特校宣传、媒体宣传等途径成功招募 43 名心智障碍者参与初步评估，其中有 28 人参加了职业素质培训，项目成员通过社会倡导活动开发了 14 个企业工作岗位，17 人次的心智障碍学员得到了上岗机会，其中有 14 名学员通过面试在辅导员的密集支持之下上岗工作。在项目支持实现成功就业的 14 名学员之中，最终有 12 人与企业签订劳动合同，并有 9 人完成了密集支持进入渐退跟踪阶段，2 人实现了一般性独立就业。心智障碍者成功就业的人数是衡量该支持性就业项目最重要的指标之一，而从结果来看，融爱融乐支持性就业项目在上岗人数上与预期数量还有一定的差距。总体来说，在支持性就业方面，该项目大致完成了预计目标的93.3%，同时距离 80 名心智障碍者获得系统评估与支持的目标仍然有一定的距离。在项目的服务支持人员方面，融爱融乐计划让至少 50 名心智障碍支持服务领域的社工、特教老师以及其他服务支持人员通过项目研讨与经验交流获得心智障碍者融合就业的理念与方法提升。在实际操作中，项目在 2017 年 3 月补充了两位具有社会工作专业背景的辅导员，使项目工作团队的专业性得到了提升，对辅导员团队进行任务的细分，如安排专人负责企业岗位的开发。在项目活动之外，融爱融乐也鼓励辅导员积极参与各类型的支持性就业培训，从 2017 年 4 月开始，几乎每个月项目相关辅导员都会接受北京市残联等组织主办的辅导员支持培训。从项目本身的辅导员团队，加上项目开展所影响到的专业社会工作者、特校教师来看，项目实际影响服务支持人员数量已经超过预期目标。

该项目的另一目标是实现 NEW WAY 支持性就业服务模式的本土化，成为国内残障融合就业模式的典范。在融爱融乐的支持性就业服务模式中，心智障碍者家长、企业雇主都是重要的组成部分。融爱融乐计划通过支持性就业项目帮助至少 80 名心智障碍者的家长获得相关培训与引导，从而更好地协助心智障碍者的自主独立及就业衔接。针对加入项目的服务对象家长，融爱融乐于 2017 年 6 月、12 月召开了阶段性家长会，系统性介绍了支持性就业理念，并进行职业人格和工作礼仪培训，阶段性反馈培训效果。在访谈中，项目负责人表示融爱融乐开展的支持性就业讲座与培训单次家长参与人数达到了近 50 人，一年三次，总影响人数达到了 100 位以上。同时，项目还在 2017 年 12 月邀请马来西亚资深就业辅导员为全国 18 个省份的家长组织领袖提供支持性就业的培训，《家长指导手册——心智障碍者融合就业的衔接及准备》也在开发形成之中。可见，项目在对心智障碍者家长的影响方面基本达到了预计目标，活动按照计划顺利开展，帮助家长了解孩子在就业方面取得的进展，提升了家长作为受益群体对心智障碍者支持性就业的协助能力，增强了家长群体的倡导能力。在雇主企业的支持方面，自 2017 年开展项目以来，融爱融乐成功开发了 15 个企业岗位，其中 70%~80% 的企业在项目开展之前与组织成员接触过，并且研究发现具有国外背景的企业、创新型企业相比传统型企业更容易接纳心智障碍者就业。总体而言，北京融爱融乐的"ME 公益创新资助计划"资助项目的完成情况较好，基本指标大部分达到了预期要求，但是在对于家长支持体系与雇主支持方面由于缺少具体的衡量指标，难以对项目开展至今的创新成效进行具体测定，同时目前从时间上来说项目只进行了一半，融爱融乐在接下来的调整以及外界情况的变化也会影响项目的创新成效。

# NEW WAY 项目中的案例故事①

## 心智障碍者的成功就业

辅导员：曲卓

2017 年 10 月，公司的月度生日会前期，安排给小洋剪纸的任务，不规则形状剪得不太好，手眼协调、双手协调方面存在障碍，有角度的位置判断不出如何分步骤剪，需要就辅员指导，她剪完的需要就辅员修毛边。让家长买儿童剪纸的书，让她每天练习，连续练习了两天，作品呈现越来越好。

工作半个月后，小洋提出要自己坐车上下班，不再用妈妈陪，就辅员跟小洋妈妈商量在她不上班的那几天试试，让小洋先坐车走，小洋妈妈坐下一趟车，然后小洋在上地西里站下车等着小洋妈妈，试几次再自己走。告诉她不要与乘客聊天。同事不放心，把她送到了公交站，并且告诉就辅员：家长不接，我们就送。为了鼓励小洋独立出行和自主决策的能力，也让企业少一些担心，早上小洋自己上班，晚上妈妈到公司来接，打算元旦小洋爸爸来京团聚后，他们会在公司附近找房子住，走路上下班即可。

工作一个月后，跟同事越来越熟识，同事离开工位的时候小洋会到处问：××呢？干什么去了？什么时候回来？没有人能回答她的问题时，她就发短信问不在工位的同事。自然支持者不知道如何处理，担心如果同事拒绝回答她或者告诉她这种不礼貌的行为是职场不可以做的，她会闹情绪。就辅员与自然支持者沟通了类似问题的处理意见：告诉小洋每个同事都有自己的工作，离开工位是有别的事情处理，不方便告诉其他人，你关注自己的工作即可。小洋的情绪很稳定，理解力也还算好，道理多说几遍她都能懂。就辅员跟小洋聊了她打听同事行踪的事，她能接受询问同事的行踪是不礼貌的。就辅员在工位上贴了一张提示标签"做自己的，不管别人"。没再发生类似的情况。

2017 年 12 月 5 日，小洋妈妈来电话说一早出门了，单位打电话说她

---

① 北京融爱融乐"NEW WAY——心智障碍者的支持性就业"创新项目案例报告。

现在还没到公司，打小洋电话也不接，小洋妈妈担心孩子遇害了。我告诉她先别急，让她坐车往单位去，同事会沿着公交站点去迎她，暂时先不用报警。过了 12 分钟，小洋妈妈来电话说小洋到公司了，路上堵车，手机放包里没听到。小洋妈妈打算明天开始早晚接送。

2018 年 2 月 27 日，小洋爸爸年后一直在京陪她，小洋不想让家长接送上下班，小洋爸爸到企业商谈让她独自乘公交，企业不放心，毕竟之前曾经失联过，没有答应。就辅员跟企业商量两个方案：一是让妈妈在附近找个工作，上下班陪她一起走；二是每周有一天自己走。企业表示可以接受，告诉小洋妈妈这两个方案，小洋妈妈说不用麻烦新方案了，她继续接送。

2018 年 3 月 15 日，同事反馈说小洋现在会主动找同事聊天了，还问保洁阿姨家有没有孩子，让同事们很惊喜。

3 月初，前台同事买了个小玩偶在手里玩，小洋跟她要，前台拒绝了她，她就站在旁边不走。跟小洋妈妈沟通，小洋妈妈的回复是：之前一直教育孩子有吃的、用的都跟同事一起分享，小洋也是这么做的，零食都跟同事一起分。她也理所当然地认为同事的东西也该分享给她，有时候遇到同事不能分享的时候她就理解不了了。同事反馈过几次这样的事后，小洋妈妈就告诉她在公司各吃各的，不能要求同事一定与她分享。

2018 年 4 月 6 日，小洋妈妈来电话说跟他们一起在老家开超市的亲戚家里有事，超市没人照顾，她得回去半年，只能让小洋辞职。跟企业沟通了事情的来龙去脉，约好下周办离职，融爱融乐再推荐新学员给企业。

2018 年 4 月 12 日，小洋母女来机构聊了工作半年来的体会，对小洋的成长感到欣慰，对企业工作量少、要求上下班接送不满，一再强调就是怕给老师添麻烦一直没说，每次老师去企业的时候企业都给小洋安排工作，老师不去她就闲着。年底有一次同事下班后在办公室吃火锅，中午小洋帮他们洗菜，下午到了小洋下班的时间就让她走了，没有留她一起吃，小洋回家说"他们拿我当傻子"。妈妈为此很气愤也很委屈。就辅员表示了对母女心情的理解，同事只考虑到了怕她下班晚路上拥挤，没考虑到会因为吃点东西影响到她自尊心。造成这样的心情，也有很多就辅员支持和沟通欠缺的地方，希望不要因此影响他们对小洋未来参与支持性就业的信心。融爱融乐依然希望她可以通过专业的支持拥有一份适合她的、她也喜欢的、从中能有更多学习成长的工作。

## 三、案例分析

### (一) 创新是如何发生的

融爱融乐在"ME 公益创新资助计划"资助项目的实施过程中，在企业合作模式、辅导员管理制度、传播方式等方面都经历了深度而多样的创新，这些创新，既有组织自身因素驱动造成的，也有"ME 公益创新资助计划"资助项目及其他外部因素推动促成的。

第一，需求推动及发展阶段变化所带来的创新。组织发展的内部动力与外部动力并非完全独立，相互之间存在一定的相关性，当某一种动力源出现时，可能引起其他一种或几种动力源同时出现①。融爱融乐创新的产生，既受到来自家长对于心智障碍子女就业的强烈需求所带来的动力，也受到组织发展阶段更迭的推动。融爱融乐是由心智障碍家长自发成立的家庭型倡导组织，组织的发起人王晓更女士在见证患有心智障碍的儿子在中、美两种不同社会环境下的生活状态差异之后，决定发挥家长群体的作用，建立融爱融乐。可见，家长的需求是融爱融乐发展的原始动力。融爱融乐的理事会成员中有 2/3 是家长代表，家长是融爱融乐成立的重要基础，其需求也作为一种内部动力推动组织的创新。融爱融乐在项目实践中也诞生了家长小组的新形式。在组织的发展过程中，由于服务对象对于组织的要求越来越高，组织不得不对已有的部门进行合并或拆分，或与外部组织联盟，从而带来组织形式的改变。同时，组织在其生命周期的不同阶段，须进行相应的战略调整，组织结构也可能随之发生改变②。2014 年，融爱融乐与类似的社会组织共同发起成立了心智障碍家长组织联盟，试图将机构成功的实践经验进行推广与传播，并作为枢纽单位参与到联盟的政策倡导与筹资活动中。心智障碍家长组织联盟的成立，是伴随着组织规模与影响力的逐渐扩大，在组织内部心智障碍者家长需求的日益扩大与心智障碍者就业需求日渐强烈的共同作用下形成的。需求的膨胀对于组织的形式、

---

①② 石春生、杨翠兰、梁洪松：《组织创新的动力与创新模式研究》，《管理科学》2004 年 12 月。

规模、效率提出了更高的要求，也进而为组织的创新提供了动力，推动着组织与更多同类型组织结盟，并衍生出更多的组织形式，使组织的规模逐渐扩大，组织的专业化程度进一步提升。

第二，"试错"所带来的创新动力。作为年轻的草根社会组织，在项目初期阶段，一定会面临着项目设计不合理、项目方案调整、组织成员操作不当等问题。融爱融乐自参与"ME公益创新资助计划"资助项目以来，通过不断尝试，发现组织发展中存在的重要问题，以"试错"的方式对原有的漏洞进行弥补，并在此基础上进行项目创新。融爱融乐的项目经理曲卓女士在访谈中谈道："在项目发展中，我们发现我们的辅导员存在着较大的不足。首先，培训的课程过于理论化，我们认为应当尽早地让心智障碍者进入体验化场景中进行实习，加强实操性课程。其次，我们发现辅导员普遍缺乏目标管理能力，并且存在辅导员内心不自信等问题，应当在项目具体目标上对其进行训练并进一步考核。"通过"试错"，融爱融乐发现了项目一方面在辅导员团队素质以及培训课程设计方面存在的缺陷，进而促使组织加强辅导员开发体系建设。在项目实施中，融爱融乐对培训进行了分层，增加了有关工作规范的、实操性的、真实环境下的培训课程，从实际出发提升了心智障碍者将课程内容转化为实际工作能力的效率。另一方面，组织也增设了辅导员的绩效考核，对辅导员每一阶段内的招募对象、开发岗位指标具体化，组织定期研讨，更新本土化的工作规范。不仅提升了辅导员支持就业的技能，而且有利于组织转变为"学习型组织"，进一步激发组织的创新创造活力。

第三，"ME公益创新资助计划"资助项目的推动。"ME公益创新资助计划"资助项目对于融爱融乐创新的推动，既体现在对项目全方位的支持，也包括资助方的开放包容态度对项目创新的激励。"ME公益创新资助计划"资助项目依托中国扶贫基金会的强大平台以及中国民生银行的资金支持，帮助组织在项目实施过程中获得传播理念和技术的提升与传播平台的支持，拓展了组织发声的渠道，增强了组织面向社会与政府的倡导能力。同时，扶贫基金会的能力建设也提升了组织进行项目管理与财务管理的能力。在谈到"ME公益创新资助计划"对于机构发展所带来的变化与提升时，李红女士表示："'ME创新项目'对我们的帮助首先体现在对于公众宣传方面带来的极大提高。其次在于校园志愿者团队也得到了提升，使团队规模扩大。最后在于平台本身也提供给我们更好的传播基础。"在资金支持方面，"ME 公益创新资助计划"为组织的进步提供了"底气"，减少组织在开展活动阶段对于资金的顾虑，可以帮助组织更加自由地选择项目的运行模式，有利于激发组织的社会创新。由于组织发展初期主要依靠两个国外基金会的资金支持得以运营，"ME 公益创新资助计划"的资金减轻了组织对特定机构的依赖，增强了项目的创新活力。李红女士表示："在我们项目'洋奶'断了的时候拿到这笔资金非常重要。民生银行对于这笔资金的定位就是让 NGO 去试错，很多项目得不到太多的支持，但是 ME 公益创新资助计划愿意拿出 50 万元，认为只要这笔资金没有被糟蹋了，NGO 拿出这笔资金进行试错民生银行都是接受的，只要能够总结出一些新的东西。"

（二）创新是如何扩散的

第一，通过媒体传播。媒体传播一直以来都是社会创新进一步扩散的重要渠道，对于融爱融乐，媒体在创新传播上的作用不仅来自机构本身所拥有的传播资源、所采取的传播策略，而且也来自"ME 公益创新资助计划"平台所提供的传播支持，这些都为组织传播提供了帮助。融爱融乐重视媒体在创新传播中的作用，这点从辅导员管理制度上可见一斑。融爱融乐强化对辅导员的目标管理，要求每一位辅导员在每周实践与研讨的基础上至少完成并发布一篇有关支持性就业的文章，并于 2016 年招募一名传播专员负责整个组织的社会传播。另外，融爱融乐也从组织的整体层面上加强传播，运用成功的支持性就业案例对组织进行适当的包装并进行传播，结合故事本身，让传播的角度更加新颖，起到积极的传播作用。据项目经理曲卓女士介绍："融爱融乐曾在腾讯乐捐平台上进行了一次关于支持性就业的筹款，腾讯专门为我们做了一期专题推送，澎湃新闻也为我们做了三个视频及若干个家庭访谈等长篇报道，在网上获得了较大的浏览量。由于我们在推送中放置了筹款网站的链接，这次报道为我们带来将近 10 万元的募款。"借助新媒体传播手段，扩展组织的传播渠道，不仅可以提升组织在社会公众中的知名度与影响力，对组织创新进行传播，更能够提升组织的资源获取能力，筹款形式的多样化在媒体传播作用下带动了组织筹款能力的提高。同时，融爱融乐也试图通过一些全新的、多样化的传播渠道传播支持性就业的理念，着手制作以支持性就业理念为主题的科普动画，让更多人通过简单易懂的方式理解融爱融乐的使命。

第二，通过政策倡导进行扩散。根据创新扩散理论，当一种社会创新在起步阶段，由于使用人数较少，扩散过程较为迟缓，而当使用者达到一定的临界值时，创新扩散过程便会迅速加快。一项社会创新是否能够得到人们的接纳，主要取决于人们对其五个方面的主观评价：①相对优越性；②兼容性；③复杂性；④可试用性；⑤可观察性①。当社会组织能够证明其理念是合理的，其运行方式的推广具有可行性，便有可能对政府政策产生影响，而政府对于组织议题的关注会反过来促进组织社会创新的大规模传播。融爱融乐将政策倡导作为组织的最终目标，致力于通过"NEW WAY 项目"的实施推动联合国《残疾人公约》第二十七条（工作和就业权）在中国更有效地落地实施。融爱融乐充分意识到从意识到行动的转变是一个漫长的过程，影响国家层面的社会政策尤为如此。因此，融爱融乐在倡导过程中从政策出发，期望以社会化的方式解决社会问题，并利用自身实践经验为政策制定提供参考。2017 年，北京市残疾人联合会发布了《北京市就业管理办法》，而这一项规定的出台便离不开融爱融乐的努力。2015~2016 年，融爱融乐作为北京市支持性就业试点单位，和另外 6 家服务机构为政策的发布提供了案例数据上的支持，该规定于 2018 年 1 月正式实施。政策的细节是：从 2018 年开始，社会组织每支持一位残障人士实现成功就业，残联会对其进行 5000 元的补贴，在半年的稳定期之后，会另外支持 2500 元。政策的出台实现了对组织理念的社会扩散，这证明了当组织理念和社会政策以及社会意识的兼容性逐渐提高时，组织理念便更有可能被包括政策制定者在内的更多人所接受，对政策产生影响，从而作用于更多像融爱融乐一样的社会组织，使社会创新呈现出规模化的扩散效果。2018 年，融爱融乐通过人大代表团，向全国两会提交有关支持性就业的提案，以期进一步扩大社会创新的规模化影响力。

第三，通过归纳总结成功案例和手册扩大社会创新的影响。成功案例对于组织的运行有较强的激励作用，在个性化就业支持模式下，融爱融乐更加注重对优秀案例的开发。融爱融乐在整理实践工作的经验与典型案例的基础上，开发《家长指导手册——心智障碍者融合就业的衔接与准备》，并利用组织的自媒体进行分享与推广。成功案例的推广，既可以影响心智障碍者及其家长，让更多心智障碍者家庭从中看到心智障碍者在获得支持

---

① Rogers E. M. Diffusion of Innovation (4th Ed.) [M]. New York：The Free Press, 1995.

性就业培训后的进展，让心智障碍者与家长看到希望，还可以增强其克服就业障碍的信心。融爱融乐不仅注重成功案例对心智障碍者及其家庭的影响，也注重案例对企业雇主的影响。通过组织融合就业的雇主分享会，提供成功案例的分享，帮助企业更好地互相学习。同时，融爱融乐也在整理案例故事的基础上开发形成《雇佣适合的员工——企业应该如何接纳心智障碍者》，作为对雇主的指导，让企业在生动的案例描写中认识与理解支持性就业和融合就业理念，促进项目理念的传播与创新经验的扩散。为了更加充分地发挥成功案例的作用，融爱融乐要求辅导员每周定期进行案例讨论，结合故事本身，对案例内容进行适度包装，并从辅导员的角度来讲案例故事，不仅注重案例内容的传播，更重视创新理念的扩散。

（三）项目的主要经验与教训

北京融爱融乐实施"ME 公益创新资助计划"资助项目的经验主要有以下几个方面：首先，支持网络对于组织的发展具有极强的推动作用，应当充分挖掘支持网络在项目管理、传播、创新动力上的潜力。融爱融乐在"ME 公益创新资助计划"资助项目的实施过程中，充分利用家长网络，通过不同主题的家长小组发挥家长的创新能力，通过心智障碍家长组织联盟增强组织在获取资金支持时的凝聚力，同时也借助家长之间的紧密联系、口口相传，带来组织社会创新的广泛传播。其次，在项目的人力管理方面，强化社会组织工作人员的专业化程度，充分发挥目标制定、评估、培训、项目考核的作用，提升社会工作者的专业化程度。通过适当给予专业服务人员一定的压力，以激发组织发展的动力。除此之外，由于支持性就业与融合就业在国外已经有成熟的模式，可以积极学习借鉴国内外社会组织成功的经验。融爱融乐在项目实施中学习了日本的支持性就业发展模式，也邀请来自马来西亚与我国台湾地区的专业人士为机构辅导员与家长提供支持建设培训，并计划参考德国、加拿大、丹麦等地的社会企业模式来推进组织未来的发展。通过学习国内外先进的支持性就业经验，融爱融乐在项目模式、支持体系建设及组织管理等方面都获得了提升。

在开展"ME 公益创新资助计划"资助项目的过程中，融爱融乐也遇到了一些问题与挑战。最突出的表现在于项目辅导员的专业素养不足，导致项目的实际实施效果与预期存在一定的差距。从成员背景来看，融爱融乐的专职团队虽然人员数量充足，但是具有社会工作或相关专业背景的人才数量有限，项目成员加入团队的驱动力主要来自使命与情怀。在项目实施中，融爱融乐由于缺乏对辅导员的能力开发，缺少激励，加上辅导员本身不自信等心理因素，给项目的效果与社会影响力的规模化带来不小的挑战。另外，倡导性组织在项目设计过程中，由于对外部环境等因素难以把控，项目实施面临的困难具有不确定性，可能导致实施效果与预期不符。融爱融乐在项目实施过程中面临着心智障碍者自身准备欠缺、企业试错机会少、接纳程度低，以及政策支持力度小等客观问题，而这些障碍因素往往是组织在实施项目之前难以充分考虑到的，这对"NEW WAY 项目"的实施带来了不小的挑战。

# 四、结论与建议

## （一）结论

残障人士就业问题是我国社会发展的重要议题，而心智障碍者是其中最为弱势的群体之一。残障人士的支持性就业是我国"十三五"规划的一部分，也是我国民生建设必须解决的难题。北京融爱融乐心智障碍者家庭支持中心将国内外先进的支持性就业理念引入中国，并对其进行本土化创新，致力于探索出一条适合中国的心智障碍者支持性就业之路。2017年，北京融爱融乐的"NEW WAY——心智障碍者的支持性就业"项目获得中国民生银行和中国扶贫基金会联合发起"我决定民生爱的力量——ME 公益创新资助计划"资助，项目以就业辅导员为关键点，为心智障碍者提供就业支持从而帮助其在企业中实现就业，同时，心智障碍者与企业、家长构成核心生态圈，辅导员也对企业、家长的支持能力进行影响。项目在核心层顺利实施之后，便可以逐步辐射到更大的生态圈，对特殊学校、社会公众、残联等多个利益相关方进行倡导，并影响社会政策（见图 1）。"NEW WAY——心智障碍者的支持性就业"项目在实施过程中通过理念创新、项目合作模式创新以及动力机制创新，取得了较好的项目成效。研究表明，项目创新的动力来自多方面，既有需求推动与发展阶段变化所带来的创新，也有不断"试错"所驱动的创新，更有 ME 公益创新资助计划本身对融爱融乐带来的创新推动。最后，融爱融乐主要通过媒体传播、政策倡导、总结并扩大成功案例的影响等途径来实现项目社会影响力的规模化。

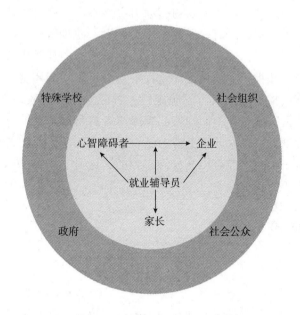

**图 1   融爱融乐 "NEW WAY" 项目的逻辑框架**

资料来源：该逻辑框架由融爱融乐提供，由笔者根据访谈资料进行整理。

## （二）建议

在对北京融爱融乐 "ME 公益创新资助计划" 资助项目进行描述、分析与评估的基础上，本文提出如下建议：

1. 对于政府而言

应该加强与社会组织的沟通交流与合作。

一是要高度重视社会组织的创新经验与成果。通过社会组织的创新实践与 "试错"，总结社会组织解决社会问题的创新做法，然后利用政府的资源与网络推广社会创新的成果。

二是对于致力于社会创新的社会组织，政府也需要加大政策的扶持力度，鼓励社会组织积极探索高效的解决社会问题的新理念、新方法。

三是要加快完善支持性就业服务体系，以及针对心智障碍者的就业支持措施，通过政策资源的投入鼓励相关社会组织发展支持性就业在中国的本土化。

2. 对于倡导型社会组织而言

为了实现政策倡导的最终目标，应当形成规模化的社会影响力。

一是应对组织发展中出现的外部环境不可控、项目实施不确定性等问题，组织应进一步挖掘支持网络的潜力，形成组织自身的创新动力，并利用网络媒体进行创新的社会扩散，实现社会倡导与政策倡导的衔接。

二是应当坚持走专业化的发展道路，在注重团队成员多元背景的同时应当以专业人才作为团队发展的核心，创新使命与情怀因素之外的驱动力。

三是要注重对辅导员的能力开发与心理支持，整合组织资源以加强辅导员支持体系建设，并加快组织向"学习型组织"的转型。

3. 对于企业而言

需要给予社会组织更大的空间。

一是面对心智障碍雇员，企业需要秉承包容开放的原则，以"共情"的心态接纳他们，让他们在融合的工作环境里感受自身的社会价值。

二是在与社会组织合作的过程中，给予组织一定的创新尝试与"试错"空间，加强与组织、家长之间的沟通，减少误会，共同探索支持性就业在中国的发展模式。

三是要认识到企业不仅是社会组织的合作者，更是社会创新的推动者，企业与社会组织合作探索支持性就业在中国的发展模式，也有助于企业自身更好地承担社会责任。

4. 对于受助者家长而言

一是受助者家长作为项目发展的动力之一，应该继续为组织的社会创新提供动力，以家长支持网络及家长联盟等方式，推动支持性就业的进一步创新与传播。

二是受助者家长也应适当学习协助心智障碍子女达成目标的专业技能，以专业化的方法去影响心智障碍子女，与孩子共同学习、成长，共同促成心智障碍者的融合就业。

# "隐形" 残障群体社会融入的创新探索

## ——以泰山小荷公益 "月亮家园" 项目为例

"月亮家园" 是针对白化症者提供帮扶的项目，该项目由泰山小荷公益事业发展中心发起，于 2016 年获得中国民生银行和中国扶贫基金会联合发起的第一届 "我决定民生爱的力量——ME 公益创新资助计划" 的资助。

## 一、"隐形人群" 的帮扶与社会融入是社会治理的难题

残障人社会帮扶是实现社会公平正义不可绕过的重要问题，也是衡量国家社会治理水平和治理能力现代化的重要标准。截至 2017 年，我国有 8500 多万残障人士，占总人口的 6.34%，平均每 16 人中就有 1 位残障人[①]。与此同时，残障人的社会救助情况却不容乐观：根据中国残联发布的《2017 年中国残疾人事业发展统计公报》，2017 年仅有 244.4 万残障人士得到各类辅助器具适配服务，占残障人总量的 2.9%；10818 名残障人被普通高等院校录取，1845 名残障人进入高等特殊教育学院学习；城乡持证残障人就业人数为 942.1 万人，仅占残障人总量的 11% 左右[②]。由此可见，我国残障人的社会救治和就业等社会融入比例仍亟待提高。

具备自我行动能力但仍无法融入社会，这种问题广泛存在于残障人救助领域。白化症就是这类问题的典型体现。白化症是由于酪氨酸酶缺乏或功能减退引起的一种皮肤及附属器官黑色素缺乏或合成障碍所导致的遗传

---

① 环球网：《首个残疾预防日将至，平均每 16 人中就有 1 位残疾人》，2017 年 8 月 24 日，http：//www. sohu. com/a/166939530_ 162522。

② 中国残疾人联合会：《2017 年中国残疾人事业发展统计公报》（残联发〔2018〕24 号），http：//www. cdpf. org. cn/zcwj/zxwj/201804/t20180426_ 625574. shtml。

性白斑病。患者视网膜无色素，虹膜和瞳孔呈现淡粉色，怕光。皮肤、眉毛、头发及其他体毛都呈白色或黄白色。白化症属于家族遗传性疾病，为常染色体隐性遗传，常发生于近亲结婚的人群中。2018 年 5 月 11 日，国家卫健委、科技部、工信部、国家药监局、国家中医药局五部门联合下发《关于公布第一批罕见病目录的通知》，白化症已纳入首批国家版罕见病目录①。根据相关学术刊物和央视等媒体的报道，白化症者在整个社会群体中的比例约为一万五千分之一（根据人口比例测试山东省内约有 6300 名白化症者②）。由于遗传性疾病本身的特性，白化症者在各个地区、各种群体、各个年龄段均匀分散地存在，而且患者家庭具有偶发性。虽然白化症具有影响患者终身的长期性，目前也没有有效的治疗手段，但多数白化症的症状相对确定和稳定，只要采取相应的措施和器材辅助，患者不但生活完全可以自理，而且可以进行正常的学习、工作、生活，成为社会大家庭中自立自强、奉养家庭、贡献事业的一分子。

白化症者也被称为"隐形"人群。其原因在于：首先，白化症者特殊的外貌特征以及社会大众对白化症知识的匮乏使白化症者不能、不敢、不愿参与社会生活，可谓其主动"隐形"；其次，由于其出现概率较低，这类人群在我国较为分散，社会上并没有提供其聚集交流的场所，可谓其自然环境"隐形"；最后，由于白化症者可以独立生活，不能也无须终身治疗，使这类群体处于医院不了解、政府不掌握、社会不关注的灰色地带，在社会治理中也处于隐形地带，可谓其社会环境"隐形"③。由于以上三种"隐形"特征，即使是社会组织也难以聚焦白化症人群及其需求。但是就目前的情况来看，由于社会上缺乏专门关注白化症群体并为之提供帮助和指导的机构，部分白化症者得不到专业的辅助器材、心理辅导和工作指导，从而缺乏社交能力和维生技术技能。

为解决这个问题，山东泰安市的泰山小荷公益事业发展中心（以下简称"泰山小荷"）做出了有益的创新尝试。在十余年的弱势群体救助经验基础上，率先关注到白化症患者这类人群的特殊需求，创建"月亮家园"

---

① 澎湃新闻：《首批国家版罕见病目录已下发，包含"渐冻症"等 121 种疾病》，https：//www.thepaper.cn/newsDetail_ forward_ 2147929。

② 《"ME 公益创新计划"资助泰山小荷"月亮家园"项目季度报告》。

③ 凤凰网：《隐形群体："瓷娃娃"的艰难自救》，2011 年 7 月 22 日，http：//news.ifeng.com/gundong/detail_ 2011_ 07/22/7868385_ 1.shtml。

白化症者关怀项目（以下简称"月亮家园"）。并于 2016～2017 年获得中国民生银行和中国扶贫基金会联合发起的"我决定民生爱的力量——ME 公益创新资助计划"（以下简称"ME 公益创新资助计划"）资助。本案例通过实地访谈，在机构和项目发展进程中总结"月亮家园"项目的创新特征，并提炼其创新和扩散动力因素。

## 二、泰山小荷在白化症群体帮扶方面的积极探索

### （一）机构简介

泰安市泰山小荷公益事业发展中心成立于 2011 年 8 月 8 日，是在泰安市民政局正式注册的民办非企业单位（现为社会服务机构），致力于助学、扶老等公益服务活动，机构以"爱心服务弱势群体，志愿传承社会文明"为使命，注重项目化运作，打造品质公益、规范公益，与中华儿童慈善救助基金会、河仁基金会、天图基金会等基金会密切合作开展"彩虹村"助学项目、"爱悦读"图书项目等十余个团队自创的项目。现有专职工作人员 4 人，志愿者千余人①。机构的发展历程主要包括如下几个阶段：

初创期（2006～2010 年）。从 2006 年起，泰山小荷公益创始人、自由职业者和西梅开始将闲置物品捐赠出来开展助学活动，随着活动规模和志愿者队伍的不断扩张，其逐渐发展为一家志愿者组织，主要关注当地留守儿童的教育助学问题，在当地具有较大的社会影响力。在这一阶段，由于组织不具备合法身份，和西梅团队主要为资助方与受助方建立直接联系，不经手捐赠资金，这在一定程度上也限制了机构和项目的发展。

成长期（2011～2015 年）。2011 年，在部分爱心人士建议下，和西梅通过向当地民政部门申请，登记注册为泰安市无业务主管部门开放注册的第一批民办非企业之一。随着小荷公益事业发展中心的建立，泰山小荷开始走上项目化、专业化运作道路。在此阶段，机构开始招募专职工作人员，发展更加正规，中国"彩虹村"助学计划和"月亮家园"项目作为最早开展的项目已基本成型，并在此基础上不断拓展至其他领域。项目的拓

---

① 《"ME 公益创新计划"资助泰山小荷"月亮家园"项目建议书》。

展也体现在机构获得的捐赠规模上：2012 年，泰山小荷获得泰安市政府和团市委的小额资金支持；2013 年，"彩虹村"助学计划获得中华儿慈会 10 万元资助；2014 年，获得河仁基金会 25 万元捐赠。除此以外，机构也开始接受一些中小企业的爱心资助，这些资助激励小荷公益不断优化、完善项目，以争取更多支持，机构开始走上良性运转的道路。截止到 2015 年，机构年筹资额达到 50 万元左右。

成熟期（2016 年至今）。机构发展需要稳定的品牌项目做支撑，日渐成熟的泰山小荷开始聚焦品牌项目的运营和推广。"月亮家园"和"彩虹村"助学计划开始走向全国。2016 年，和西梅入选"超人妈妈"项目并获得资助，同年该机构的彩虹村项目获得南都基金会首批"中国公益好项目"称号并获得平台推介。除此以外，泰山小荷与扶贫基金会等十多家基金会，蚂蚁金服、腾讯公益、百度公益、凤凰公益等慈善平台，以及唯品会等企业建立合作关系。由于以上合作，机构由最初的线下募捐模式升级为互联网平台众筹模式（合作基金会认领项目并在互联网平台上发布筹款信息）。2017 年，机构迎来发展的转折之年——"彩虹村"助学计划年筹资额达到 107.5 万元，整个机构资金入账 126 万元，其中大部分收入为网络筹款①。与此同时，小荷公益积极带动周边社会组织发展，其连续参加三届"99 公益日"，并连续五届参加中国公益慈善项目交流展示会，其中前三届慈展会作为山东省唯一一个参展项目，后在其带动下形成了 40 多家社会组织组成的山东省参展团。

## （二）月亮家园——"ME 公益创新资助计划"资助项目

"月亮家园"项目是针对白化症者提供帮扶的项目。白化症者也被称为"月亮孩子"，这类群体不传染也不需要治疗，所以项目主要分为宣传推广、争取权益、技能培训以及社会融入四部分。具体方式包括建立白化症者的交流沟通平台，进行白化症知识方面的推广和宣传，提高社会对白化症者的认识、包容和接纳程度；为特困的白化症者争取辅具、器材等各方面的帮助和合法权益，加强白化症者社会融入；促进白化症者自身的发展和进步，开展技能培训，使其获得为社会参与的平等机会，提高生活质量。

---

① 根据对泰山小荷团队的访谈录音整理，访谈日期：2018 年 6 月 19 日。

在项目具体目标方面，该项目计划为新生儿白化症者家长建立沟通咨询平台，每周至少 2 次不定期交流，每月一次主题交流，有效降低新生儿白化症者遗弃率；为年幼白化症儿童建立辅具配备平台，正确认识和看待白化症，将夏季皮肤晒伤率降低至 10% 以下，争取使项目中 6~16 岁白化症者辅具使用率达到 80% 以上；为成年白化症者建立就业培训及支持平台，鼓励自立生活，组织白化症者就业培训交流 10 期以上，提供 20 种以上适合白化症者就业途径及渠道，孵化 5 个白化症者创业项目顺利运作，并在 1 年以上达到自主运营；建立"月亮悄悄话"心理健康咨询平台，建立 50 个以上白化症者心理健康档案，根据需求每年开展 2 次心理辅导活动，增强社会融入能力①。

1. 项目起源："田哥"一家的故事

和西梅一开始并不了解"月亮孩子"这类特殊人群。2006 年，一位叫田怡佳的"月亮孩子"加入到泰山小荷并成为一名志愿者，在公益活动中，田怡佳有了很大的收获和改变。同为泰山小荷志愿者的父母看到了公益活动对孩子带来的积极变化，因此，建议泰山小荷关注并设立专门针对此类人群的公益项目。由于这对父母积极参加公益志愿服务，并且在白化症者群内积极参与、组织各类活动，圈内称其为田哥、田嫂。而泰山小荷也通过田哥、田嫂了解到"月亮孩子"这一特殊群体，这为项目设立提供了条件。

项目成立的直接动机则来源于 2014 年 6 月，在田哥、田嫂的联系下，泰山小荷承接了西安白化症病友互助组织"月亮孩子之家"的两个活动，发现此类群体由于缺乏专业的活动组织与开展经验，难以形成良好的活动效果，群体成员融入社会较差。基于此，泰山小荷发起"月亮家园"项目，希望为此类特殊群体提供专业、系统的帮扶服务。

2. 项目探索：跨越白化症群体融入社会的心理障碍

泰山小荷团队不断探索"月亮家园"项目活动。整体来看，可将项目活动分为资助类活动和平台类活动，这两类活动随着机构和项目的发展不断演进深化。

（1）资助类活动。包括"月亮温暖基金""月亮天使温暖包（特殊辅具器材）"、健康讲堂和月亮悄悄话心理热线服务四个方面。其中，"月亮

---

① 《"ME 公益创新计划"资助泰山小荷"月亮家园"项目建议书》。

温暖基金"是为生活特别困难的白化症者家庭，特别是农村特困白化症家庭以及一部分从小遭父母遗弃、在特教学校就读或无生存技能的成年白化症者建立的帮扶基金。月亮天使温暖包的发放为困难的白化症者提供了基础的健康辅具以及科学的健康指导。健康讲堂配合"月亮家园"社会融入之旅，爱心邀请医院针对白化症者进行健康体检（包括免费视力及皮肤健康检查等），同时邀请爱心医疗专家、学者进行白化症知识健康咨询。"月亮悄悄话"心理热线服务则针对不同年龄段的白化症者在社会融入过程中容易出现的迷惘、自卑、自信心缺失、心理失衡等问题招募专业心理顾问、开通专线号码进行心理咨询、一对一交流、个案疏导。并通过"月亮家园"群组、微信平台、网络宣传、媒体宣传等形式进行长期推广。

（2）平台搭建类活动。"月亮家园"项目针对不同年龄阶段的白化症者及家人，从生活、心理、就业、教育等方面制定不同的信息帮扶平台。为0~3岁新生儿白化症者家长建立沟通咨询平台；为4~8岁年幼白化症儿童建立辅具配备平台；为6~16对青少年白化症者及家长建立心理健康成长平台，促进青少年白化症者的社会融入。为16岁以上成年白化症者建立就业培训及支持平台，增强社会融入及实际生活技能。

1）"小月亮"呵护（0~6岁）。举办"小月亮"社会融入及"月亮妈妈"培训活动。建立白化症孩子及家长沟通交流的线下平台，使其感受到大家庭的温暖；通过交流沟通消解家长的顾虑和偏见，锻炼意志，提高自信心，提高社会融入及人际沟通能力。

开展线上课堂。针对不能参加线下活动的"小月亮"，父母可以通过线上课堂进行咨询和交流，鼓励一些年龄较大白化症者的母亲，分享其育儿教育经验；除此之外，邀请一些相关专业的老师进行线上辅导，最大可能地惠及受众。

2）"青少年月亮"的融入、陪伴、锻炼（6~16岁）。开展"研学寻梦"活动，邀请事业有成的优秀白化症者分享心得，通过自己的人生经历鼓励青少年白化症者坚强自信、奋发有为。与国内著名的白化症专家合作，进行白化症医学和励志方面的培训。活动结束跟进受众的前后变化，选出优秀者在线上课堂分享，引导受益的白化症者成为月亮家园的志愿者，为该项目的其他受助者服务。

3）"大月亮"赋能建设（16~30岁）。开展"大月亮自立自强拓展训练营"。联系专业拓展训练和培训机构，针对成年白化症者特点，单

**图1 "ME公益创新资助计划"月亮家园青少年北京研学活动部分学员合影**

独定制适合的拓展和培训内容，定期在专门的拓展训练场地由专业的拓展教练开展活动，重点在建立信心，自强自立，融入集体互助合作的团队精神。

开展"月亮创业训练营"。本活动通过征集创业项目，开展线上公益课堂，邀请专家进行创业指导等活动，最终经过创业导师甄选评估、实地考察、路演等方式，评选优秀项目并予以支持，而后通过线下公益课堂配合项目进行落地孵化，创业导师跟踪指导，鼓励白化症者创新就业模式，扶持创新发展。

**图2 "ME公益创新资助计划"月亮家园创业项目大赛参赛者合影**

建立"月亮家园"网站。了解更多白化症者的需求，建立专门的资讯发布、交流沟通、知识获取网络平台，招募专人建设、管理，为广大白化症者及其家属提供获取知识和资讯的渠道，同时发布成年白化症者的招聘信息，为寻找工作的成年白化症者提供人力资源服务，搭建平台创造机会，促成更多成年白化症者就业。加强宣传力度，通过"月亮家园"群组、微信平台、网络宣传、媒体宣传等形式进行更加广泛的推广宣传。

开展"项目志愿者能力建设训练营"。由项目负责人邀请公益专业人士、社会组织管理培训师、心理咨询师等对志愿者进行培训，提高月亮家园志愿者团队服务能力，形成更加规范、品质的项目执行团队。

3. 项目成效

"月亮家园"项目成效可从活动效果和组织成长两方面进行衡量。

（1）活动效果在资助类活动方面，泰山小荷实施的"ME公益创新资助计划"累计发放"月亮温暖包"200个，"月亮手册"850余册，累计为20人次发放"月亮温暖金"；在平台类活动方面，建立线上交流群组5个，开展线上课堂21次，线上参与人数约1200人次。交流渠道包含QQ群、微信群和直播平台等，群组类别包括小月亮课业辅导群、月亮家长交流群、月亮创业就业群、志愿者群组。建设月亮家园网站。举办大型线下社会融入活动7次，包括"最美月亮天使"融入活动2期、"大月亮创业训练营""月亮自立拓展营""青少年月亮研学北京行和齐鲁仁爱行""小月亮融入之旅"等，参与人数150余人次。孵化成年白化症者创业项目6个，目前可自主运营项目3个，支持资金共计10万元。举办公众倡导活动4次，向社会公众普及白化症及罕见病常识。

通过以上活动，该项目累计覆盖白化症者2400余人次。目前小荷公益"月亮家园"群组内白化症者有1171人，间接覆盖白化症者亲属约5200人，相关学校、志愿者及公众数万人通过项目了解到了罕见病知识的学习及白化症群体，在部分市县已形成良好的社会氛围。由于"月亮家园"项目的成功开展，2015年"月亮家园"项目荣获"山东省首届青年志愿服务项目大赛"银奖；2016年荣获四个100"山东省最佳志愿服务项目"奖；2017年荣获"泰安市优秀志愿服务项目"荣誉①。

---

① 《"ME公益创新计划"资助泰山小荷"月亮家园"项目总结报告》。

## "月亮家园" 项目中的案例故事①

### 我的创业故事

我叫李鹏，山东淄博人，39 岁，是一名先天性白化病患者。毕业后从事过保安、保洁、仓管等多种工作，但都因为视力原因没干多久就被用工单位辞退了，以后再去找工作就越来越难了。

我是在 2014 年无意间由一位白化病朋友介绍接触到了小荷公益这个公益性组织，刚开始是好奇心让我去了泰安，参加了一次小荷公益的活动，也就是这次活动才让我了解和走进了小荷公益，慢慢地成为小荷公益的一名志愿者，陆续参与了月亮家园、开园仪式等多个活动。通过在小荷公益这几年做志愿者，让我明白了很多道理，也看透了很多事情。印象最深的就是，人人公益，快乐公益，帮助别人快乐自己。在这期间也参加过本地残联组织的培训，但都因为没有专业的实操老师指导和资金不足而告终。直到 2016 年 5 月接到小荷公益办公室通知，有个中国民生银行和中国扶贫基金会联合发起的 "我决定民生爱的力量——ME 公益创新资助计划"，也就是月亮创业计划，问我是否愿意参加，当时我接到这个电话非常激动，有资金支持还有专业老师实操指导，太好了，我就报名参加了。当时因为要参赛，我也写了一套创业计划书，内容是想通过电子商务来销售我们当地一家企业的休闲食品，我的这个计划在培训的时候被老师否定了，老师给我分析了不可行原因：第一，产品有季节性，巧克力产品气温在 35℃以上，不能发快递，因为高温会使巧克力化掉。第二，我没有食品流通许可证，而在淘宝上销售的厂家生产的产品必须要有食品流通许可证。听到这里我才深感到：干啥都不容易，创业更难。真的是万事开头难。在两天的培训中老师给我出谋划策，最后决定做特产，也就是我现在的这个项目——百家堂土特产。陈峰老师给我分析了两点：第一，土特产一直以来都受到国人的热捧，出差了或者旅游了都喜欢带些土特产回来，要么给自己家人带，要么赠送给亲朋好友。渐渐地，土特产演变成了礼品，经过精

---

① 《"ME 公益创新计划" 资助泰山小荷 "月亮家园" 项目总结报告》。

美的包装，已经不仅是土特产，更多地成了一种高档且情意满满的礼物，中国的礼文化可谓源远流长。对于城市人来说，农村里出来的土特产就好像一种沙漠里的绿洲，绿色健康。各大工厂生产出来的土特产充斥着市场，各种土特产专营店也如雨后春笋般出现，店面装修讲究，包装精美，将"土"文化礼品化和艺术化。第二，人群需求、远离家乡但依然喜欢家乡味道的人日益增多。随着改革的深入和城镇化的进展，人口的流动性越来越大，而不管怎样，出外工作或者打工的人骨子里的家乡味难改，而远离家乡很难买到真正的家乡食品，尤其是农村出来的人。那种自家土制的家乡菜，虽然不是山珍海味，但却是那样的可口和亲近。听了陈老师精准的分析，我们又做了深入的交流，最后我决定执行这个项目，培训结束后，我通过查阅书籍和搜索互联网相关知识初步了解和学习了开淘宝店铺的初级知识，通过家人关系解决了货源问题。资金到位是在2017年2月，基金会拨款后，小荷公益办公室第一时间打电话通知我，办理收款手续，资金到账后，首先，采购开店设备及办公用品如电子秤、真空包装机、各种包材等。淘宝店铺顺利注册，保证金也按照淘宝的要求缴纳，店铺名称为百家堂土特产，主要经营各种新鲜水果、各类养生干货、休闲零食还有一些农牧特产。目前，店铺等级是五颗心，马上升一钻，好评率达到100%，三项动态分均高于同行70%以上。

创业没有故事和经验，我只有一条信念，我永远相信只要永不放弃，我们还是有机会的。最后，我们还是坚信一点，这世界上只要有梦想，只要不断努力，只要不断学习，上帝还是会眷顾你的。一分耕耘，一分收获，创业虽然艰难，但只要你不放弃，坚持下去，终究会看到希望。也希望那些在困境中挣扎的人不要放弃，努力就有希望。

非常感谢中国扶贫基金会、中国民生银行以及泰山小荷公益对我的支持和帮助。让我走出困境，解决了个人的生存问题。希望中国民生银行和中国扶贫基金会能有更多的项目来支持和帮助更多的弱势群体，让我们的社会更加和谐，更加美好。

(2) 组织成长。"月亮家园"项目运行两年来，带动泰山小荷快速发展，其中财务入账、传播范围和核心志愿者队伍增长迅速。财务入账由2015年的23.72万元增长至2017年的126.87万元，传播范围扩展至52个县市区，核心志愿者团队增长了3倍（见图3）。

| 年份 | 2015 | 2016 | 2017 |
|---|---|---|---|
| ——— 账务入账（万元） | 23.72 | 64.94 | 126.87 |
| ——— 传播范围（个县市区） | 1 | 23 | 52 |
| ‧‧‧‧ 星级志愿者（人） | 21 | 48 | 98 |

——— 账务入账　　——— 传播范围　　‧‧‧‧ 星级志愿者

**图 3　"ME 公益创新资助计划"资助期间的组织成长①**

# 三、案例分析

（一）ME 公益创新资助计划"月亮家园"的项目创新

1. 挖掘利基②人群需求

"月亮家园"项目最大的亮点之一就是发现当地的"隐形群体"需求，并探索了为白化症群体提供专业第三方服务的模式。截至 2018 年，全国仅有两家社会组织提供专门针对白化症者的帮扶服务。2008 年成立于西安的"月亮孩子之家"是中国成立最早的白化症者互助型组织，而泰山小荷公益的"月亮家园"则是全国首个专门针对白化症者的公益志愿服务项目，其创新性体现在发现当地未被满足的社会需求，发掘利基需求并为其提供社会化的专业支持与志愿服务。

2. 解决"后端"与"内生"问题

从月亮家园活动开展数量与占比可以看出，该项目主要精力逐渐由解决前端问题转为后端问题，由满足外部需求转为内部需求。首先，物质资

---

①　《"ME 公益创新计划"资助泰山小荷"月亮家园"项目总结报告》。

②　利基是更窄地确定某些群体，这是一个小市场并且它的需要没有被服务好，或者说"有获取利益的基础"。——菲利普·科特勒：《营销管理》1967 年。

助可以暂时缓解白化症者面临的困境，解一时燃眉之急。但若是长期对其进行物质资助，可能会使受助方产生依赖，削弱其自力更生的动力，加大后期帮扶难度。而月亮家园项目将精力和资源着重放在资助后期的管理和引导上，为受助方提供智力支持。以"月亮创业训练营"为例，该项目不是通过直接给予帮扶资金，而是通过创业大赛和培训等形式，培养受助者的创业能力，进而满足其自力更生的需求，同时为社会做出贡献，真正达到"授之以渔"的效果。其次，月亮家园认识到月亮孩子融入社会的真正矛盾不是外貌问题，而是心理问题，因此在为其提供辅助器具时，更多地对其进行心理引导，通过"月亮热线"、社会融合、"修学研学"等活动，帮助其树立自信心。同时通过在社会上普及白化症知识，呼吁社会平等对待白化症群体，争取其应有的公平社会权利。内部引导与外部呼吁合二为一，才能真正使此类群体融入社会，得到社会的认可与接受。以上两种创新性活动开展策略，不同于现有资助类社会组织，为政府和社会解决类似问题提供了较强的借鉴价值。

### （二）"月亮家园"创新发生的原因分析

"月亮家园"项目所处的内外部环境使其具备创新潜质，而"民生爱的力量——ME公益创新资助计划"对于激发其创新潜质起到了关键助推作用。

#### 1. 宽松灵活的政策环境

社会组织的快速发展离不开宽松灵活的政策环境。山东省泰安市北靠泰山，南临三孔，具有悠久的慈善文化和传统，也因此营造了较为开放的社会氛围。泰安市政府始终重视公益慈善事业，支持和发展社会组织建设。2012年，在时任领导的推动下①，泰安市首先在全省出台了《泰安市社会组织直接登记与管理办法》，这一管理办法指出"社会组织的登记、变更、年检、注销，除特殊领域和依据有关法律法规规定需要事先取得许可证的民办教育、医疗、养老等机构外，符合《社会团体登记管理条例》（国务院令第250号）和《民办非企业单位登记管理暂行条例》（国务院令第251号）有关规定的，不再经过业务主管单位审查和批准，登记管理机关直接受理"。这一超前的创新举措，充分反映出泰安市支持发展社会组

---

① 根据对泰安市民政局负责人的访谈录音整理，2018年6月19日。

织的决心，也为诸如泰山小荷等富含创新意识的社会组织的注册成立提供了便利的条件。在泰山小荷发展过程中，泰安市政府、团市委和民政局多次对其进行资金支持，帮助其克服初创期面临的困难；除此之外，泰安市还为社会组织提供集中孵化。2013 年，为促进全市社会组织发展，政府出资在全省率先成立市级社会组织服务中心，免费为公益类社会组织提供办公场所，还提供培训、交流等服务，重点帮扶公益组织资金不足、能力不强、内部管理不规范等缺项，提升能力，促进其快速、独立发展。这种全方位的支持体系保障了泰山小荷的持续发展，为其提供了稳定的创新基础。

2. 活跃的社会组织氛围

在当地悠久的慈善传统熏陶下，在政府的大力支持下，泰安市为社会组织营造了浓厚的创新氛围。截至 2018 年，泰安市已登记注册社会组织 2000 余家①。与此同时，泰安市社会组织通过定期交流、合作等形式，不断加强联系，建立了较为稳固的组织网络，组织之间相互学习和模仿，激发创新灵感。良好的政策和社会环境，使泰安市社会组织建设、社会服务创新的质量和体量均位列全省前茅。

3. ME 公益创新资助计划对社会创新家及其团队产生的化学反应

"ME 公益创新资助计划"不仅为机构和项目提供了资金支持，也为其带来了全新的管理模式。而全新的管理模式在泰山小荷身上产生了更加有益的化学反应。

（1）活跃而敏锐的公益倡导者。作为泰山小荷的创始人，和西梅自身的积极态度、敏锐直觉和整合意识使 ME 公益创新资助计划得以与泰山小荷结缘并快速发展。作为组织管理者，和西梅积极参加各大慈善论坛，甚至连续组织五届山东省公益峰会，与其他基金会建立了密切联系。而正是与扶贫基金会的前期合作使泰山小荷接触到 ME 公益创新资助计划并成功申请；作为公益人，和西梅工作扎实，一步步将草根志愿者组织发展为具有较大影响的社会服务机构，在全省公益圈具有一定号召力；善于思考，主动将在其他组织学习而来的新知识、新想法转接到泰山小荷，取精去粗内化为自身特色。例如，在申请 ME 公益创新资助计划时，和西梅参加了主办方组织的工作坊，申请结束后马上将这种形式应用到泰山小荷内部的

---

① 根据对泰安市民政局负责人的访谈录音整理，2018 年 6 月 19 日。

志愿者培训中，取得了很好的效果。这些管理者特质成为"月亮家园"持续创新与发展的动力。2016 年，和西梅被评为山东省道德模范、中国好人、"山东省优秀志愿者"，2017 年，荣获凤凰网"行动者联盟十大公益人物"。

（2）执行力强的团队。在"月亮家园"项目运行中，团队的执行力必不可少，泰山小荷拥有一支执行力较强的工作人员团队。"一个人行了，大家就都行了①"。管理者的创意可以很快被其团队接纳并执行，在申请"ME 公益创新资助计划"的宣传投票环节中，这个只有四五个人的团队走街串巷，积极发动并宣传线上投票，短短几天内便收获了 29117 张选票，超过了同样申请该计划的很多大机构；与此同时，泰山小荷的项目志愿者积极性极高，月亮孩子的父母迫切希望孩子融入社会，但却缺乏必要的渠道和手段，因此团队主动发展月亮孩子家属作为志愿者，为其提供心理和资源平台，在受众群体中以点带面不断扩大覆盖范围，取得了很好的效果。

（3）细致的"同理心思维"。泰山小荷在"月亮家园"项目的活动开展上采用了诸如公益创投等创新形式，而这种创意也来源于其对受众心理需求的精细掌握。用创始人和西梅的话来说，就是"发现需求，并根据能力满足需求的过程"②。在获得"ME 公益创新资助计划"支持后，项目团队通过调研发现了月亮孩子在不同年龄阶段的不同需求，并创新性地针对不同阶段开展活动。首先，将人群区分为三个阶段。0~6 岁的白化症者面临的主要问题是护理、习惯养成与家长的心理障碍，因此该项目通过线下活动开拓交流，促进线上交流常态化，搭建"小月亮"家人沟通平台，增强对于白化症的认知，缓解新手父母的迷茫与无助，为"小月亮"提供医疗咨询和辅具配备，缓解特困白化症家庭压力。积极营造良好的社会氛围，鼓励家长正确引导亲子教育和自我认知，6~16 岁白化症者处于自我认知和情绪发展的特殊时期，项目通过社会融入、研学拓展、心理陪伴、月亮手册等形式，关注青少年白化症者心理健康发展，树立积极向上的人生观、价值观，促进亲子沟通和教育，培养多种兴趣爱好，进行适当的职业启蒙，增加未来就业的可能性。而针对 16 岁以上的白化症者则为其提供线上、线下的就业创业培训平台，积极收集相关就业创业信息，通过自立

---

① ② 根据对泰山小荷团队的访谈录音整理，2018 年 6 月 19 日。

拓展和培训等形式培养成年白化症者的自立生活能力，增强其社会融入能力，树立人生榜样，鼓励有能力有想法的成年白化症者积极追求自己的梦想。

其次，线上交流平台区分了"月亮孩子"家长及"月亮孩子"的心理需求。许多"小月亮"孩子的家长，由于缺乏对白化症的认知，仅凭主观判断采取不同的方式来对待孩子，如尝试各种偏方对白化症进行所谓"治疗"，对孩子过度保护，还有对孩子未来人生的担忧等，这些来自家长的焦虑会极大地影响"月亮孩子"的成长教育。因此通过专门针对家长的线上交流渠道，家长与白化症志愿者以及专家老师一起共同交流和分享，使问题得到了真实、有效、科学的解决。而针对"月亮孩子"的线上平台并结合当下热门的技术手段和传播方式，逐步拓展为线上课堂、讨论、直播等多元的线上活动形式，吸引不同年龄白化症者群体的兴趣。

4. ME 公益创新资助计划对组织网络角色的转换

白化症者群体具备分散且较难融入社会的属性。在项目之初，泰山小荷建立了面向白化症者、家长等不同群体的交流网络，同时作为网络中心节点，组织活动并动员服务对象参与活动。这种方式对组织者提出了较高的资源要求，同时不利于服务群体的拓展。在执行"ME 公益创新资助计划"的两年时间里，月亮家园的口碑和影响力不断扩大，其网络规模具备了自组织的条件，因此团队逐步转变为第三方，引导网络中的核心白化症者自己组织相关活动，为其提供活动策划和技术服务（比如网络直播等），协助在白化症者之间建立稳固的联系。与此同时，白化症者家长之间存在较强的认同感，家长以自身经历对其他家长的说服力和感染力更强，活动开展效果更好，因此项目团队建立的家长交流平台更好地拓展了网络规模。综上所述，"月亮家园"项目从以上两方面扩大了网络规模，逐渐抽离网络核心位置，为白化症者的自我组织和自我创造提供环境，进而提升网络的紧密程度和可持续发展能力。

5. ME 公益创新资助计划对项目规范性的塑造

"ME 公益创新资助计划"为月亮家园项目的规划、执行和反馈提供了专业、系统和规范的引导与支持。主要体现在活动规范、志愿者队伍管理和财务规范等环节。在活动规范方面，月亮家园项目工作会议每月一次，为保证项目顺利开展，正确处理好各类应急事件，及时对项目执行中的问题与经验进行总结、分析、讨论，确定接下来的执行内容。当项目发展到一定阶段，项目的复制和扩散便提上日程。泰山小荷为其项目扩散的合作对象制定了一系列考核标准，比如成立年限超过两年，机构规模较大且具备相关项目开展条件，同时在项目进程中随时跟踪，通过末位淘汰机制规范扩散效果。在志愿者管理上，团队引入多元化的培养体系，志愿者团队中涵盖了心理咨询师、拓展咨询师、医疗专家等。由项目负责人邀请公益专业人士、社会组织管理培训师、心理咨询师等进行培训，课程内容包含志愿服务通识、社会组织调研评估、白化症常识、"月亮家园"项目ME公益创新资助计划年度规划及具体分工、基础心理学常识①。志愿者专题培训使更多的志愿者对白化症者加深了了解和认识，对于核心志愿者来说，志愿服务技巧及方法的培训进一步提高了其公益技能，改善志愿服务过程中存在的不足，为"ME公益创新资助计划月亮家园"项目的品质化、规范化发展奠定了基础。同时在培训过程中，也增加了有关公益传播以及公益筹款等方面的先进理念和知识，促进了项目的专业化、持续化发展。每隔一段时间，团队会进行考核评优，为志愿者提供激励。

图 4 "ME 公益创新资助计划月亮家园"项目志愿者服务技能培训

在财务管理方面，泰山小荷公益财务制度以"公开、透明、规范"为原则，设有独立财务部，官网定期更新公示，为善款捐赠方开具财务收据

---

① 根据对泰山小荷团队的访谈录音整理，访谈日期：2018 年 6 月 19 日。

及捐赠证书，并及时入账，安排财务审核负责人三名，定期审查账目及各项收入支出手续。每年按照山东省泰安市民政局财务审计要求进行财务审计并通过年审，出具财务审计报告。

6."不忘初心"的创新扩散之道

月亮家园的目标之一便是宣传并普及白化症知识，而"ME 公益创新资助计划"为项目的宣传与推广提供了平台。在申请阶段，借助 ME 公益创新资助计划的投票环节，"月亮家园"项目知名度飞速提升。而 ME 公益创新资助计划的推广也为月亮家园提供了大量志愿者（其中多数都是在投票环节开始接触并认同泰山小荷进而被发展起来的）。可以说，"ME 公益创新资助计划"与小荷公益的合作并不是从签约开始的，而是从项目申请开始的。在实施阶段，ME 公益创新资助计划为月亮家园提供了平台和资金支持，而这也有利于官方网站、微博、微信等平台的制作和维护。

白化症群体中不乏励志之士，突破自身局限和社会环境成长起来的白化症者面对同样的群体，随即转变为推动项目可持续发展的原动力，从而也可以通过各自渠道获得丰富的潜在资源。以"月亮家园"项目的"月亮温暖基金"为例，其鼓励有条件的白化症者及家人积极捐赠善款，引导后期创业成功的月亮项目每年捐赠一定比例的善款，共同纳入"月亮温暖基金"，并通过其他可持续技能帮扶等形式帮助更多的困难白化症者，从而建立可持续的互助模式。而社会融入之旅和自立训练营则从项目运作方面提升白化症者的创新、创业能力，激发群体的自信心及进取心，甚至可以孵化出优秀的创新项目反哺并推动项目的发展，从而转向可持续发展的社会企业范畴。

# 四、项目规模化的障碍

在"月亮家园"执行过程中也面临一些挑战，例如，"月亮家园"自2014年正式开展以来，其创新扩散仅限于泰安市及省内周边地市，而没有像"彩虹村"项目一样在全国扩散，让更多的白化症者受益，究其原因，主要有以下几点：

第一，白化症者的人群特征，导致项目规模化的难度很高。长期暴露在阳光下，会对白化症者的皮肤和视力产生影响，因而此类人群较为隐蔽，缺少走出家门、接触社会的机会，社会组织也难以发现并接触到他们。另外，不同于先心病等其他可以通过手术根治的病症，白化症尚不能通过药物或手术方式治愈，自出生后便会伴随患者一生，因此白化症者每一个成长阶段都会产生不同的心理或生理问题（从出生后的辅助治疗，到青春期的叛逆心理，再到成人后的社会融入等），且这些问题容易受到社会或周边环境的影响而出现反复。因此需要社会组织开展持续、追踪式的帮扶，这些都对社会组织可持续发展及项目运营能力提出了较高的要求。

第二，衡量白化症者是否融入社会的标准较为主观和模糊，缺乏标准化的量化指标（比如升学率等）。这种长期、非量化的特点影响了项目的宣传效果，影响机构和志愿者参与合作的热情，也导致项目难以规模化。

第三，体现在合作环境方面。现如今，生理缺陷群体被社会接受的难度仍高于其他心理缺陷群体，白化症者由于其特殊的外貌，在社会中所受的"隐形歧视"仍比较多①。社会对于此类罕见病的社会帮扶门槛较高（包括特殊护具、特殊心理介入等），帮扶模式仍不够成熟，其他地区具有类似需求、可开展合作的社会组织相对较少。目前与小荷公益"月亮家园"项目开展合作的仅有西安的"月亮孩子之家"②。但诸如"彩虹村"项目的合作机构较多，包括基金会、民办非企业和其他草根社会组织。以上都导致"月亮家园"在其他地区的创新扩散过程中出现障碍。

第四，体现在项目的运营模式方面。"月亮家园"项目的线下活动不以传统的地理分隔作为活动开展单元，而是通过泰安小荷召集分散在各地的受益人，集中到某地开展集体活动为主要形式。这种扁平、单核化的线下活动组织形式势必会增加组织者和受众的人力、物力和时间成本，某些距离泰安市较远的白化症者甚至需要全家每年乘坐火车来到泰安，才能参加一次活动。随着受益人的增多，开展类似活动的难度不断增加，使项目难以在体量上获得快速增长。对比而言，"彩虹村"项目可以地域为单位开展活动，通过与属地合作机构签署协议成为战略合作伙伴，向合作机构

---

① 新京报：《白化病"演说家"刘吟：患者会遇到各种隐形歧视》，2017 年 10 月 10 日，http://news.sina.com.cn/s/sd/2017-10-10/doc-ifymrcmn0121098.shtml。

② "月亮孩子之家"成立于 2008 年，是全国最早的聚焦白化症者自助互助领域的民办非企业。

赋能，各地社会组织很快便具备因地制宜、自主开展活动的能力，这使项目不断落地开花。

第五，体现在项目的品牌效应方面。小荷公益作为一家规模不大的草根社会组织，名下同时运营着十余个公益项目。作为开展时间不足 4 年的"月亮家园"项目，其品牌影响力远不如"彩虹村"等成熟项目，因而机构分配在该项目上的时间精力也相对较少，这也是导致其创新扩散动力不足的原因。

# 五、结论与建议

## （一）结论

由于白化症较高的治愈难度和不影响自主生活的特点，白化症者（月亮孩子）群体面临主动隐形、自然环境隐形和社会环境隐形三类问题，使社会关注和社会组织救助难度较高。帮助此类人群解决心理问题，自力更生、融入社会，对于解决我国扶贫济困等其他社会问题，进而提升社会治理水平和能力具有一定的借鉴意义。泰山小荷公益事业中心"月亮家园"项目创新主要体现在发掘并细化白化症者这一罕见病人群在不同成长阶段的不同需求；并通过资助、平台搭建、赋能建设等活动形式，解决白化症者两方面的问题，即重点解决如何自力更生的"后端"问题（而非解决白化症者的疾病预防、医疗救治等"前端"问题），以及如何排除心理障碍的"内生"问题；在项目拓展方面，"月亮家园"创新性地借助白化症者家属这一群体力量，口口相传，形成多中心、可相互信赖的组织网络和传播平台。最后，作为地方性的草根社会组织，泰山小荷创始人和西梅的资源整合能力、其团队的行动力以及对于项目规范的重视程度也是推动项目创新的动力。2016 年，"月亮家园"项目获得中国民生银行和中国扶贫基金会联合发起的"我决定民生爱的力量——ME 公益创新资助计划"资助，在白化症宣传推广、争取权益、技能培训以及社会融合等方面取得了较好效果。在开放灵活的外部政策环境与团结包容的内部组织属性共同营造下，经过多年的创新和坚持，当地社会对于白化症的了解不断加深，对白化症者的接受度也不断提升，且以此辐射山东省内及周边地区的社会认可，带动其他社会组织开展罕见病的社会救助与帮扶；白化症者通过参与系列活动，主动融入社会的意愿越来越强，生活水平不断提升。在此过程中，组织机构社会影响力和行动能力也得到了提升。但与此同时，该项目的创新扩散也面临受众群体帮扶周期长、帮扶效果难以度量、合作对象较少、线下活动形式单一等障碍。

"月亮家园"的项目创新为社会力量参与罕见病帮扶提供了可供参考的样本，由传统的仅关注医疗救治阶段转为心理疏导阶段，弥补了当前社会救助的薄弱环节，为今后成骨不全症、结节性硬化症等类似罕见病的社会帮扶提供了有益的探索；同时，"月亮家园"的拓展创新，对于区域性草根社会组织的转型升级提供了启发，即应灵活调整角色定位，从活动执行者逐步上升为活动策划者、组织者和监督者，成为解决方案的输出者，这对于草根组织的可持续发展至关重要。

## (二) 建议

基于对泰山小荷"ME 公益创新资助计划"资助项目的描述与分析，总结项目创新过程中的经验与教训，本文建议如下：

首先，社会组织在创新时要以解决社会问题为根本目标。创新不仅体现在项目的新颖程度，也体现在满足受众群体的需求。公共产品或服务的基本目标是尽可能满足不同群体特别是弱势群体的合理需求，但单纯依靠政府的资源是不够的，需要社会组织的配合与补充。因此社会组织要重视受益群体及其需求，将受益群体及其需求摆在项目规划和讨论的首位，而不是为创新而创新。

其次，创新不仅是扩展增量，开拓不同领域的活动，也包括盘活存量，对现有项目进行细化。社会组织不能只是一味地扩充体量，简单摊大饼。而是要在确定项目方案时充分调研，细化项目形式和覆盖人群，精准匹配不同主体的需求与供给。在 ME 公益创新资助计划的申请和实施阶段，"月亮家园"项目不断完善，针对不同群体精准开展活动，同时规范项目管理，以较强的执行力将想法落实到位。这种"修补式"的创新是使项目走得更远、不断扩散的基础。

最后，要关注组织网络在社会创新中的重要作用。任何一项创新都是组织网络中成员相互作用的结果。组织网络成员包括政府、社会组织（管理者、志愿者等）、受助者、企业、第三方平台。网络成员之间的相互交流是创新的动力之一，因此政府要为社会组织营造良好的制度环境，社会组织之间要加强联系，相互激发灵感，组织内部网络要引导自组织的建立，提升网络稳定性和自我生长能力；同时网络联结的性质和频率决定了创新扩散的效果，社会组织首先要保持开放的心态，主动将资源和创意共享，其次要充分借助互联网平台、联盟等形式对外宣传倡导，才能真正使创新的力量不断放大、不断凝聚。

# 提高癌症儿童生存质量的创新探索

## ——以"医路相伴"项目为例

广州市金丝带特殊儿童家长互助中心（以下简称"广州金丝带"）关注处于困境中的癌症儿童及其家长，在过去十多年的公益实践中，有效提高了癌症儿童的生存质量。2016 年，广州金丝带"医路相伴"项目获得了第一届"ME 公益创新资助计划"的资助。

## 一、癌症儿童生存是一个重要的社会问题

由国际癌症研究机构（IARC）协调撰写的一份国际研究报告显示，2001~2010 年，儿童癌症的发病率比 20 世纪 80 年代增加了 13%，从而使全球每百万 0~14 岁儿童的年发病率达 140 例。根据 2001~2010 年全球收集的近 30 万例癌症病例诊断信息，白血病是 0~14 岁儿童中最常见的癌症，占儿童癌症病例的近 1/3；中枢神经系统肿瘤居第二位，占 20%；淋巴瘤占 12%。在 5 岁以下的儿童中，1/3 的病例是胚胎性肿瘤①。在我国，每 10 万个 15 岁以下儿童中，有 4.7 人患有白血病，据此推算，全国每年新增儿童白血病患者约 1.4 万人，白血病已成为危害儿童健康的重大疾病之一②。

习近平总书记在"十九大"报告中指出："增进民生福祉是发展的根本目的。必须多谋民生之利、多解民生之忧，在发展中补齐民生短板、促进社会公平正义，在幼有所育、学有所教、劳有所得、病有所医、老有所

---

① 冯卫东：《全球儿童癌症发病率升高》，《科技日报》2017 年 4 月 13 日。
② 王烨捷：《调查显示：我国小儿急性淋巴细胞白血病 5 年生存率近 90%》，《中国日报中文网》2018 年 4 月 9 日，http://cnews.chinadaily.com.cn/2018-04/09/content_ 35995309.htm。

养、住有所居、弱有所扶上不断取得新进展，深入开展脱贫攻坚，保证全体人民在共建共享发展中有更多获得感，不断促进人的全面发展、全体人民共同富裕。"① 儿童癌症的发生往往意味着家庭危机的发生。家庭在为儿童治疗癌症过程中往往会"因病致贫"或"因病返贫"，即使癌症儿童得到有效治疗和照顾，其生命尊严和身心健康也可能受损，日后难以平等融入社会。因此，癌症儿童的生存问题不仅构成中国 2020 年全面建成小康社会的挑战，也是人民未来美好生活面临的一道难题。

越来越多的研究表明，社会心理因素在儿童癌症的发生、发展及诊疗、护理过程中起着重要作用。1977 年，美国医学家恩格尔（Engel）于《科学》（Science）期刊发表论文，对传统的生物医学模式发起挑战。他认为，在医学界主导的生物医学模式中，用一系列躯体参数定义"疾病"使医生仅仅关注于医学本身，忽略了疾病的社会、心理和行为维度，而生物心理社会（Biopsychosocial）模式能够为医疗实践提供研究蓝图、教学框架和行动方案②。恩格尔的研究使医学链条从传统的"医学方案+个体化治疗"扩展到医疗保障、社会救助、住院护理、感染源控制、营养均衡、家属配合等更广泛的层面。这为社会组织参与医学治疗过程提供了契机。就我国而言，除了医疗和社会保障制度不健全以外，社会关注度不高、相关社会组织和社会服务缺失也是造成我国癌症儿童问题难以解决的重要原因。

值得关注的是，中国广州的一家草根社会组织——广州市金丝带特殊儿童家长互助中心（以下简称"广州金丝带"），已经对生物心理社会医学模式进行了长达十余年的实践，对传统的儿童癌症治疗模式进行了本土创新，有效提高了癌症儿童的生存质量；而且在此基础之上，广州金丝带将创新扩散到全国，形成了中国自己的癌症儿童救助公益联盟。2016 年 1 月 1 日至 12 月 31 日，广州金丝带的"医路相伴"项目获得中国民生银行和中国扶贫基金会联合发起的"我决定民生爱的力量——ME 公益创新资助计划"（以下简称"ME 公益创新资助计划"）资助，其机构自身的项

---

① 习近平：《决胜全面建成小康社会夺取新时代中国特色社会主义伟大胜利——在中国共产党第十九次全国代表大会上的报告》，《中国政府网》，2017 年 10 月 27 日，http：//www.gov.cn/zhuanti/2017-10/27/content_ 5234876. htm。

② George L. Engel. The Need for a New Medical Model：A Challenge for Biomedicine［J］. Science，1977，196（4286）：129-136。

目管理及财务管理能力得到显著提升。广州金丝带社会创新的发生和扩散具有典型性，有必要对此案例进行描述和分析。本文首先拟将广州金丝带的"医路相伴"项目置于其发展历程之中予以描述，其次对"医路相伴"项目的创新性进行分析，最后给出结论和建议。

## 二、案例描述

### （一）广州金丝带的发展历程①

1. 初创阶段（2006~2009 年）

2006 年 4 月 6~7 日，广州 8 家医院的 15 位癌症患儿家长参加了在上海举行的"国际癌症患儿家长协会（ICCCPO）亚洲会议"，因此萌发在广州成立患儿家长会的想法。返回广州后，这些家长成立了未登记、松散型的"广州市癌症患儿家长会"，并由此开始进行住院家长、患儿的探访活动。这些零散的医院探访活动在随后演变成"愿望成真"和"童心画语"项目。这个处于初创阶段的草根组织很快得到了广州和国际社会的认可，它不仅获得了"2007 年广州雷锋号志愿服务先进集体"和"2008 年广州市志愿服务先进集体"称号，还正式成为国际癌症患儿家长组织联盟（ICCCPO）成员，与其携手主办了"第一届中国癌症患儿家长交流会"。

2. 组织化阶段（2010~2012 年）

2010 年 3 月，广州市社会组织培育基地为这个一直以来没有固定办公场所，在公园、QQ 和茶餐厅办公的草根组织提供了办公场地，广州金丝带成为第一个入住该基地的社会组织；而家长会也招聘了第一位全职员工，负责行政等工作。之后，家长会的运作开始正式化，通过换届选举产生了新一届委员、会长、副会长。有了合法地址，家长会于 2011 年 10 月在广州市民政局成功注册为民办非企业机构，在借鉴国际同行经验、听取

---

① 后文未加注释之材料皆来源于广州金丝带网站（http：//www.jiazhanghui.org.cn）及对其总干事罗志勇先生的访谈，不再赘述。另外，由访谈获得的资料因行文通顺需要在尊重原意基础之上有字节改动。

家长建议后，改名为"广州市金丝带特殊儿童家长互助中心"①。2012 年，广州金丝带正式开始登记家长会员，大规模建立非家长义工团队②，并在国外基金会的资助下组建了包括 5 名全职员工和 3 名兼职员工的工作团队。广州金丝带的组织架构初步形成。在此阶段，广州金丝带开发了"癌症患儿入院资料包制作""为爱光头""走近金丝带"和"QQ 专家在线"项目；与国际癌症患儿家长组织联盟主办了"第二届中国癌症患儿家长及互助组织交流会"。其服务对象也增至广州的 8 家医院、9 个服务点。组织化运作后的广州金丝带殊荣不断，获中共广州市委、广州市人民政府颁发的"2009~2011 年度先进集体"光荣称号和壹基金颁发的"透明行动参与奖"。

3. 成熟阶段（2013~2014 年）

2013 年，广州金丝带的创新做法首次得到政府认可，其在原项目经验基础之上打包整合的"医路相伴"项目被广州市社会工作委员会评为"广州市社会创新项目"。同年，获得广东省民政厅、财务厅的"2012 年度广东省省级培育发展社会组织专项扶持资金"支持，通过非营利组织免税资格认定，被广州市民政局确定为具有承接政府职能转移和购买服务资质的社会组织。从这些荣誉、资格、资质的获得可以判断，原来那个由 15 位癌症患儿家长发起成立的草根组织，通过不断进行创新，已经发展为成熟的社会组织。广州金丝带通过整合、优化，将主要精力用于推动"医路相伴""愿望成真"和"医院游戏服务"等项目，这些项目构成了广州金丝带今天主要的服务内容。然而，组织的成熟和项目的优化并不是广州金丝带的终点。广州金丝带于 2014 年 8 月发起了"中国金丝带公益联盟"项目，其创新成果开始扩散。

4. 深度发展阶段（2015 年至今）

2015 年以后，广州金丝带着力推进团队职业化、项目规范化，并进一步实践生物心理社会医学模式。最终形成了理事会领导下的以"医路相伴""愿望成真""医院游戏服务"和"游戏辅导"为服务项目，以金丝带公益联盟为学习网络，以行政、财务、文化与传播为后台支持的组织架

---

① 根据对总干事罗志勇先生的采访，"金丝带"寓意："孩子像金子一样珍贵，并且孩子能够战胜痛苦，百炼成金"。

② 本文同时使用"义工"和"志愿者"表述，意思相同。

构与运营模式。其中，"医路相伴"项目旨在通过提供心理支持，减轻家长焦虑；通过提供资讯，促进患儿家长对治疗、护理康复的有效参与和配合；通过搭建医患沟通平台，建立和谐的医患关系。该项目每年服务1000个新症家庭，2000个维持期家庭。其项目服务内容将在下文中详细介绍。"愿望成真"项目给予每位正在受癌症煎熬的儿童实现一个特别愿望的机会，为癌症患儿及其家人带去快乐与希望，增强他们战胜病魔的信心；提高公众对癌症儿童的认识，促进全社会的共同参与。2008年至今，项目已经累计实现2000个愿望。"医院游戏服务"项目为正在住院的癌症儿童提供常规游戏、绘画、手工、绘本阅读、重大节日慰问活动，减轻其在住院治疗过程的痛苦。该项目每年开展活动200多场，参与义工服务3000人次。"游戏辅导"项目通过与患儿进行具有针对性的游戏，减少癌症患儿对治疗的恐惧与痛苦、家长的担忧与焦虑，解决目前医患关系困境。该项目每年完成个案250个。

## （二）"医路相伴"项目简介

2015年，广州金丝带申请了中国民生银行和中国扶贫基金会联合发起的"我决定民生爱的力量——ME公益创新资助计划"。经过激烈竞争，广州金丝带申请的"医路相伴"项目获得了ME公益创新资助计划50万元资助。

### 1. "医路相伴"项目的目标

项目的长期目标是通过提供资讯、心理和生活支持，减轻家长焦虑，促进患儿家长对治疗、护理康复的有效配合和参与；促进医患沟通，建立和谐的医患关系。长期目标又可分为三个子目标：①通过本项目的有效实施，使患儿家长心理得到安抚和理解，降低家长焦虑情绪，让患儿得到有效的护理。②协助患儿适应住院生活，认识和准备需接受的检查和治疗，提高应付能力以克服治疗过程中可能遇到的困难和改变。③通过提供医患沟通平台，促进医护工作人员参与沟通，增进医患之间的互信，有效改善医患关系。

衡量项目绩效的指标包括：①通过游戏辅导，协助250位患儿适应住院生活，认识和准备需接受的检查和治疗，提高应付能力以克服治疗过程中可能遇到的困难和改变。②通过个案服务，为50位患儿家长协助申报救助，缓解贫困家庭的生活困难并进行心理辅导。③通过提供充足信息服务、派发资料包，为 2000 位住院患儿家长、400 位维持期的家长提供资讯，增加护理经验、舒缓心理压力。④通过开展 40 场家长分享会、24 场专家在线、3 场医患联谊等活动，缓解医患关系。⑤通过组织 3 次康复者家庭活动，让 60 个维持期及康复期的患儿家庭能够互相鼓励，正面面对过去和未来，顺利地融入社会。

2. "医路相伴"项目的主要活动

根据设定的上述项目目标，广州金丝带开展了有针对性的项目活动：

（1）针对子目标一，开展患儿家长服务。具体包括：病区走访并派发资料包和患儿家长个案服务，目的是了解家长的需求对经济贫困的家长，建立救助个案，向他们提供经济求助指引或申请救助服务；向缺乏护理经验和护理常识的家长，提供经验分享和推送护理常识服务；向有心理障碍的家庭，提供心理辅导服务。

（2）针对子目标二，开展患儿个案游戏辅导及游戏角服务。针对医疗适应困难的患儿，通过设计针对性的游戏，协助患儿适应住院生活，认识和准备需接受的检查和治疗，提高应付能力以克服治疗过程中可能遇到的困难和改变。游戏辅导由经过特殊培训的游戏师为患儿单独进行。游戏角服务每周六下午在广州市中山大学附属第一医院儿科二区开展，为患儿游戏陪伴、玩具出借服务、玩具消毒工作等。

（3）针对子目标三，建立患儿社会支持体系并发起基层儿科医生儿童肿瘤知识普及活动。具体包括：首先，举办病区家长分享会、康复者家庭联谊活动及医患联谊活动。在病区进行患儿家长分享会、与康复者家庭联谊活动、医患联谊活动，与家长交流孩子治疗、护理过程的经验和心得，帮助舒缓心理压力、增加治疗信心的同时，让医护人员了解到康复者家庭的需求及现状，增进医患之间的沟通。其次，发起基层儿科医生儿童肿瘤知识普及活动。为了让更多的癌症患儿能够得到及时诊断、及时治疗、就近治疗，由广州金丝带主办，邀请 3 位广东省儿童肿瘤专家主讲，邀请附近地区的儿科医生参加，以提高其诊断能力和医院收治能力的工作。

3. "医路相伴"项目的创新做法

作为本土生长的草根社会组织，广州金丝带基本上走出了一般草根社会组织所固有的资源不足、专业化程度不高、合法身份缺失、公信力不够等困境。这其中的原因就在于广州金丝带从初创到深度发展阶段都在不间断地创新。这一点在"ME公益创新资助计划"资助的"医路相伴"项目方面体现得非常明显，其项目创新做法具体体现如下：

（1）项目理念的创新。根据相关工作人员的介绍，广州金丝带的愿景是"所有癌症儿童得到有效治疗和照顾，拥有生命尊严和身心健康，平等地融入社会"，而这一愿景产生于2014年的理事会会议。这一愿景包括儿童罹患癌症后的两个阶段：一是治病，即儿童在治病过程中生命尊严可以得到维护，身心健康可以得到保障；二是治愈，即儿童在离院后可以像其他正常人一样求学、就业、结婚和生育，提高生存质量。在这种理念驱使下，金丝带将生物心理社会医学模式引入实践之中。"医路相伴"实际开展的11项活动中，"患儿个案游戏辅导"和"游戏角服务"的目标对象是癌症儿童，"病区走访并派发资料包""患儿家长个案服务""病区家长分享会""QQ专家在线问答""医护资讯推送"和"医患联谊活动"的目标对象是患儿家长，"康复者家庭联谊活动"的目标对象是康复者及其家庭，"医护专家联谊活动""基层儿科医生儿童肿瘤知识普及活动"和"医患联谊活动"的目标对象是医护人员。可以看出，广州金丝带"医路相伴"项目的理念超越了传统生物医学模式，它从一开始就不仅关注疾病本身，而是将癌症儿童、患儿家长、康复者及其家庭乃至医护人员作为一个完整的系统来看待，以提高儿童癌症的生存质量为目的。这种项目理念很契合以集合影响力（Collective Impact）解决社会复杂问题理论路径，即通过跨部门、跨领域、跨界利益相关者的精诚合作，保持持续沟通（Continuous Communication），探索共享方法（Shared Measurement Systems），拟定共同行动日程（Common Agenda），以最终在主干支持性组织（Backbone Support Organization）协调下分工合作（Mutually Reinforcing Activities）解决社会问题的路径[①]。

（2）项目方案的创新。金丝带项目方案体现了极强的连续性，其早期发起的探索式服务活动并没有随着机构的发展壮大而消失，反而被重新包装，打包到了"医路相伴"项目之中。例如，广州金丝带项目起源于对住院家长、患儿的探访，经过经验总结和提升，发展成为更具专业性的癌症儿童及家长服务，进而成为"医路相伴"项目的服务内容；广州金丝带组织化阶段所探索的"癌症患儿入院资料包制作"和"QQ专家在线"项目

---

① John Kania and Mark Kramer. "Collective Impact", Stanford Social Innovation Review, Winter 2011.

进一步流程化、规范化，也成为"医路相伴"项目的内容。这种持续性的项目方案创新的做法，不仅降低了草根社会组织项目研发的成本，而且使社会组织即使在经历人员变动情况下也能保持经验的传承；进一步来说，这种做法还有助于在项目评估、参赛过程中更清晰地向评估人员、评审专家展现项目产品的迭代升级，提高草根组织的资源竞争力。单这一点就很值得同类草根社会组织学习。

（3）依托项目的角色创新。广州金丝带深刻认识到癌症儿童生存问题的解决不是单依靠志愿者、医护人员、患儿家长（包括康复者）、公众一方就能解决的，而是依靠他们的合力（见图1）。因此，从"医路相伴"项目中可以发现，它不仅是特定服务的提供者，而更多的是众多复杂关系之间的协调者。例如，"病区走访并派发资料包"协调了患儿家长和志愿者之间的关系，"病区家长分享会"协调了患儿家长、康复者（以义工身份参与）和医护人员（以义工身份参与）之间的关系，"康复者家庭联谊活动"协调了康复者与康复者之间的关系，"医护专家联谊活动"协调了医护人员与医护人员之间的关系，"QQ专家在线问答"和"医患联谊活动"协调了医护人员和患儿家长的关系，"基层儿科医生培训"协调了医护人员与潜在患儿之间的关系，等等。就医护人员与患儿家长、康复者之间的关系而言，广州金丝带总干事罗志勇先生曾这样解释："在传统医学模式中，病人及其家属往往将治疗过程视作简单的买卖关系，即为身体的恢复而付钱，这种情况下，病人及其家属与医护人员容易形成对立，生成了尖锐的医患矛盾。我们的项目就是要让癌症儿童家长感受到医护人员其实和自己的目标是一致的……比如，一些医护人员会遇到患儿家长因为害怕出院出现问题，不愿意办理出院的情况，我们可以以'过来人'的身份介入，帮助沟通解决……再比如，当年成立家长会的15位家长来自广州7家医院，所以我们从刚开始就服务于7家医院。因为我们本来就是病人家属，医生就和我们很熟。所以我们去服务的时候，医院和医生是很欢迎我们的，并慢慢加入了我们的义工团队。"广州金丝带以草根社会组织之身份解决着中国医疗领域最棘手的关系协调问题，堪称社会组织依托项目进行角色创新的典范。

4."医路相伴"项目的创新成效

如上文所介绍的，"ME公益创新资助计划"资助广州金丝带的"医路相伴"项目包括3个子目标，目标对象分别指向患儿家长、患儿及医患关

**图1 广州金丝带的服务框架**

资料来源：广州金丝带提供。

系。项目成效体现如下：

（1）患儿家长方面。全年完成个案服务87个，具体包括：为30位患儿家长提供了护理知识辅导和心理辅导，为57位患儿家长协助申报了政府救助，缓解了贫困家庭的生活困难；全年派发资料包1100个，为2540位患儿家长提供了资讯，增加了其护理经验、舒缓了其心理压力。

（2）患儿方面。全年完成248个辅导个案，共906人次。在接受游戏辅导服务后，约95%的患儿住院适应良好或者完全适应住院，约91%的患儿基本不抵抗医疗程序；通过组织康复者家庭活动，使66个维持期及康复期的患儿及其家长能够互相鼓励，正面面对过去和未来，以便患儿顺利融入社会。

（3）医患关系方面。通过医护人员参与分享会、专家在线，增加了医患沟通渠道，缓解了医患关系。通过组织医护专家联谊活动，加深了医护专家对广州金丝带的了解和对广州金丝带服务给予更大的支持。共计81位基层儿科医生和工作人员参加了该活动。①

---

① "ME公益创新计划"资助广州金丝带的"医路相伴"项目总结报告。

　　总体而言，广州金丝带的 "ME 公益创新资助计划" 资助项目的项目成效是较好的。

## "医路相伴" 项目中的案例故事①

### 让笑声充满病房的女孩——小云

游戏师：黄静怡

　　游戏师第一次见四岁的小云是她确诊后的第二天，她很平静地坐在病床上，倒是小云妈妈十分焦虑，不停地向游戏师诉说孩子的发病经历及对其家庭的影响，还有对过去美好岁月的感慨与留恋："唉，你都不知道我正准备重新上班啦，孩子由保姆照顾，老板对我很好，谁知道突然发生这种事，孩子生病了！" 游戏师对小云妈妈的经历表示同情，并鼓励她与孩子一起积极面对，并向小云妈妈介绍金丝带的各项服务。小云妈妈说小云不太害怕打针，但是来到医院，心情很不好，经常发脾气，见到医生护士都不理人，希望游戏师可以帮忙。

　　游戏师便向小云介绍自己，并邀请她一起游戏，她选了积木，便开始一起玩。在打开积木盒子的时候，小云显得很开心，看到有很多各种各样的积木，便一起堆了滑梯、秋千、房子等。在过程中，游戏师获悉小云待会儿要做腰椎穿刺。于是，便拿来了药箱玩具，希望通过角色扮演，让小云从认知上了解如何应对腰穿。小云对药箱里每一样工具都十分感兴趣，在游戏师的语言引导下，都拿起来为小熊检查、进行治疗。游戏师也示范了如何为小熊做腰穿，让小云一起协助。随后，真正的医生过来了，小云听见自己要做腰穿，有些害怕和担心，哭了起来。游戏师安慰并鼓励她，向小熊学习，配合医生的治疗。当游戏师再次来到小云的病床时，她已经安静地躺在病床上，并告诉游戏师她怕打针，但是她没动。游戏师给她肯定与鼓励，又陪她玩了一会儿。

　　下次介入时，小云妈妈说小云天天盼着游戏师过来，见到游戏师就开心起来。游戏师也鼓励小云妈妈多跟小云互动，也可以借故事书跟小云讲

---

　　① "ME 公益创新计划" 资助广州金丝带的 "医路相伴" 项目总结报告。

故事，也建议小云妈妈多让小云与病房其他人互动。游戏师发现小云的头发很长，不愿意剪短时，便跟小云讲了小梅的故事，并邀请她玩剪头发的游戏，让她为一个病童剪头发。游戏后，游戏师也问小云要不要剪个短发啊？小云也点头，表示愿意。

再次介入时，小云已剪了个小光头。而在这次探访时，游戏师发现随着在医院打针次数的增加，小云仍旧害怕打针。游戏师便跟小云讲了《我不怕打针》的绘本故事。小云边看边兴奋，看完一次后，还再翻阅绘本，并讲给游戏师听为什么那个小孩后来不怕打针了。游戏师鼓励小云用想象法和呼吸法，打针时放松一些。

游戏师在几次介入后发现，小云对住院有了一些的适应：从不愿戴口罩到愿意戴、从不愿意出病房到愿意去游戏角、从不太愿意吃药到吃药、从心情很烦躁到稍微平静，甚至玩得开心时会放声大笑。但她在游戏过程中也不时说出一些话语："担心家里的姐姐吃了我的零食""想念姐姐""妈妈原来有一份工作"……而在一次介入中，另一位游戏师发现小云妈妈很喜欢向别人展示女儿以前的相片和讲述女儿患病前的家庭状况，而忽略了在场小云的感受。游戏师从小云妈妈的行为上发现，她仍未完全接受孩子患病及所带来改变的事实，而这会影响女儿对自身患病的看法与感受，也会影响其住院的适应情况。于是，两位游戏师便邀请小云妈妈一起谈一下：分享游戏师所观察的情况，孩子当时可能会有的感受，并建议小云妈妈避免在女儿面前反复诉说过去和自己内心的感受，而是私下找其他人诉说，慢慢学习着接纳女儿此时的情况。小云妈妈承认没意识到自己的心态对孩子的影响，也表示以后也会注意避免在女儿面前反复提及女儿患病前的日子。

随着游戏辅导介入的次数增多，游戏师也邀请同房的患儿加入游戏中，在游戏中鼓励小云与他人更多地互动，小云也更加适应住院的生活：自发叫上其他小孩一起玩过家家、在病区到处跑。某天，小云还特意跑过来跟游戏师说：我今天打针都不哭了。当游戏师肯定她的进步，并问其怎么做到的时候，她就说"你跟我讲过那个不怕打针的故事嘛"。

# 三、案例分析

## (一) 社会创新是如何发生的

广州金丝带的 "ME 公益创新资助计划" 资助项目的创新并不是偶然发生的，其动力既来自机构自身，也来自 "ME 公益创新资助计划"。

来自机构的动力之一："同理心"。同理心（Empathy），亦译为"设身处地理解""感情移入""神入""共感""共情"。泛指心理换位、将心比心。亦即设身处地地对他人的情绪和情感的认知性的觉知、把握与理解。在对广州金丝带总干事罗志勇先生访谈的过程中，"同理心"这一概念被反复提及，并被确认为广州金丝带不断创新发展壮大，出色完成"医路相伴"项目的内在动力。他曾这样解释"同理心"对广州金丝带的重要性："我们机构是由一帮患儿的家长，就是病患群体发起的，我是创始人之一。因为我女儿是 2005 年这个时候得的白血病，经过两年治疗就已经康复了。所以我们对这个群体是很了解的，包括这个群体的问题、护理的过程、医疗的过程，所以我们对面对的问题是天生了解的，不需要再做调查；比一般的社会组织介入更加容易，因为他们还需要做调研，还要学习很多医学知识、家属心理。所以总体来说，我们不同就在于我们的'同理心'方面做得好。"被问及如何在"医路相伴"项目中实践"同理心"时，罗志勇先生举了一个例子："我们和服务对象之间是平等的关系，这和其他社会组织不一样……（对于孩子患癌症这件事来说）因为这些家长本来和亲戚朋友没有办法就这个事情进行沟通。亲戚朋友的关心会给患儿家属一种不平等的'可怜'感觉，因此一些家长治疗的想法就是'悄悄地来，悄悄地回去'，只要是具备一定经济基础的家庭，他们一般不愿意让别人知道孩子得病。经常在网上求助的那些家庭，他们的确是穷，的确是没有办法。因为尊严也是很贵重的。所以我每次讲我的经历的时候，他们（患儿家属）马上就哭出来了，真的像是见到亲人一般的感觉。还有，比如，在化疗前，医生可能会告诉家长治愈率是 70%，但是家长不知道后来会怎么样。我们进去以后，会告诉家长'你看我们的孩子现在上大学，结婚生孩子了'，家长会直接看到希望。"

来自机构的动力之二："不断学习"的需求。广州金丝带内部"不断学习"的氛围非常浓，非常符合"学习型组织"的特征。创立广州金丝带的癌症儿童家长们很早就开始学习国际上治理儿童癌症的办法，这种组织成员"不断学习"的需求使广州金丝带进行创新的动力源源不绝，开展"医路相伴"项目也不例外。罗志勇先生解释了"医路相伴"项目各项活动的起源："（关于派发资料包）当初孩子生病的时候，我们都是到处找资料。我们发现香港有个机构做资料包挺好的，但是它不授版权给我们，我们自己做了4年，才把资料包做出来……比如'（患儿个案）游戏辅导'，在美国已经有几十年的历史，我们很早就接触了国外同类机构，开始学习他们的技术要领。尤其是香港的儿童癌症基金会，从1989就开始服务，每年服务180个患儿；它有30个职员，而且从事游戏辅导18年，以前广州金丝带经常派人到香港向他们学习。"除了不断学习国际同行的先进经验之外，广州金丝带每年也会参加广州市、广东省或者全国的各种以医生为主体的会议，代表患者群体在会上介绍自己的经验，学习各种知识，从而提升自己的服务质量。在2016年度开展"ME公益创新资助计划"资助项目期间，广州金丝带就曾4次邀请中国资助者圆桌论坛的专家来广州为机构做各项目梳理和制定评估指标；广州金丝带也曾于2016年10月派项目成员至深圳儿童医院参加全国医务社会工作学习班暨研讨会，学习了医务社工的前沿研究，听取了全国各地的义务社工案例，并参观了深圳儿童医院，以了解该院医务社工的工作内容。广州金丝带通过不断学习国际同行和累积本土知识，对自己能将"ME公益创新资助计划"资助项目开展到什么程度及未来的项目发展方向已经非常了解，可根据现阶段能力水平力所能及地开展行动。

来自机构的动力之三：以监测管理生成创新。"ME公益创新资助计划"本身强调创新，其从项目评选到过程监测再到项目评估的全过程都能体现对社会组织进行社会创新的要求。在项目评选阶段，创新性是资助方评选项目的4个维度之一（其他3个维度分别是执行力、影响力和持续性），在项目申报书中，"ME公益创新资助计划"明确要求参选的社会组织回答"项目是否发现了需求强烈的新问题""在常规问题解决中引入了什么新方法""采取了什么创新性的跨界合作模式、资源拓展及传播推广方式"等问题。在项目的过程监测阶段，"ME公益创新资助计划"则要求获选社会组织在季度进展报告中描述其在项目开展过程中使用的创新型工作方法。在项目实地监测评估过程中，"ME公益创新资助计划"的监测评估小组将"创新与可持续"设置为 4 个一级指标之一，强调获选社会组织对项目执行模式的创新以及项目对该社会组织带来的改变①。

总体而言，广州金丝带"ME 公益创新资助计划"资助项目创新的成功是内外力综合作用的结果，机构成员的同理心和不断学习的需求在"ME 公益创新资助计划"管理下生成了社会创新。

### （二）社会创新是如何扩散的

创新的扩散是社会创新过程（创意/想法—原型—社会实验—扩散）的最后一个阶段②。扩散意味着规模的扩大，社会创新影响的扩大，成效的提升。从最终结果来说，社会创新的扩散路径大体包括 6 种：①开源，即社会组织成为开发或者定义新观念或者新方法的知识中心。②复制，即社会组织不是寻求扩大其自身规模，而是其产品或者模式被其他社会组织所采用。③政府采用，即社会组织能够证明其观念是正确的，其方法可以被推广，并因此影响政府的政策和预算；政府采用社会组织的观念和方法之后，社会组织服务于政府或者成为政府的顾问。④商业采用，即在社会组织的介入有效缓解遭遇市场失败或者低效情况下，其观念和方法被企业采用。⑤使命达成，即社会组织设置额外的长远的社会目标，使其能够在现有目标达成之后继续存在并发展下去。⑥持续性服务，即社会组织在确定商业和政府部门现在或者将来不能满足某种社会需求时保留其服务。③

纵观广州金丝带的发展历程可以发现，这个草根组织目前所采取的创新扩散路径实际上是"开源"和"复制"。就"来源"路径而言，广州金丝带不断学习国际同行和累积本土知识，使"ME 公益创新资助计划"资助项目中的"游戏角服务"迭代升级为"病房友好空间"。2018 年以来，广州金丝带更是朝着生物心理社会医学模式又迈进一步，自主研发了"病房友好空间"。在这个开放的公共空间中，患儿有儿童化的游戏空间，有玩具可以借，放心地玩耍，交朋友；家长们可以有时间和空间和其他家长进行交流；医护人员可以在更融洽的医患关系下进行工作；社会志愿者可

---

① 顾磊：《3000 万资助落地生效的"秘方"》，"ME 公益创新资助计划"微信公众号，2018 年 4 月 4 日。

② 李勇：《社会创新在中国：友成十年》，《中国非营利评论》2017 年第 20 期。

③ Alice Gugelev and Andrew Stern. "What's Your Endgame?" Stanford Social Innovation Review, Winter 2015.

以有合适的环境去帮助这个目标人群。这种"病房友好空间"不同于儿童医院，它存在于现有医院之中，不需要对现有医院进行整体改造，在中国医院中具有可操作前景。在此过程中，广州金丝带扮演着我国医院游戏辅导研发中心的角色。

就"复制"路径而言，广州金丝带自成立以来便重视对其机构及项目活动的传播，还采取了组织联盟这种创新扩散方式。像其他草根社会组织一样，广州金丝带也采取参评优秀社会组织和优秀社会创新项目，以电视台、纸媒、网媒为传播平台的路径传播其组织和项目的影响力。然而，不同的是，广州金丝带采取了一种与其他草根组织截然不同的方式，即通过成立组织联盟来实现其产品和模式的复制。在 2014 年中国金丝带公益联盟发起以前，中国各地也有类似广州金丝带的社会组织从事服务，这使中国金丝带公益联盟发起以后，作为广州金丝带产品的"癌症患儿入院资料包"可以直接派送到全国 12 家机构之中，而同年由广州金丝带在安徽合肥主持召开的各机构领导人培训中，其项目运作模式也自然得到了各机构领导人的认可。中国金丝带公益联盟成立的第二年，广州金丝带制作并通过联盟机构派送的"资料包"就已经到达全国 30 家医院，第三年到达全国 42 家医院。罗志勇先生是这样解释创新扩散过程的："每次广州金丝带参加其他地区的或者全国的医学会议，都会主动联系从事儿童癌症治疗的医生，希望通过医生来联系当地的患者家长，从而成立与广州金丝带类似的社会组织，而这样的社会组织有助于改善这些医生及其患者家长之间的关系，因此医生也很愿意帮助。"广州金丝带采取的组织联盟方式提高了其产品和模式被其他社会组织复制的效率。中国金丝带公益联盟的存在，有助于"ME 公益创新资助计划"资助项目的创新成果进行扩散。

广州金丝带自初创到现在仅十余年历史，其社会创新成果是否可以被政府或商业采用，中国儿童癌症的生存问题被解决之后其机构是否还能存在和发展下去，商业或者政府部门是否能够满足癌症儿童及其家庭的需求从而使广州金丝带的服务失去必要，这些问题的答案尚需时间给出。

(三) 项目的主要经验与教训

广州金丝带通过开展"ME 公益创新资助计划"资助项目主要取得了两点经验。首先，项目管理运作和管理方面，科学的项目管理和监测有助于提高社会组织的能力。通过使用中国扶贫基金会的项目申报书，执行财务要求，广州金丝带机构自身的项目管理及财务管理能力得到提升；同时，坚持让项目人员通过写项目故事的方式①也可以使项目成员更深地理解项目成效。其次，项目的可持续性和创新性方面，现有项目是未来创新性项目的母体。"ME 公益创新资助计划"资助项目开展的 11 项活动中，"游戏角服务"和"基层儿科医生儿童肿瘤知识普及活动"并不在项目计划之中。也正是在"ME 公益创新资助计划"资助下，"游戏辅导这个服务模式在 2016 年取得了很多宝贵经验，让广州金丝带确立了之后以向癌症儿童提供游戏辅导为核心的服务模式，整合了机构各项服务"，正如罗志勇先生所说的。如上文所述，2018 年广州金丝带自主研发了"病房友好空间"，这种创新做法的灵感正源于 2016 年度"ME 公益创新资助计划"资助项目中的"游戏角服务"，实际上是"游戏角服务"的迭代升级。

当然，广州金丝带在执行"ME 公益创新资助计划"资助项目的过程中也遭遇了一些问题与挑战。首先，在项目执行过程中，项目主管请休产假，这意味着项目执行团队产生了重大变动，不利于项目的开展和延续。其次，由于理事会成员影响力和筹资能力有限，无法为"ME 公益创新计划"资助项目筹得额外的资源，无法更进一步提升"ME 公益创新资助计划"资助项目的创新成效。

## 四、结论与建议

### （一）结论

儿童癌症已经成为危害中国儿童健康的重大疾病之一。癌症儿童的生存问题不仅构成中国 2020 年全面建成小康社会的挑战，也是人民未来美好生活面临的一道难题。广州金丝带对国外兴起的生物心理社会医学模式进行了长达十余年的本土实践。2016 年，广州金丝带的"医路相伴"项目获得中国民生银行和中国扶贫基金会联合发起的"我决定民生爱的力量——ME 公益创新资助计划"资助，试图通过提供资讯、心理和生活支持，减轻家长焦虑，促进患儿家长对治疗、护理康复的有效配合和参与，同时促

---

① "ME 公益创新计划"要求获资助项目每季度提交进度报告，撰写项目案例故事为报告内容之一。

进医患沟通，建立和谐的医患关系。广州金丝带在开展项目过程中体现了项目理念的创新、项目方案的创新和依托项目的角色创新，取得了较好的项目成效。广州金丝带社会创新的发生并不是偶然的，其动力来自机构员工的同理心和不断学习的需求，也来自"ME 公益创新资助计划"所施加的监测管理。其对社会创新的扩散则实际上采取了"开源"和"复制"路径，更多扩散路径的可能性尚需时间给出。

## （二）建议

基于对广州金丝带"ME 公益创新资助计划"资助项目的描述、分析和创新评估，本文提出如下建议：

就政府而言，应该为社会组织，尤其是草根社会组织保留生存发展的空间，一些初创社会组织往往面临资源不足、专业化程度不高、合法身份缺失、公信力不够等困境，但如果其理念具有创新性，并有将理念付诸行动的尝试，其成效与社会发展进步的方向一致，政府就应该在监管方面予以鼓励，使创新的萌芽可以生长。

就社会组织，尤其草根社会组织而言，要认识到遭遇资源不足、专业化程度不高、合法身份缺失、公信力不够等困境是不可避免的。对于从事社会服务的社会组织，羸弱的理事会影响力和筹资能力更是严重制约了社会组织的生存，更谈不上创新的发生和扩散。创新不在于空谈概念，而在于确定目标后脚踏实地采取行动。秉持同理心和不断学习的理念，创新项目理念、方案和机构角色，选择恰当的创新扩散路径，可以是草根社会组织进行社会创新的优先发展模式。

就社会公众而言，则亟需公益慈善知识的普及。牺牲个体利益来实现社会公益不是可持续的公益，而对社会组织尤其草根社会组织公益透明度的苛求会提高社会组织的运营成本；当社会公众超越同情心以"同理心"去看待社会问题，将"同理性"付诸行动解决社会问题时，所有社会问题都将具备可解决的前提。

最后，正如儿童癌症的治疗需要生物心理社会模式，需要依靠志愿者、医护人员、患儿家长（包括康复者）和公众的合力，所有社会问题的解决都需要通过跨部门、跨领域、跨界利益相关者的精诚合作，也只有这样，社会创新才能获得集合影响力，社会问题才能寻得最妥善的解决方式。这应当是我们面对不断变动的未来应该具有的态度。

# 乡村支教模式的迭代创新

## ——以"乡村夏令营培训师成长计划"项目为例

"乡村夏令营培训师成长计划"由北京益微青年公益发展中心发起，以大学生支教为核心，为他们提供专业化的培训和学习成长平台，通过培育乡村夏令营培训师，整体上提升大学生支教的质量。2016 年，益微青年申请了由中国民生银行和中国扶贫基金会联合发起的第二届"我决定民生爱的力量——ME 公益创新资助计划"，并成功获得了资助。

## 一、案例背景

市场经济体制改革与城镇化进程的推进是过去 30 年来国家发展的重中之重。伴随着城市经济的蓬勃发展与社会各方面的繁荣进步，城乡间的差距日益扩大，并成为严峻的社会问题，教育领域内的城乡差异尤其突出。

农村教育水平落后，有限的教育资源难以满足农村孩子的教育需求。具体表现为：一是乡村学校数量的减少与乡村教师人才资源的流失。据教育部统计，仅 2012~2016 年的四年间，就有 2.5 万个乡村小学被关闭或停办（从 2012 年的 217552 所到 2016 年的 193203 所）。同时，几乎每所乡村小学都不同程度地面临"招不到老师"和"好老师不愿来农村"的问题。据《中国农村教育发展报告 2013—2014》显示，68.6% 的教师想到教育质量更好的学校任教，90.33% 的乡镇教师希望到县及以上城市学校任教，93.35% 的村屯教师希望到乡镇及以上地区学校任教。二是乡村教育的适龄儿童人数巨大，即乡村教育存在着庞大的需求群体。据《中国统计年鉴》数据显示，2016 年乡村 0~15 岁的教育适龄人口达 9812 万人。三是现有的乡村教育质量堪忧，教学内容单一，课程设计落后。72% 的乡村儿童缺乏与同伴进行玩耍、社交的机会与时间，超过 50% 的乡村儿童没有参加过任何校内外活动。

面对乡村教育资源供给不足这一明显短板，"大学生支教农村"这一创新举措应运而生。与政府加大农村教育投入等政策相比，大学生短期支教的优势在于，更加灵活、更具创新性，且能在短期内迅速补给农村教育资源。2006年《关于组织开展高校毕业生到农村基层从事支教、支农、支医和扶贫工作的通知》（以下简称"三支一扶"政策）的出台，更是从国家政策层面对大学生支教给予了支持。自此，由政府与社会各界牵头组织的大学生支教活动频繁开展。据2017年北京大学中国教育财政科学研究所课题组发布的《中国支教行业发展研究报告》估计，目前大学生支教人数在10万~30万，每年大约有50万~150万个乡村儿童获得乡村夏令营服务的机会。

但伴随着大学生支教活动的广泛开展，短期支教本身所存在的诸多弊端如"缺乏组织性、准备不充分、连续性不够、大学生支教不专业"等也逐渐暴露，甚至阻碍了这一活动的发展。因此，如何克服现有大学生支教的问题、提升大学生支教的质量、真正促进农村教育资源的提升，成为摆在乡村公益教育面前的一大难题。北京益微青年公益发展中心用3年的研究与2年的实践打造出的"乡村夏令营培训师成长计划"，为公益教育行业的发展探索了一条规模化影响力的新路。本文以"乡村夏令营培训师成长计划"公益项目为例，首先介绍该项目的概况，其次分析项目实现迭代创新的过程和原因，以及影响社会创新规模化影响力的要素，最后做出总结与建议。

## 二、案例描述

### （一）机构介绍

北京益微青年公益发展中心是"乡村夏令营培训师成长计划"公益项目的发起者与运营者。不过，从北京益微青年公益发展中心的发展历程可以看出，该组织其实脱胎于西部阳光行动。

2004年，一群关注大学生支教领域的年轻人发起"西部阳光行动"，首次组织北京135名大学生前往西部贫困地区进行支教。2006年，"西部阳光行动"注册升级为"北京市西部阳光农村发展基金会"（以下简称

"西部阳光"），正式开始组织化和机构化的运作，包括建立组织制度、组织使命、管理团队等，明确将以促进农村教育发展为组织的使命，并围绕这一使命开展农村教育相关的公益项目，"西部阳光行动"作为组织的核心项目，专注于组织大学生支教活动，以促进农村教育发展和大学生自身的发展。在连续几年运营大学生支教项目的过程中，项目的组织管理问题、支教模式的问题不断暴露，如每一年的项目都需要花费大量精力重新培训大学生、很多大学生的支教行为不专业、支教后给乡村儿童带来的心理落差等，促使西部阳光团队不断反思如何改进服务以更好地满足乡村孩子的需求与帮助大学生成长，并产生了孕育一个专业化支持性机构的想法，为前往西部地区、乡村地区支教的大学生提供专业化的培训以及为整体支教模式提供专业化的支持。

2012 年，西部阳光农村发展基金会孵化成立"益微青年公益发展中心"，并让其全权运作"西部阳光行动"项目（后更名为"西部阳光 V 行动"），每年支持约 1000 名大学生下乡开展乡村夏令营，希望通过乡村夏令营改进现有支教模式，先培训大学生，再组织其进行支教，使支教团队更加专业化。2014 年，"北京益微青年公益发展中心"（以下简称"益微青年"）正式注册，以大学生支教为核心，支持大学生公益行动，为大学生提供更多的志愿服务和学习成长的平台。目前，益微青年分为北京、成都、兰州、青岛、南京五个城市覆盖五大片区省份的 200 多所高校、260 多个学校社团。每年通过线上微课学院覆盖近万人，通过益微学院（含 V 立营和 TOT)、益微论坛培训和引领 1000 多名学生骨干推广乡村夏令营模式，通过益微行动直接培训组织 100 支团队 1500 多名大学生志愿者开展100 场乡村夏令营服务 8000 多个乡村儿童。

（二）项目概况

2016 年，益微青年申请了第二届"ME 公益创新资助计划"，经过激烈竞争，所申请的"益微学院——乡村夏令营培训师成长计划"成功获得了 50 万元的资助。

"乡村夏令营培训师成长计划"的长期目标是在 11 个高校集中的城市，培养足够数量、扎根本地、同城协作的乡村夏令营培训师，通过他们开展各类创新支教培训，引领每年 10 万多人次的短期支教大学生按照乡村夏令营的模式和理念开展支教创新，更专业地支教。项目的短期目标是 2

年内在 11 个城市培养 100 名扎根本地、同城协作的培训师队伍，并使 40 名培训师得到进阶训练和深度激励。100 名培训师累计在 16 个月内提供乡村夏令营课程培训 520 场，服务大学生志愿者 10400 人次（约占全国支教大学生的 10%），促成约 1000 场 2~3 周的主题式乡村夏令营，帮助约 60000 名乡村儿童获得阅读、艺术、游戏等多元体验，实现大学生和乡村儿童的平等互动、共同成长。

项目的内容主要由两大阶段完成。第一阶段：选拔、培养 100 名短期支教大学生骨干培训师，其中 60 名一星级培训师、40 名二星级培训师。第二阶段：由 100 名经专业培训的培训师提供 520 场培训（创新支教半日营/一日营/双日营；20 人/场），覆盖大学生志愿者 10400 人次；由所有参训志愿者通过 1000 场 2~3 周乡村夏令营服务乡村儿童（含大部分留守儿童）约 60000 名（根据 EV 多年统计结果得到数据比例：培训师每场培训覆盖 20 名大学生；每 10 个大学生组成 1 支队开展 1 场 2~3 周夏令营，服务超过 60 名 8~14 岁乡村儿童）。

项目具体实践过程为：①2017 年 3 月~2017 年 4 月末：活动推广、招募培训师、选拔确定培训师人选。益微青年团队在 11 个城市线上线下进行推广，同时鼓励全国各支教社团和公益组织动员合适人员报名，共收到 200 多份申请材料。通过简历筛选和电话/网络面试考核，选出首批 50 名准培训师，并收取押金 300 元/人（参加活动后会全额返还）。②2017 年 4~7 月：首期 TOT1 培训师培训、培训后参与夏令营实践，并进行考核认证。2017 年 4 月中旬，益微青年开启持续 3 天的首期 TOT1 工作坊；益微青年将 50 位学员分成 5 组；2 名培训师带领主体活动内容；5 名入组教练；学员 100% 完成培训成为准一星级培训师，100% 理解并掌握 TOT1 的关键目标（见培训师星级能力说明）并完成规定实践任务。随后，50 名培训师开展了 150 场"创新支教半日营"；100 场"创新支教一日营"；20 人/场，累计培训 5000 人次；益微青年评估 250 场培训的受益人数及其效果，以及开展乡村夏令营的场次和服务儿童数量，为首期任务达标的大学生提供首批一星级培训师认证；返还押金并发放奖励金。③2017 年 7~12 月，益微青年团队开展第二期 TOT1 培训师推广招募选拔工作，成功确定 50 名准培训师后，于 2017 年 8 月于北京开展第二期的 TOT1 工作坊培训，学员 50 人分 5 组；2 名培训师带领主体活动内容；5 名入组教练；学员 100% 完成培训成为准一星级培训师。100% 理解并掌握 TOT1 的关键目标（见培训师星级能力说明）并完成规定实践任务。TOT1 培训后，第二期的培训师随即开展了 150 场"创新支教半日营"；100 场"创新支教一日营"；20 人/场，累计培训 5000 人次。益微团队在实践结束后会评估二期 TOT1 项目中准一星级培训师 250 场培训的受益人数及其效果，以及预估其开展乡村冬（夏）令营的场次和服务儿童数量（持续跟踪到次年暑假结束）；为他们授予"一星级培训师"称号和证书；并返还押金和发放奖励金。④2018 年 1~8 月，益微青年团队将培训项目内容 TOT1 升级至 TOT2，2018 年 1 月，益微团队从 100 名一星级培训师中选拔确定 40 人形成 TOT2 进阶培训师名单，收取押金 300 元/人，并于 2018 年 2 月开展 4 天 40 人 TOT2 进阶培训师培训。培训之后，40 名 TOT 学员将在 2018 年 4~7 月期间以两两合作的方式开展"创新支教双日营"乡村支教活动，最低完成 20 场（20 人/场），服务 400 人次。益微青年团队会在实践后评估培训师的工作是否达标，并为达标者颁发二星级培训师认证证书，返还押金 300 元/人，并提供奖励 200 元/人。⑤2018 年 9 月：成果展示与尝试推广阶段。益微青年团队将在北京及 11 个城市举办线下成果汇报会，各地培训师按城市聚集，在大学里向所在城市的所有社团开展，努力通过 10% 的支教大学生影响全部支教群体。⑥需要注意的是，TOT1 和 TOT2 培训项目后，培训师开展的所有"创新支教半日营/一日营"都由培训师自己负责组织，"双日营"的学员也由培训师自己来推广甄选。所有学员则由各社团或团队自身动员和选拔，被派出举办乡村夏令营。此外，所有参加夏令营的儿童基本为 8~14 岁的小学生。

## （三）项目创新及成效

作为一个颇具代表性的社会创新案例，"乡村夏令营培训师成长计划"公益项目的创新点主要有如下体现：

创新点一：精准定位乡村支教痛点，改革传统支教模式，探索创新"培训师+乡村夏令营"的大学生支教新模式。

对传统支教模式进行改革创新是本项目的最大亮点。随着乡村支教项目的大规模开展，各种弊端不断暴露，尤其是短期文化课培训与乡村学校本身教育的冲突、大学生支教的专业性最受大众诟病。批评的声音很多，但回应的行动却很少。对此，益微青年团队在总结机构多年组织支教活动实践经验的基础上，将支教问题定位在支教内容不符合乡村需求与支教人员不够专业上，并创新性提出一个新的解决方案，即实行"培训师+乡村夏令营"模式。

具体来说，第一，改变支教内容，从以文化知识培训、补习为主的支教活动转变为以素质拓展为主、重点关注乡村青少年身心健康发展的乡村夏令营活动。与文化课补习活动相比，夏令营开展的素质拓展活动更加符合支教活动时间较短的特点，以及不会与乡村学校本身教学重叠，避免孩子在支教活动后产生心理落差，同时还可以改善乡村教育缺乏素质教育的现状。第二，改变直接组织毫无专业培训经验的大学生直接参与乡村支教的方式，创新性地搭建出一套系统的、完整的、线上线下相结合的大学生支教培训师培训体系，为大学生提供专业化的支教指导，并采取不断扩散的模式，号召通过培训的大学生培训师们回到所在大学后覆盖更多的大学生志愿者。目前，国内做短期支教的机构很多，但大多数机构都只培训自己项目内的大学生，且规模一般都不超过 150 人，但"乡村夏令营培训师成长计划"一次最多可培训 350 人；每年 8~12 场 V 立营培训约 400 人。"乡村夏令营培训师成长计划"项目培训体系的先进性主要体现在：①有成熟的培训流程。通过近两年的探索，益微青年结合志愿者的特点，形成了一套"推广招募—首期培训—二期培训—培训后实践和督导—线上线下认证支撑"的培训流程。同时，益微青年还为培训师提供完整的后期培训资料，包括有丰富内容的《乡村夏令营操作手册》工具包。经过整个流程的培训后，志愿者变得更加专业。②有成熟的培训课程体系。大多数中国服务大学生支教的机构都缺乏完整的和成熟的针对儿童的和针对支教者的培训课程，因此，益微青年发展中心开发出的儿童课程如"主题+模式夏令营"和志愿者培训课程如"V 立营"以其课程目标的明确性、课程内容的完整系统性、课程资源的丰富性领跑全国。③线上线下相结合的培训方式。"乡村夏令营培训师成长计划"不仅提供线下面对面的交流与培训，也提供一系列线上益微青年培训网课。通过对四场培训的录制和针对培训产生的问题，进行音频录制解答。益微青年通过将这些视频、音频、图文资料上传到网站，为所有志愿者培训师提供线上服务。④搭建大学生培训师能力评估体系与成长路径，帮助大学生更深入地挖掘自己在支教活动中的成长空间，并鼓励其更持久地参与乡村教育公益项目。⑤完备的资源支持。为鼓励培训师在"乡村夏令营培训师成长计划"结束回到所在城市积极开展新的志愿者培训，2017 年，益微青年发展中心已在全国八个城市

（北京、南京、昆明、青岛、兰州、长春、广州、西安）建立起大学生培训分社，邀请有经验的高级培训师加入，每两位高级培训师匹配支持 10 位学员，为培训师提供个性化的关注与支持，帮助他们整合资源，更好地形成合力。⑥项目培训出一批大学生支教培训师，再让培训师回到所在地培养更多的培训师的模式，大大扩展了支教专业培训课程的覆盖人数，同时也成倍地拓展了项目的影响力。

创新点二："公益—学术"的跨界合作，增加支教活动的科学性。基于教育即生长的价值观和平等对话的夏令营教学形式，本项目引入国际认证的企业教练（Coach）和引导师（Facilitator）等跨界专家参与，他们担任入组教练，通过每天对 10 个小组成员的倾听、观察和反馈，让每个学员感受到被关注、被认可，感受到人与人联结的美妙，并将欣赏与感恩的态度传递在与儿童相处的每个细节。同时，项目还引入澳门科技大学的专业团队作为专业志愿者对 EV 的"主题+模式乡村夏令营"进行项目评估与研究。2018 年，益微青年邀请七悦社会公益服务中心对其乡村夏令营项目进行质性评估。

创新点三：贴近时代，学习商业化的传播推广方式。"乡村夏令营培训师成长计划"项目在推广过程中十分强调内容的质量和趣味性，因为在这个信息爆炸的时代，只有宣传的内容新颖有趣或充满干货，才能吸引更多的公益关注者以及社会大众的关注。首先，项目引入专业的导演、摄像师拍摄"乡村夏令营"的宣传片，并请设计师对益微学员工具包进行美化设计。其次，项目在宣传文案创作过程中始终贯彻用户登台的传播理念。推广文章中大量关注参与者的真实感受并对培训师的培训风采进行展示，在体现参与者自主性、创造性的同时，也大大调动了整个培训师团队的积极性。最后，项目也尝试借助专业教练、培训师等在企业培训界拓展项目影响力，一方面吸引更多专业志愿者加盟，另一方面也在为未来推荐培训师就业铺路。

最后，总结"乡村夏令营培训师成长计划"的项目成效主要体现在以下几个方面：

第一，项目目标大体完成。益微青年团队顺利完成了 3 场 4 天的培训，产生了 86 名准培训师，举办了 291 场创新支教营，服务大学生志愿者4624 人次，服务乡村儿童约 24 万人次。

第二，益微青年团队在项目的执行中成功形成一套完整的大学生支教培训体系，包括一套"推广招募—首期培训—二期培训—培训后期实践和督导—线上线下认证支撑—后续培训工具包资料支持"的成熟培训流程，一套科学的培训内容，如"乡村夏令营一日主题活动四步法""乡村夏令营培训师能力模型"和"培训师自评体系"，以及一系列线上微益培训网课，如"如何带好一个夏令营""如何管好孩子的纪律""如何组织一场高效的会议"等，具有很强的针对性。

第三，"乡村夏令营培训师成长计划"公益项目对传统支教模式做了创新性的变革，带来了许多正向的社会效应。首先，项目改变了传统支教以短期文化课的活动内容，实行以素质拓展夏令营，更加符合支教时间较短的特点和弥补了乡村教育缺乏素质拓展活动的短板，更好地满足了乡村孩子对身心健康发展的需求。其次，项目通过系统化地培训支教大学生的方式，不仅解决了传统支教活动的一大弊端：不专业的支教，更为大学生提供了一个切实有效的实现人生价值的舞台。此外，项目的实行切实促进了乡村教育的发展，为乡村输入了一批高质量的短期教育资源，让大约24万个乡村儿童从项目中受益。

## 乡村夏令营培训师成长计划项目中的案例故事

### 培训师项目成员陈同学的反馈

来自四川某大学的陈同学今年刚刚读大二，在参加益微青年"乡村夏令营培训师成长计划"之前就是一个乡村教育的公益支持者，大一的寒暑假都参加了学校组织的短期支教活动。两次的支教体验让陈同学不仅感受到乡村教育的落后和大学生参与的重要意义，更发现自身对支教专业性知识的缺乏。抱着提升自己、让自己在之后的支教活动中更好地帮助乡村孩子的想法，陈同学参与了"乡村夏令营培训师成长计划"。

在项目分享会上，陈同学说道："我想到了活动会让我成为一个更好的、更专业的支教大学生，但我没想到我竟然在活动中发现了一个可以培训他人组织活动的自己。"陈同学在项目第一期培训结束后，就返回学校，积极联系学校的志愿者协会共同组织支教活动和进行支教培训。从乡村教育"支持者""参与者"到"学习者"再到"引导者"的角色转变，不仅发生在陈同学的身上，也发生在每一个参与"乡村夏令营培训师成长计划"的项目成员身上。

## 乡村夏令营儿童的开心体验

家住兰州市郊区的乡村儿童王同学今年 10 岁，上小学三年级，性格特别内向，不善与人交流，平常跟同学借个笔或者作业本都要紧张到脸红流汗，家人朋友问他问题开他玩笑，王同学都会出现慌张、不知所措的情况。王同学的学校老师建议家长在家里多跟孩子交流，但孩子的父母由于外出打工根本无暇理会，也不太重视孩子的心理健康，认为只要身体健康就可以了，照顾孩子的外公外婆都是文盲，且年岁老迈也无法促进跟孩子的交流。

益微青年"乡村夏令营培训师成长计划"的培训师在接受培训后就会前往各地组织乡村夏令营，其中一组培训师就在兰州市与王同学的学校合作开展了一次短期夏令营活动，在培训师的指导下，夏令营志愿者们开展了一系列丰富多彩的素质拓展活动，如"破冰游戏""猜猜你的心事""阅读魔方"和"艺术魔方"等，帮助孩子们成长为一个更加积极、乐观的人。王同学每次参加活动都特别开心，从一开始不敢跟同学讲话到主动融入同学，再到积极承担小组任务，变化巨大。夏令营结束后，培训师通过回访王同学的班主任了解到，王同学的社交恐惧情况明显改善，现在是一个虽然还是有点害羞但是已经不怕跟同学、老师讲话的孩子了。

最后，项目在广泛的传播过程中，不仅让项目本身和项目聚焦的乡村教育问题收获大范围的关注与支持，还向大众普及公益精神，助力中国公益事业的发展。益微青年通过官方网站和微信公众号进行传播并吸引公众参与，益微青年的乡村夏令营项目"西部阳光 V 行动"微博话题阅读量 370 万次，官方网站累计流量 45 万次，公众号收获 2.7 万个粉丝，发表 20 余篇文稿，内容包括项目的文案视频、项目组织者、参与者、受益者的访谈、支教专业性的经验分享，总阅读量达 23 万次。同时，益微青年发布机构宣传片、项目纪录片和微电影《阿诚的生长》，累计播放量 27 万次，在各高校支教团体和大学生支教志愿者中收获了良好的口碑与大量的关注。

# 三、案例分析

## （一）"乡村夏令营培训师成长计划"项目的迭代创新之路

创新的内涵应当是丰富的，从 0 到 1 是一种创新，从 1 到 N 也是一种创新。颠覆式创新大受追捧之时，我们也应认识到其实人类历史上 99% 的创新都不是颠覆式创新，而是微创新、迭代创新。颠覆式创新凤毛麟角，而且就算是颠覆式创新也往往以众多微创新与迭代创新为基础。谷歌前 CEO 埃里克·施密特在《重新定义公司——谷歌是如何运营的》一书中谈到自己对创新的看法时说，并非只有非常新潮且引人注目的东西才堪称创新，不断迭代改进一项产品、一个东西，让其变得更加实用高效也是一种创新。

那么，什么是迭代式创新？迭代是一个重复反馈的活动过程，每一次迭代的结果都会作为下一次迭代的初始值，从而不断逼近目标或结果。迭代创新就是指在原有事物的基础上重复做、用心做，不断修改、研发，最终超越自身，实现创新。"乡村夏令营培训师成长计划"项目的发展过程其实就是迭代创新实践的典型案例，十分值得探讨。

在分析创新过程时，学者们多采用 Murray，Caulier-Grice 和 Mulgan 在《社会创新启示录》一书中提到的"社会创新六阶段"框架，即①线索、灵感及诊断阶段；②提出建议和创意阶段；③原型与试点阶段；④可持续发展阶段；⑤规模化扩散阶段；⑥系统性变革阶段。但是，就迭代式创新实践而言，"社会创新六阶段"恐怕还不足以完全涵盖创新发生的过程和机制，需要稍做丰富与补充，因为在迭代式创新中，发现线索、试点实践、规模扩散不会仅出现一次，会反复进行，且每一轮范围内容的大小都有所不同。结合"乡村夏令营培训师成长计划"公益项目的实际情况，本文将其迭代式创新的过程分为两大阶段："1.0 阶段的创意提出和试点发展"与"2.0 阶段的创新迭代"。

### 1. 1.0 阶段的创意提出和试点发展（西部阳光阶段）

一个问题之所以被称为社会问题，主要是因为该问题容易给社会整体或某些特殊群体尤其是弱势群体带来深刻的负面后果，并且目前缺乏针对该问题的良好解决方案。Murray、Caulier-Grice 和 Mulgan 认为，市场缺乏激励和合适的模式去解决问题，而政府又总是倾向于巩固完善已有模式去应对问题而非建立新模式，同时政府部门的条块分割与利益纠葛让其通常无法根治问题，仅仅只是缓和问题。作为第三部门的社会组织此时便天然地具有了成为创新者的优势，即第三方的独立视角与具有开放心态、总是乐于尝试新范式的组织特性。一切社会创新的起点都来自社会组织对于社会问题的灵敏捕捉和社会需求线索的发现。

支教模式创新的起点，正源于益微青年的孵化者——北京市西部阳光农村发展基金会（以下简称"西部阳光"）。2000 年前后，大学生支教活动开始在全国高校兴起，尤其在 2006 年国家"三支一扶"政策《关于组织开展高校毕业生到农村基层从事支教、支农、支医和扶贫工作的通知》明确鼓励大学生支教之后，大学生前往贫困地区支教的活动在全国开展得如火如荼，"西部阳光行动"便是其中最具代表性和影响力的支教组织之一。从 2004 年机构首次组织北京 135 名大学生前往西部贫困地区进行支教到 2012 年机构组织上千名志愿者的支教活动，近十年的支教运营经验让西部阳光逐渐意识到单纯招募并组织大学生前往农村地区支教远远不足以促进农村教育发展和大学生自身的发展。支教模式问题众多，且其产生的不良影响不断扩大，如很多大学生的支教行为不专业、支教后给乡村儿童带来的心理落差和给乡村学校带来的质量落差等。

支教问题的严峻性促使西部阳光团队不断反思如何改进服务以更好地满足乡村孩子的需求并帮助支教大学生成长。一个创新的灵感随即产生，即改进现有支教模式，使其支教内容更加符合乡村学校与农村儿童的需求。发现线索、产生灵感之后，对支教问题与乡村教育需求的详细诊断便成为西部阳光为支教模式寻找创新方向的关键。基于近十年来的大学生支教项目组织运营经验与现有学术界乡村教学研究的文献资料，西部阳光团队总结出现有支教模式存在的三大主要问题。

第一个问题是与城市教育相比，乡村教育质量仍然落后，农村孩子仍然非常需要优质教育资源的补给。城乡适龄的学历差距逐渐拉大，相比城市中 70% 的适龄学生可以读大学，仅 5% 的农村学生有机会考入大学，且重点大学中农村学生的比例也在逐年降低。

第二个问题是大学生以文化课为主的支教模式不仅不能满足乡村儿童的成长需求，也不适用于大学生短期的支教时限，对乡村儿童和大学生的成长而言都无法取得良好效果。文化课的落后问题并非短短 1~2 个月的支教就能解决，而需要整个教育系统提供系统性的支持。短期支教活动应该更关注短期内教育意义最大的教育活动。现代教育观认为，"教育的本质是自我发现和自我实现"。无论是未来要读大学，还是要打工，乡村儿童都需要更公平地获得兴趣探索、与人合作、发现自身独特优势和多种可能的机会，成为自信、独立、有担当的幸福个体。但现实情况却是绝大多数农村学生在面临社团活动、兴趣才艺、社交沟通时缺乏自信。因为学校提供的文化课内容只能满足多数儿童的知识性需求，丰富多彩的课外活动的缺位，极大地阻碍了乡村儿童的身心健康发展。

第三个问题是支教大学生支教水平参差不齐，亟待专业化的培训。每年有超过 10 万名大学生开展假期支教，但 90%没有得到专业培训而出现自我定位失当（救世主心态）、授课模式单一、升学导向过强、前期准备不足等诸多问题，严重影响儿童体验和志愿者后续参与公益的积极性。

基于以上对支教问题的分析，西部阳光提出一个新的解决方案，并尝试开展了试点实践，即改变支教内容，从以文化课补习为主的短期支教转变为以素质活动拓展为主的乡村夏令营。大学生支教最应该做的是去填补学校常规教学缺失和不足的地方，即为乡村儿童提供丰富多彩的课外活动、帮助其在短期内实现身心素质拓展。以素质拓展为主的夏令营模式不仅能让短期支教的大学生发挥自身优势，满足儿童身心健康发展的需求，促进乡村教育质量的提高，也能为当地教育工作者和长期支教志愿者搭建平台，鼓励其在参与进乡村夏令营的过程中施展自己的才华。在这一灵感的驱动下，2012 年西部阳光农村发展基金会孵化成立"益微青年公益发展中心"，并让其全权运作"西部阳光行动"项目（后更名为"西部阳光 V 行动"），每年支持约 1000 名大学生下乡开展乡村夏令营。之后在 2014 年，中心正式注册成为"北京益微青年公益发展中心"（以下简称"益微青年"），专注于搭建以大学生支教为核心，为大学生提供更多的支教志愿服务和学习成长的平台。

2. 2.0 阶段的创新迭代

在 1.0 阶段的"乡村夏令营"试点过程中，团队意识到 1.0 阶段针对乡村支教内容的创新改进虽然能够有效提高支教活动的质量与效果，但如果每一次的活动都需要重新培训每一位大学生支教者，宣传支教内容的更新，工作量巨大且不易推广。

因此 1.0 试点阶段过后，项目的规模化问题成为益微青年最大的挑战，也促使团队开启了新一轮的从灵感线索寻找到试点探索再到可持续发展的实践过程，即在已经有了西部阳光产品的基础上做 2.0 益微青年版本的创新迭代。具体迭代创新的内容包括：

第一，就项目核心定位而言，益微青年发现缺乏对支教大学生提供专业的、有效又有趣的培训支持是传统支教模式的另一大问题，也是项目在 1.0 阶段始终没解决的问题。针对这一问题，益微青年通过一轮又一轮的团队头脑风暴、支教组织经验分享与交流会，以及寻找机构智囊团（成员多为高校社会工作、心理学研究人员）的咨询帮助，最终将项目 2.0 阶段的发展重点锁定在支教大学生的专业化培训上。基于此，益微青年开始打造"乡村夏令营培训师成长计划"项目，并获得了来自中国民生银行"民生爱的力量——ME 公益创新资助计划"的资助。项目于 2017 年初迅速启动。益微青年希望通过"乡村夏令营培训师成长计划"项目，对传统支教模式进行创新，搭建志愿者培训体系，通过益微学员招募并专业化地培养驻扎在 11 个城市的 100 名乡村夏令营培训师，通过 520 场体验式培训面向 10400 人次推广乡村夏令营，实践一种新的支教模式——"志愿者专业培训+主题乡村夏令营"。

第二，就项目具体内容制作而言，由于项目核心定位从"组织大学生进行支教活动"迭代为"培训支教大学生"，项目内容自然也需要迭代更新。依赖此前丰富的组织大学生支教活动的经验，益微青年在支教培训方向上探索的第一步是：开办线下的支教培训营与开发"招募—首期培训—二期培训—后期实践与督导"的培训体系，为支教大学生提供培训支持。之后，基于对以上 2.0 阶段初步实践成果的评估，益微团队认为培训内容少且单调、培训体系不完善是亟待解决的两大问题。基于此，团队又进行了几轮项目迭代调整，一方面是努力丰富培训内容，包括①提供针对支教实践的技巧类培训课程，如"如何带好一个夏令营""如何管好孩子的纪律""如何组织一场高效的会议"等；②开发一系列针对支教培训师个人成长的能力培训课程，如"培训师的能力训练计划"与"培训师自评体系"等；③举办具有趣味性、有利于维持参与者黏性的活动，如征集最炫培训现场合影、培训师吐槽大会等。另一方面是深度完善支教培训师的培训体系，包括在培训方式上增加线上授课模式与向大众开放网络公开课程，以及在培训链条上增加"训练营后期的线上线下认证支撑"与"后续培训工具包资料支持"。

第三，就项目评估环节而言，团队在一次次的迭代探索中发现做好项目自身的评估与帮助大学生培训师做好对自身能力的评估是项目继续良好运作与保持不断迭代创新动力的重要因素。基于此，益微团队建立了对内和对外两套评估体系。对外评估体系即"培训师自评体系"，由益微青年联合机构智囊团（成员均为高校社会工作、心理学研究人员）共同开发，主要针对培训师的培训成果进行能力评估与定级，为支教培训师提供一个完整的职业发展蓝图。对内评估体系主要由益微团队制定，用于评估"乡村夏令营培训师成长计划"的培训效果，成员会根据每次的评估报告对项目做出优化与改进。

## （二）"乡村夏令营培训师成长计划"公益项目实现迭代创新的成功要素分析

对比效果惊艳却难以复制模仿的颠覆式创新而言，迭代式创新更加适用于广大的社会组织，这也是我们剖析"乡村夏令营培训师成长计划"这一迭代式创新案例的价值所在，总结益微青年 2.0 版本实现迭代创新的关键要素，主要体现为以下四点：

第一，强烈的问题意识。如果在试点阶段，甚至在正式实践阶段中，项目或产品的问题才被发现，那会导致解决问题所需的金钱与时间成本很高。反之，如果在项目构思、策划阶段就始终带着问题意识，项目开发和运营的成本会大大降低，效率会大大提升。硅谷创业者埃里克·莱斯（Eric Ries）也强调在进行规模化实践之前，一定要对创业计划进行反复地测试，即使测试过后也无须一次性投入开发完善的产品。可以说，强烈的问题意识是"乡村夏令营培训师成长计划"公益项目得以实现迭代创新的关键要素。项目迭代想法本身就缘起于益微团队对西部阳光试点产品出现的问题的不断思考。项目创新迭代的过程也是团队一次次发现问题并解决问题的过程，例如，团队发现乡村夏令营模式复制单纯依靠一次次的培训十分耗时耗力，便想出培训大学生支教领头人，让经过培育的培训师再孵化新的一批支教夏令营和支教志愿者以解决支教活动质量和规模化的问题。

第二，快速试错的执行力。一项创新是否实用和有效，实践是唯一的检验标准。因此，为了让项目顺利实现迭代，迅速将更新改善后的项目推向市场，让其在实践中暴露问题，促使团队再迅速改进的这一快速试错过程必不可少。不要害怕初期的实践失败，失败本身就是创新过程的一部分。试错的过程会让团队快速获取经验，快速根据实际变化而做出调整改进，从而实现迭代创新。益微青年团队正是在"乡村夏令营"的实践中吸取了"难以规模化"的经验，才萌发了培养支教培训师的想法，也正是在第一期 TOT 训练营的实践中意识到支教培训系统化的重要性，才搭建出一套完整的培训流程和培训师评估体系。

第三，学习型组织文化的培育。"乡村夏令营培训师成长计划"公益项目迭代创新的成功离不开团队成员持续性的知识学习与不间断的头脑风暴。益微青年团队十分重视组织内部学习型文化的培养，不仅积极支持学员外出参与各类 NGO 长短期培训项目与讲座，更组织团队成员每月拟定读书计划，每周定期分享读书心得。益微青年的核心团队认为不同类型的知识分享不仅有助于提高成员的个人修养与能力，也会在无形中带动当下的项目运营，例如，成员可能会受所读书目的启发对项目运行产生新想法，提出新思路等。此外，项目执行期间，益微青年团队也会每周定期开会讨论项目进展，鼓励大家讨论问题，寻找改进的空间，探讨可能解决的方案，例如，针对项目自身的评估体系就是益微团队在一次又一次的学习讨论会议中摸索建立出来的。每一次的培训活动过后，益微团队都会对活动的效果进行评估，找出问题，并制定解决方案。

第四，互联网技术的发展，也是当前信息时代社会公益项目实现创新迭代的重要助力。正是由于互联网信息技术的发展，益微青年团队才可以采用线上线下同时招募的方式扩大项目受众范围，才可以采用线上线下双线培训和后期支持的模式保障项目的可持续性与可复制性，从而实现"乡村夏令营培训师成长计划"的规模化。

（三）"乡村夏令营培训师成长计划"公益项目的可持续性分析

世界上每天都会产生无数的创新灵感与想法，其中只有很小比例的想法会被真正投入到实践中去，有的直接在实践中失败，有的则幸运胜出。为何用"幸运"而不是"成功"一词来描述那些在试点实践中胜出的创新案例呢？那是因为一个创新实践方案的提出，同样存在无数有竞争性的替代方案，只有经过时间的考验，那个具有可持续性的创新案例才可以说是真正突围而出。当一项社会创新实践进入可持续探索阶段，社会创新者最需要做的就是不断总结提炼创新的核心需求与动力，将模式标准化，并确保稳定的收入来源以维持财务的长期可持续，保障组织能够持续地运行和创新。具体到"乡村夏令营培训师成长计划"公益项目，我们将从以下几点分析其可持续性情况：

第一，客观社会环境的强大需求是"乡村夏令营培训师成长计划"公益项目具有可持续性的第一个条件。乡村教育的未来发展除了依靠政府体制性的资源供给，同样也非常需要大学生支教等短期资源的补充。每年有十几万大学生进入乡村地区支教，提高支教的质量和大学生的专业性一直是社会大众的关注所在。益微青年是国内极少数面向全国大学生提供培训课程的机构之一，2016～2017年益微青年组织的培训活动场场人数爆满，可见大学生支教这一公益项目不仅存在社会需求，而且是供给不足的庞大社会需求。

第二，"乡村夏令营培训师成长计划"公益项目的运营模式已经具备标准化特征，为项目的可持续性提供了良好的技术基础。正如前文创新点部分所述，"乡村夏令营培训师成长计划"公益项目已经搭建出一套系统完整的、线上线下相结合的大学生支教培训师培训体系，包含成熟的"推广招募—首期培训—二期培训—培训后期实践和督导—线上线下认证支撑"的培训流程、成熟的培训课程体系、线上网课与线下训练营结合的培训方式、创新的大学生培训师能力评估体系与成长路径以及丰富的支教资源支持。标准化的运营模式，意味着在未来的项目运营中，社会创新者可以减少运营成本，转而更多地挖掘项目的持续创新方向和项目质量提升方向，使项目的运营更具可持续性。此外，标准化的项目运营模式还有利于社会创新者拓展同政府、商业市场及其他社会团体间的合作，开启新的规模化道路。

第三，社会各界对优秀公益项目的资助资源呈稳定上升趋势，为项目的扩散提供了稳定的可预期的经济保障。不仅政府正通过加大向社会组织购买服务等方式鼓励社会力量参与公共服务供给，企业界也越来越重视企业社会责任，纷纷成立基金会资助公益事业的发展，其中教育事业还是企业资助的热点。此外，公益慈善界的力量也在不断增强，关注社会治理与发展的资助型基金会的比例迅速上涨，不少传统运作型基金会也正在朝资助型或综合型基金会转型。例如，由中国民生银行和中国扶贫基金会从2015年起联合发起的"我决定民生爱的力量——ME公益创新资助计划"，就成为了"乡村夏令营培训师成长计划"公益项目的主要资助方，且益微青年发展中心还将计划持续申请 ME 公益创新资助计划的项目资助。

综上所述，客观社会环境对大学生支教的强大需求、已经具备标准化特征的支教运营模式、项目具有稳定可预期的经济来源是"乡村夏令营培训师成长计划"公益项目具备可持续性的三大保障条件。

## （四）"乡村夏令营培训师成长计划"公益项目的规模化路径分析

一项社会创新的最大价值就在于通过规模化实现了有效供给。规模化主要包含可持续可复制化和影响力扩散两方面含义。通过扩大组织和项目的不断复制实现社会创新的规模化，是大众的普遍认识，也是更主流的社会认知。从扩大组织和复制项目这一点出发，社会创新的可持续性特征就成为其实现规模化的一大重要前提条件。前文所分析的社会创新可持续性因素，同样适用于规模化的条件分析中。例如，首先，庞大的社会需求同样也是社会创新得以规模化的前提条件，甚至规模化阶段还对社会创新者提出了更高的要求，即要不断激活已有的需求和挖掘新的需求。其次，规模化得以实现的关键就是项目运营模式是标准化的、易于复制和操作的。最后，稳定的经济来源也是规模化得以顺利推行的重要保障力量。

需要重点强调的是，规模化的发展不仅指更大的组织和项目的异地复制，还有项目成效与社会影响的提升。也就说，社会创新的规模化过程最重要的不是组织规模的大小，而是组织实现的成效。创新在社会经济领域扎根，可以采取一系列不同的策略发展和扩散，既可以通过启发和模仿来扩散，也可以通过更为有机的、适应性的增长方式在不同主体间提供支持并分享经验。社会创新领域研究专家 Alice Gugelev 和 Andrew Stern（2015）于《斯坦福社会创新评论》中提出六种规模化社会影响的路径，分别是开源、复制、政府采用、商业采用、使命达成以及可持续服务。因此，对于"乡村夏令营培训师成长计划"社会创新案例，我们应当结合以上几大路径去更深入地理解"复制以外"的规模化可能①。

第一，开源的影响力规模化路径。开源意味着社会创新者成为开发或

---

① 考虑到大学生支教项目的社会性和公益性，政府采用与商业采用的规模化路径可能性较低，故在此文中暂不考虑。

者定义新观点、新方法的知识中心。益微青年团队在项目迭代创新的过程中探索出了一条与此前不同的支教模式——"乡村夏令营+培训支教培训师"，由此重新定义了乡村支教的内容与乡村支教教师的培育模式，从而成为支教新知识的传播者。具体而言，益微青年是全国首家开展"乡村夏令营培训师训练营"活动的组织，并创建了一套完整的筛选机制、培训机制以及后期的评估成长机制，供其他组织机构学习。培训机制包括学员线下的训练营教程和线上的网络课程，后期的成长评估机制——益微团队会不断追踪培训师们的进步与成长，并根据其情况评定其能力所在的级别，让其有成长动力和职业发展前景。

第二，复制的影响力规模化途径。复制路径的特征在于有突破性的、易采用或易交付的产品或者模式，让社会创新者通过授予证明来拓展特许经验的合作方式，实现影响力的迅速规模化。"乡村夏令营培训师成长计划"在项目实践的后期已经开始探索这样的复制路径，为将来"培训师+乡村夏令营"模式的规模化做准备。具体而言，益微青年号召并支持每一位受训完成的培训师回到所在地后建立培训分社，目前益微青年已在全国几个城市（北京、南京、昆明、青岛、兰州、长春、广州、西安）建立起大学生分社，尽管目前培训社仍由益微青年提供培训资源、课程和高级培训师的指导，但培训分社的日常活动组织都由受训后的培训师负责。在培训师能力更加完备后，益微青年会鼓励其进行完全的独立运营。此外，益微青年还在不断接洽各大高校社团商讨支教课程和支教模式合作的可能。

第三，可持续服务的影响力规模化路径。可持续服务路径是"乡村夏令营培训师成长计划"一直在使用的一种路径，即在保障可持续性资金来源的基础上，不断改进支教模式，希望在降低成本的同时，实现支教服务质量、项目运营效率、社会创新效益的不断提升。而在实践中，这一路径的探索又跟开源与复制路径的探索是密不可分的，是可以同时进行的，因此前文中提及的"乡村夏令营培训师成长计划"开源与复制实践都可作为可持续服务的实践方案。

综上所述，除扩大组织与复制项目这一传统规模化路径之外，"乡村夏令营培训师成长计划"项目还可以深入地挖掘实现影响力规模化的几大路径，如开源、复制与可持续性服务。

# 四、总结与建议

## (一) 总结

对乡村教育的支持一直是政府与社会治理的关注重点。大学生支教作为一项短期帮扶农村教育的活动，既能助力乡村教育发展和帮助农村儿童成长，又能实现大学生的社会价值，其活动出发点和所带来的社会效应都是十分积极正向的。但大学生支教活动中所暴露出的支教内容不符合乡村教育实践情况和儿童的真实需求与大学生支教不专业的问题，也是广泛存在且广受诟病的，北京益微青年公益发展中心发起的"乡村夏令营培训师成长计划"公益项目用改变传统支教模式，采用"培训师+乡村夏令营"的创新模式很好地解决了这一问题。在实现创新的同时，"乡村夏令营培训师成长计划"项目还具有很好的可持续性与规模化的可能，对支教公益领域的未来探索具有一定的借鉴意义。

"乡村夏令营培训师成长计划"公益项目主要有三大创新之处。第一，精准定位乡村支教痛点，改革传统支教模式，探索创新"培训师+乡村夏令营"的大学生支教新模式。第二，"公益—学术"的跨界合作，增加支教活动的科学性。第三，贴近时代，学习商业化的传播推广方式。

"乡村夏令营培训师成长计划"公益项目的迭代式创新过程主要分为两大阶段："1.0 阶段的创意提出和试点发展"与"2.0 阶段的创新迭代阶段"。而强烈的问题意识、快速试错的执行力、学习型组织文化的培养与互联网技术的发展是项目实现迭代创新的关键要素。

此外，客观社会环境对大学生支教的强大需求、已经具备标准化特征的支教运营模式、项目具有稳定可预期的经济来源是"乡村夏令营培训师成长计划"公益项目具备可持续的三大保障条件。

一项社会创新的最大价值体现就在于通过规模化实现了有效供给。我们除了考虑扩大组织与复制项目的传统规模化路径之外，还应更加深入地挖掘实现影响力规模化的几大路径，如开源、复制与可持续性服务。

## (二) 主要建议

综上所述，为更好地促进中国大学生支教事业的发展，我们提出以下几点建议：

第一，就政府而言，首先应在保障乡村基础教育工作顺利执行的基础上，进一步鼓励社会力量参与教育供给，重点放在弥补乡村基础教育的不足，增强政策优惠导向，做到社会力量与政府力量的相互补充。其次，政府还要积极发挥监管作用，引导建立乡村支教的内容标准与评价体系。

第二，就"乡村夏令营培训师成长计划"公益项目本身而言，首先应继续探索项目创新迭代的可能，解决现阶段实践所出现的问题，如项目受众仍然有限、项目执行时间不易把控等，然后继续探讨进一步完善的方案。其次要不断提高项目本身的质量，加强"乡村夏令营"内容设计的科学性，以及大学生培训师培训体系和评估体系的专业性。

第三，就乡村教育公益事业与大学生支教人才队伍的培育而言，建议政府出台乡村教育人才激励政策，鼓励优秀人才投身乡村教育事业；同时，加强社会力量的动员工作，鼓励社会组织、团体在乡村支教领域的广泛参与。

# 以专业服务推动基层社会治理创新

## ——以"加油！乡村夏令营——乡村孩子自助成长计划"项目为例

"加油！乡村夏令营——乡村孩子自助成长计划"由绵阳市涪城区为乐志愿服务与研究中心（以下简称"为乐公益"）发起，目标是以乡村夏令营的方式，为6~14岁的乡村儿童尤其是留守儿童、孤贫儿童提供在自信心、创造力、耐挫力、团队力、沟通力五大积极心理品质与能力方面的训练，更好地促进乡村儿童的发展，并由此推动地方基层政府拿出资源支持乡村营会教育，实现快速复制和推广。该项目于2015年获得中国民生银行和中国扶贫基金会联合发起的首届"我决定民生爱的力量——ME公益创新资助计划"的支持。

## 一、项目实施的背景

### （一）社会问题背景

本项目目标人群是6~14岁的乡村儿童，尤以乡村留守、孤贫儿童作为重点服务对象。在当前中国城镇化快速发展、大量青壮年人口离村进城的背景下，乡村儿童特别是留守儿童的发展遭遇严峻的挑战：

1. 发展劣势凸显

（1）情感关怀缺失、自信心缺乏、沟通合作能力较弱。人口流动大背景下，举家迁移的情况也越来越多，但仍然有大量的孩子被留在农村，成为留守儿童。留守儿童由于缺少玩伴且父母常年在外，缺乏足够的情感互动与回应，不知道如何合理表达自己的情感需求，合作、沟通、自信等社会交往能力发展滞后，有的孩子还可能因为父母离异、家庭贫穷等原因，变得自卑而孤僻。

（2）网吧、游戏厅、电视几乎成为假期的全部，儿童发展和安全环境令人担忧。在一些乡村街头，网吧、游戏厅几乎遍地开花，对乡村儿童（尤其是男孩儿）有着极大的吸引力；而在家里，电视机又成了他们度过假期的主要工具。在缺乏父母管教的情况下，这两个方面几乎占据了孩子们假期生活的全部，不仅耗费时间和金钱，也对其身心健康造成不良影响。此外，趁大人不注意，一些儿童邀约到河塘沟渠"游野泳"，极易产生溺亡等安全事故。

（3）经济社会发展不均衡，留守儿童难以获得能力发展与提升机会。从宏观上讲，区域之间、城乡之间的经济社会发展很不均衡，中西部农村的教育资源明显滞后；从微观上讲，即便是同一个村庄，为了让孩子得到更好的教育，经济条件稍好的家庭也搬到（或租住到）城市（或近郊），真正留在乡村的孩子多数是弱势中的弱势。这些孩子，除了到学校上课外，几乎没有机会参与夏令营等专门提升儿童发展能力的活动。

2. 发展优势未被激发

（1）淳朴、坚韧以及创造力等乡村儿童的优势未被激发。《2014 四川省留守学生调研报告》的数据表明，乡村儿童潜在的心理韧性、耐挫力，以及创造性等能力，与城市儿童没有显著差异，但是因为缺少展示和发展平台，这些能力没有得到很好的重视和发展，甚至在小学高年级和中学阶段逐渐出现减弱的趋势。亟需为乡村孩子提供夏令营等平台，避免城乡孩子差异扩大化，同时推动乡村孩子优势能力和积极品质的发展。

（2）乡村儿童对乡村特有的自豪感、认同感需要激活。虽然生活在乡村，但是在当前城市文明主导的趋势下，许多村民给自己的家乡贴上了"落后""脏乱"和"不便"的标签，而对乡村文明中"贴近自然""乡土文化""返璞归真"等优势的感知和认同不断消失。在这样的社会文化心理影响下，加之学校、电视几乎占据了他们生活的大部分，乡村儿童对家乡风貌、生活和文化缺乏认同和自信。于是，需要重视乡村教育的方式，让孩子们客观界定家乡的优劣势，激活他们对乡村特有的自豪感和认同感。

（二）政策环境

2016 年底，民政部、教育部、公安部等多部门公布了对农村留守儿童摸底排查后的统计数字，将父母双方均不在身边的儿童定义为"留守儿童"，统计出共有 902 万个[①]留守儿童。

为了进一步加强乡村儿童（主要是农村留守儿童）关爱保护这项重要而紧迫的工作，为广大乡村儿童健康成长创造更好的环境，国务院办公厅于 2016 年出台了《国务院关于加强农村留守儿童关爱保护工作的意见》（国发〔2016〕13 号）（以下简称《意见》），强调"农村留守儿童问题是我国经济社会发展中的阶段性问题，是我国城乡发展不均衡、公共服务不均等、社会保障不完善等问题的深刻反映"，要坚持"家庭尽责、政府主导、全民关爱、标本兼治"的原则，其中"全民关爱"的具体要求是"充分发挥村（居）民委员会、群团组织、社会组织、专业社会工作者、志愿者等各方面积极作用，着力解决农村留守儿童在生活、监护、成长过程中遇到的困难和问题，形成全社会关爱农村留守儿童的良好氛围"。

在推动社会力量积极参与方面，《意见》还强调要"推动社会力量积极参与。加快孵化培育社会工作专业服务机构、公益慈善类社会组织、志愿服务组织，民政等部门要通过政府购买服务等方式支持其深入城乡社区、学校和家庭，开展农村留守儿童监护指导、心理疏导、行为矫治、社会融入和家庭关系调适等专业服务"。

《意见》的出台，从国家层面对保护我国乡村儿童的权益起到了纲举目张的指引作用。在此之后，经国务院同意，民政部又倡导建立了农村留守儿童关爱保护工作部际联席会议制度，各部委也先后出台政策关怀关爱留守儿童，比如国家卫生计生委（现国家卫生健康委）就签发了《关于做好农村留守儿童健康关爱工作的通知》（国卫流管发〔2016〕20 号）。上述文件，都对鼓励社会力量积极参与做出了明确的要求。

此外，党的十九大提出了"加强社会心理服务体系建设，培育自尊自信、理性平和、积极向上的社会心态"的要求，国家卫健委等 22 部委联合发文《关于加强心理健康服务的指导意见》，中央政法委等 10 部委联合发文《关于印发全国社会心理服务体系建设试点工作方案的通知》《"健康中国 2030"规划纲要》，也从社会心理建设方面为本项目的开展提供了政策依据。

因此，国家从政策层面，已经开始明确关注乡村儿童的发展，给出了

---

① 新华网：《我国有农村留守儿童 902 万》，http://www.xinhuanet.com//health/2016-11/13/c_1119902237.htm。

工作要求和落实策略，对社会力量参与乡村儿童的保护与发展提供了有力的政策依据。

# 二、案例描述

## （一）机构介绍

该项目的实施机构是绵阳市涪城区为乐志愿服务与研究中心（以下简称"为乐公益"），为乐公益于"5·12"地震灾后由心理援助中发起成立，2011 年正式注册，致力于推动社会心理服务和青少年发展教育，以青少年为核心，辐射家庭，影响社区。机构以从心开始、助人自助为宗旨，主张自我潜能发掘和公益赋权赋能，推动积极心理品质培养和能力成长。机构长期与中国扶贫基金会、中国宋庆龄基金会、国际美慈组织、共青团四川省委、绵阳市各级政府部门等开展合作，在云贵川等贫困山区开展心理援助服务和青少年发展教育工作。

## （二）项目简介

针对乡村儿童"发展劣势凸显而优势又未得到激发"的问题，为乐公益在中国扶贫基金会"我决定民生爱的力量——ME 公益创新资助计划"的支持下，开展了"加油！乡村夏令营"项目。

1. 项目目标

本项目的目标包括以下几个方面：

（1）乡村儿童：让参与项目的乡村儿童，尤其是留守、孤贫儿童在自信心、创造力、耐挫力、团队合作力、沟通交流五大发展能力方面得到有效提升。

（2）大学生志愿者：一是吸引和筛选青年大学生志愿者加入偏远地区特别是留守学生的关爱行动之中；二是让志愿者获得自我升华与成长；三是培养青年公益的践行者和领导者。

（3）基层政府：推动地方基层政府重视留守儿童发展，拿出资源支持假期乡村营会教育。

（4）项目模式：一是不断丰富、提升项目模式，更好地促进乡村儿童的发展；二是完善项目的产品化进程，实现快速复制和推广。

2. 服务内容

服务以夏令营的方式进行，根据不同群体的需求，开展如下服务：

（1）针对乡村儿童：一是以主题游戏、运动为主，融入绘画创作、情景表演等多元化夏令营课程；二是组织面向孩子们的征文大赛，即项目组以"我的'加油！乡村夏令营'"为主题，面向所有参与的孩子们发起征文并评选优秀作品；三是制作"爱的明信片"，纪念夏令营成长互动。

（2）大学生志愿者：一是面向全国招募志愿者，二是为志愿者提供系统的线上线下培训，三是在服务过程中为志愿者提供心理支持，四是组织志愿者参与征文活动，五是组织志愿者参与回访活动，六是组织志愿者交流成长心得。

（3）基层政府：动员基层政府参与到项目的决策管理中，至少参与启动仪式，给予硬件等方面的配套支持。

（三）项目成效

1. 参营儿童的变化

为了更为客观地评价参营儿童的变化，为乐公益邀请西南科技大学心理学专业团队使用了一系列心理学量表，进行了前后测对比。其中，自尊心维度使用的是目前我国心理学界使用最多的罗森伯格 Rosenberg（1965）自尊量表（SES），沟通力量表选自哲学社会科学"十五"规划项目"留守儿童教育对策研究"调查表中家庭功能量表中的家庭沟通部分，心理韧性（耐挫力）量表是由胡月琴、甘怡群在心理韧性的过程模型基础上编制的。三个维度的前后测对比结果如表1、表2所示。

**表1　参营学员的三个维度的前后测结果**

| 维度 | | 平均数±标准差 | 均值的标准误 |
|---|---|---|---|
| 自尊总分 | 自尊前测 | 28.03±6.465 | 1.093 |
| | 自尊追踪后测 | 29.14±6.468 | 1.093 |
| 沟通总分 | 沟通力分前测 | 21.43±3.372 | 0.570 |
| | 沟通力追踪后测 | 20.77±5.275 | 0.892 |
| 心理韧性总分 | 心理韧性前测 | 94.97±14.368 | 2.429 |
| | 心理韧性追踪后测 | 95.57±15.632 | 2.642 |

注：数据为平均数+标准差（M+SD）。

表 2　前后配对样本 T 检验结果

|  | N | T |
|---|---|---|
| 自尊前测、自尊后测 | 35 | 0.640 *** |
| 沟通力前测、沟通力后测 | 35 | 0.265 |
| 心理韧性前测、心理韧性后测 | 35 | 0.779 *** |

注：＊p<0.05，＊＊p<0.01，＊＊＊p<0.001。

根据前后测描述统计可知，营员的自尊心、心理韧性的平均分前测大于后测，而且在前后配对样本 T 检验中统计显著，可见营员经过成长营后在自尊心、耐挫里（心里韧性）都有所成长。这在案例中也有所体现：

案例一：

自尊心

小颜是个拘谨的孩子，反应并不敏锐，说话断断续续，语言组织能力也不强，经常要帮助他把想法理顺。在持续性地沟通后，我给予他适时的肯定和安全感后，他终于敞开心扉：他的成绩并不突出，也不能很好地把事情处理好。他说他是个不起眼的人，甚至会给别人帮倒忙，添麻烦。因为没有自信心，他总是觉得自己长得不好看，在镜头前肯定很丑。

在接下来的活动中，我在坚持完成好传播专员任务的同时，也会在他游离于团队之外时，鼓励他参与到游戏中去，或者在其他小伙伴完成手工美术作品时，做一些简单的采集和整理活动，培养他的自信心。

在营会结束时，他虽然还是很腼腆不爱说话，但是他学会了去关注其他孩子，去做一些力所能及的简单事情，而不是躲在一边看着其他孩子玩。最后，他甚至在我的镜头前，带着一个营会里的小伙伴，灿烂地笑了起来。（志愿者手记）

## 案例二：

### 耐挫力

其实真正开始注意到小熙是因为报名第一天，一个男孩对她说："我们都是 8 岁，但是你比我矮。"小熙反手就是一巴掌呼了过去。当时我们都是惊呆状态，好在那个小男孩并没有特别介意。接着到我们分组自我介绍，她把自己的特点写了一个字——丑。我们活动专员过去和她聊天，她说"就是丑啊"，活动专员说"你很可爱啊"，接着她一脸嫌弃说"你别骗我"。

后来玩小马过河，因为一个男生配合不好屡次失败后，小熙再也忍不住了，与那个小男孩大吵了一架，最后由他们队长拦了下来。

在我们眼中，小熙是一个火爆到一点就燃的女生。而且还有些蛮不讲理、不可理喻。但真正让我们改变对她的看法的是做"A 字迷宫"的那天。"A 字迷宫"是很经典的耐挫力游戏，按理说小熙如此火爆的脾气应该是坚持不下来的，但是她却全程坚持记路线、帮助队友过迷宫，最后在惩罚阶段，一人力顶了几乎 60 个下蹲。(志愿者手记)

沟通力方面，虽然前后配对样本 T 检验数值变化并不显著，但是，根据大量的访谈以及对营员和志愿者所写文稿的分析，也可以看到沟通力的变化。

## 案例三：

### 沟通力

在前两天的营会活动中，小刚显得十分不情愿，不想参加游戏，老是和别人唱反调。分好组后，也不愿意参与讨论，一开始就将队长弄哭了。活动中，他也是无所谓的表情，不参与团队。他在活动和生活中总表现出不羁和破坏，时常在活动中离群，和队友发生矛盾，发出攻击他人的语言或行为。被志愿者批评后情绪很差，不愿意参与营会活动，与其他营员及志愿者难以相处，不与他人合作，仅与自己熟悉的朋友有所交流，会动手打人，但知道自己的错误后，又情绪低落。营会活动中，志愿者集中对他进行了帮扶，发生了很大的转变：到结束时，他已经能配合活动开展，逐渐融入团队，能与周围的朋友好好相处，愿意表达自己，学会为他人着想，能找到自己的错误并主动承认，情绪也趋于稳定。总的来说，这次活动后，他的沟通力、合作力有了很大的提高。（志愿者手记）

### 2. 志愿者的提升

乡村夏令营既是乡村孩子的自助成长营，也是青年志愿者的公益成长营。因此，项目注重对青年志愿者系统的培训和成长督导。在项目实施过程中，项目一方面引导青年认识公益，通过项目实践走入乡村，通过团队经历成长自我，带给青年人更全面的成长。

（1）通过系列培训，提升了志愿者的综合素质。在志愿者成长方面，项目组设计了系统和完善的志愿者培训成长体系，包括"项目执行操作手册学习""五一培训营""志愿者学习和培训周""志愿者实训和督导周""志愿者营前成长营"等，注重志愿者学习的自主化、过程化、目标化和考核化。在项目执行和操作手册的学习中，包括引导项目志愿者开展团队建设和团队提升、项目执行和模式学习、项目技术体系学习等，邀请志愿者团队进行每周不少于2个学时的集中学习。五一培训营针对志愿者团队开展了16个学时的培训体验和集中学习。学习和培训周针对志愿者团队开展了持续7天、每天1个学时的集中培训学习。实训和督导周针对志愿者团队开展了2个学时的夏令营活动设计指导，4个学时的实训问题和疑难督导，以及要求每个志愿者团队开展2次、每次不低于1个小时的课程实训。通过系统的培训和成长提升，志愿者团队能力成长迅速，变化显著。志愿者成长营针对所有80名志愿者集中开展了5天强化训练，全面提升了志愿者在青少年服务和营会执行方面的能力。

通过培训后的反馈评估，90%的志愿者表示对项目有了更清晰的了解和认识，学到了有用的知识，提升了综合素质，有助于更有效地开展项目实施。

（2）通过鼓励自主创新，激发了志愿者的创造力。在项目设计环节，除了规定动作之外，为乐公益也给志愿者留下了自主创新的空间，鼓励他们根据地方特色、团队技能和当地孩子的优势，充分发挥创新与想象，采取多样的活动方式和手段，不断扩展加油营会的脉络和深度。例如，南京审计大学的嗨 five 团队，根据所执行地域的文化和历史特征（平武羌族、红军村、红军小学),结合加油课程的五大核心积极心理品质,创新地设计了营会活动和方案,在美丽羌族的主题之下,以突破四道封锁线为主线,通过泥塑的形式以立体的视感将羌族特色和红色文化在平面纸上展示出来,通过孩子们独特的视角来发现美丽羌族和加深红色文化的渲染。营员们在自信地展示自己羌族特色时表现出前所未有的积极性,对于红色文化也有着路线和人物不同角度的预设和理解。

**图 1　西南科技大学执行团队荣获 2016 创青春大赛全国银奖**

(3) 通过扎实有效的服务,实现了志愿者的个人价值。虽然都是组织志愿者开展公益服务,但有些社会组织仅把志愿者当成"廉价劳动力",并未真正虑及他们自我价值实现的需求。此外,还有不少组织的公益服务缺乏专业性，被服务对象并未有效受益，这些都会让志愿者的价值感大打折扣。在本案例中，为乐公益为志愿者提供了大量的能力建设、情感督导，而且项目设计本身也有足够的专业性，因而可以最大限度地激发出志愿者们的价值实现感。虽然没有如营员那样的数据测量，但从十余篇优秀志愿者征文作品中，可以看到他们的满足感：

"不得不说，志愿者的经历让我成为更好的自己，这种经历极大满足了我对个人价值的追求，志愿过程中练就的勇气和参悟出的对人生的态度将会影响我的一生。"

—— （合肥学院　何晗阳）

"生命的意义在于不断思考、不断学习、不断运动之中。能服务于他人大概是我们每个人的宗旨吧，能在美好的青春年华里创造一些无法复制粘贴的记忆，才是能让人在追忆往事时感到自豪与满足的事了吧。"

—— （绵阳师范学院　许春梅）

"夏令营的十五天像一道绚丽的彩虹，上面是我们不舍的点点滴滴，它会永远挂在我心中。这个夏天我们来过，爱过，携手走过，足矣。"

—— （南京财经大学　丁小琴）

3. 机构的成长

（1）项目产品更加成熟。首先，在专业技术上，"青少年积极心理成长的五指模型"不仅在实践中被证明是可行的，而且还开发出了不少新的"接地气"的实操方法，比如有的团队因地制宜用"烤土豆"培养营员的自信心，有的团队用红色文化培养营员的品质并深化其对家乡的认知。在实践的基础上，为乐公益还进一步更新了"乡村夏令营"的技术工具，包括技术教程、指导手册、工具包等。其次，在与基层政府合作上，为乐公益通过本项目逐步探索出了一整套行之有效的策略和方法，对其他专业社会服务机构如何嵌入基层社会服务体系也具有重要参考价值，这在后文分析"创新"部分将详细论述。

（2）志愿者社群营造更有活力。在 ME 公益创新资助计划的支持下，"乡村夏令营"无论是在合作高校志愿者招募的广度、志愿者来源范围等都较以往有了全面的扩展和提升。比如，通过项目，为乐公益走出绵阳，与南京审计大学、南京财经大学、湖北汽车工业学院、西南科技大学、四川农业大学、湖州师范学院等高校形成了固定的项目合作关系，签订了项目推广意向。同时，为乐公益也与这些高校的社团群有了较好的联系，初步形成了为乐公益基于"加油乡村夏令营"的粉丝社群。

（3）项目和机构的社会影响力进一步提升。在 ME 公益创新资助计划这一全国性公益平台上，借助中国民生银行和中国扶贫基金会的平台和品牌，无论是项目还是机构，在社会影响力的提升上都取得了较大进步。比如，在该类项目为核心的基础上，为乐公益获得了以下系列奖项：

2015 年 11 月，入选中国科学院心理研究所"全国心理援助联盟"理事单位。

2015 年 12 月，中国志愿服务联合会授予"全国志愿服务示范团队"称号。

2016 年 4 月，荣获中组部、中宣部等 13 部委颁发"全国最佳志愿服务组织"。

2017 年 12 月，荣获中国扶贫基金会"公益同行·行动奖"。

2018 年 5 月，共青团中央授予 2017 年度"全国五四红旗团委（团支部）"。

2018 年 9 月，中国志愿服务联合会优秀论文二等奖。

4. 获得政府的支持

"乡村夏令营"项目的一个重要目标是推动项目在项目执行地的落地和可持续发展，尝试影响政府政策，推动政府采购支持项目。因此，在项目执行期间内，项目组注重与当地政府的深度合作，推动和强化地方政府的内在需求和价值作用。2016 年 9～12 月，夏令营结束之后，项目组通过项目成果推广呈现和拜访商谈，初步推动了江油市和北川县团委继续采购和支持项目在 2017 年在当地实施的意愿，两地团委已经将"加油！乡村夏令营"项目作为团委年度工作总结和新年工作计划内容向主管领导和部门进行汇报和申请。

随着项目执行的成效以及 ME 公益创新资助计划的全国平台和影响力，2017 年 3 月，绵阳北川县、平武县和江油市 3 个原本的项目地决定 2017年暑假继续采购支持本项目在当地的推广实施，绵阳市三台县、游仙区、涪城区 3 个区县政府决定采购支持本项目在当地的推广实施，具体采购支持如表 3 所示。

表3　政府采购情况（2017年）

| 区县 | 采购期数（期） | 确定资金规模（万元） |
| --- | --- | --- |
| 北川县 | 4 | 2 |
| 江油市 | 20 | 21.8 |
| 涪城区 | 22 | 20 |
| 三台县 | 6 | 3 |
| 平武县 | 6 | 5.4 |
| 游仙区 | 4 | 2 |
| 合计 | 62 | 54.2 |

此外，共青团涪城区委和为乐公益共同研发推出了"涪娃计划"，项目通过采取"2+1"的模式，来关怀全区青少年。"2"为"加油！涪娃夏令营""加油！涪娃冬令营"；"1"为"加油！涪娃周末营"。夏令营是志愿者走到孩子身边去，冬令营是把孩子带到大学里面来，周末营是带领孩子和家长，体验1天大学之旅或科技之旅（绵阳被称为"中国科技城"）。

(四) 项目传播

为乐公益充分利用各类网络媒体传播活动信息，获得了较大的社会影响力。

（1）微博传播状况：建立了两个主要微博传播微话题，分别为"第七届加油！乡村夏令营"和"ME公益创新资助计划"，开展系统的项目传播工作，其中"第七届加油！乡村夏令营"微话题在3~8月的项目执行期内一共发起了1.3万次讨论，产生了1099.2万次阅读；"ME公益创新资助计划"微话题在5~8月的项目执行期内一共发起2052次讨论，产生242.4万次阅读。

（2）微信传播状况：夏令营期间为乐公益总计发布ME公益创新资助计划项目微信文章超过27篇，绵阳市、北川县、平武县、江油市团委等当地政府合作部门，夏令营期间发布和推动项目微信超过14篇。

（3）其他传播工具的传播：在夏令营期间，为乐公益启用了一直播和秒拍两种视频工具开展项目传播。7~8月项目期间为乐公益官方总计发布67个项目视频，视频的发布均冠有"第七届加油！乡村夏令营"和"ME

公益创新资助计划"微话题，期间增长 4.8 万个粉丝。项目期间发起 8 场一直播活动，3500 余人次观看。

# 三、案例分析

## （一）创新模式：从专业服务嵌入，激活基层社会多元治理格局

在当前我国社会组织专业性总体处于较低水平的情况下，为乐公益能够将心理学、社会工作等领域的知识和技术融入项目，打造成促进乡村儿童发展的"专业服务产品"，已经难能可贵。而更为可贵的是，在此基础上，他们又通过巧妙的设计，不仅成功将"专业产品"嵌入到基层社会服务体系中，而且还动员政府、志愿者、高校、基金会、媒体等力量深入参与，将一个外部基金会的资助项目变成了地方政府的购买项目，逐渐促成了基层乡村儿童服务供给的多元治理格局。于是，该项目的价值显然超过了"服务乡村儿童发展"本身：

首先，对基层社会服务的供给主体——地方政府而言，无论是从理念革新、方法创新还是未来发展上，都意义重大：一是刷新了基层政府对社会组织能力的认知；二是让基层政府形象而深入地理解了社会协同推进社会治理创新的深刻含义；三是极大地激发了基层政府对支持社会组织参与公共服务提供的兴趣；四是以服务乡村儿童为出发点，逐渐建立起一套链条完整、多元参与的社会服务组织体系和运行机制，为解决项目区域的其他社会问题，提供了良好的理论和现实基础。

其次，对希望深度参与社会治理的社会组织而言，也提供了宝贵的经验并形成模式，以供参考：一是提供了一个专业服务产品化的实践方案，二是提供了一套专业服务如何嵌入基层社会服务体系的技术方法，三是以提供某项社会服务为依托，初步提供了一套可行的构建基层社会多元治理格局的模式做法。

1. "一高两低"的利导模式：专业服务产品嵌入基层社会服务体系

要想做好社会服务，没有特定专业的技术是不行的，比如在本项目中没有心理学或社会工作的技术，就很难达到预期效果。不过，只有特定领域的技术，而没有将专业服务产品"嵌入"到基层社会服务体系的能力，

那么也只能陷入"英雄无用武之地"的困境中。因此，单就服务而言，"服务本身的专业性"和"服务嵌入的专业性"往往是一个社会组织进入现场时要解决的两个核心难题。对此，为乐公益的经验可以总结为"'一高两低'的利导模式"。

（1）一高：产品化服务的专业性高。众所周知，"实践是检验真理的唯一标准"，社会服务项目也是一样。无论执行前怎样对理念和前景进行描述、执行中挺过多少艰难困苦，最终是否能真正解决社会问题、产生实效才是关键，而产生实效的前提条件往往是服务产品本身的专业性是否足够。这就如同《西游记》中唐僧师徒西天取经，真正到了斩妖除魔的现场，是否能够打赢白骨精、是否能够借到芭蕉扇、是否能够渡过女儿国，靠的是各种对症下药的本领，这种本领就是"专业性"。

在此项目中，为乐公益在服务的专业性上下足了功夫：一方面，项目的前身就具有较好的专业基础。在 2008 年汶川地震后，中国扶贫基金会引入了国际美慈组织的"加油"（Moving Forward）项目，为乐公益团队开始在绵阳地区实施。"加油"项目最初由国际美慈组织、国际关怀组织和耐克基金会于 2007 年发起，植入了心理学和行为科学的理论和技术，帮助青少年建立信心，树立战胜困难的勇气，取得新的社会适应能力，同时改善师生关系，提升学生学习成绩。另一方面，项目团队不断根据现实需求进行本土化改造。在"加油"项目的基础上，为乐公益借助中国扶贫基金会的支持，对项目不断进行改编和升级，开发了一系列子项目，加油乡村夏令营就是其中之一，具体优化之处如下：

1）创新引入积极心理品质"五指模型"课程体系（见图 2）。基于中国传统五行文化和国外"加油"青少年成长项目 8 年本土化实践，发展了自尊力、沟通力、耐挫力、创造力、团队力等积极心理品质理论体系，开发了"乐+U"团体心理辅导训练操作性课程，针对 30 人左右的团体做了特别设计，通过游戏、运动、绘画等方式激发团体成长性动力，推动乡村孩子自助成长系统的动力开发。

2）富目标线索并形成有机协同，优势视角促进儿童发展。

一是加油线索：引入外来大学生力量为孩子们加油，逐步带动家庭、社区、地方政府、爱心企业、NGO 等走到孩子们身边为孩子们加油，逐步培养和激发孩子们内在动力，让孩子们逐步可以为自己加油，为伙伴加油，为亲人加油。

**图 2 五指模型**

二是乡村线索：以乡村为元素和载体，设计和开展夏令营活动，让孩子们寻找乡村故事，了解乡村发展轨迹，用乡村元素开展创造，回归乡村文化，理解和融入乡村，发现美丽乡村，树立乡村的自豪感，激发热爱乡村的情感，未来可以为建设乡村贡献力量。

三是成长线索：乡村孩子混合年龄与集体性的营会平台，促进孩子们取长补短、相互学习；大学生志愿者榜样的力量激发乡村孩子的学习动力；夏令营带来新的知识，结合乡村情境，针对性地设计"五指模型"，促进孩子们团队力、沟通力、耐挫力、自尊力和创造力方面的综合提升。乡村情境下，回归家庭和社区，倡导 "learn in society, from society, for society" 的教育学习和青少年成长发展新理念。

3）开发系列技术手册，将专业服务产品化。"25 名乡村孩子就地组成一个乡村夏令营，全国大学生志愿者 5 人小组作为老师，在一个乡村点，利用以心理学、社会工作、教育学等专业知识为基础的系列活动，开展为期七天的标准化夏令营"。这样的标准化夏令营产品可以在全国各地同时开展 100 个或者 1000 个。产品背后有更多标准化的技术模块或工具：

1 本技术教程——《加油！在快乐中成长——青少年潜能开发与训练

教程》。

1本指导手册——《加油！乡村夏令营操作指导手册》。

1个活动工具包——加油！乡村夏令营活动工具包与《实用指导手册》。

5堂课程培训 ——如何设计与开展青少年社会心理辅导活动。

如何适应乡村夏令营的不同角色身份。

面对实际中小学生开展实训演练。

如何根据夏令营操作执行手册安排营会工作。

如何完成团队融合与团队分工，并做好相互协作。

1次技术督导与过程跟踪——督导师跟进活动进展，解决活动困难。

1次评估研讨——评估活动效果，总结项目经验，丰富课程，完善项目设计。

2次回访跟踪——跟踪孩子成长变化，建立孩子成长档案。

（2）两低：一是风险低，二是门槛低。一般来讲，地方政府是社会组织开展社会服务的重要合作对象。在合作中，社会组织不仅需要考虑受益对象的需求，更需要在政府的领导下开展工作，积极主动围绕政府的工作重点，遵守法律法规。唯其如此，合作才能顺畅持久。在合作过程中，公益慈善机构一定要切忌扛着公益的大旗、站在道德制高点上对相关利益群体"发号施令"或"横加指责"。在本案例中，为乐公益的经验如下：

1）项目政治风险低，让地方政府从政治上对外来的公益组织"脱敏"，具体做法如下：

一是政府向政府推介。如果可以，尽可能委托已经合作成功的政府部门或群团组织向拟合作的政府部门或群团组织推荐。比如，为乐公益就是通过绵阳涪城区团委的推荐，才和绵阳平武县、江油区等地团委建立合作关系。

二是从中性的社会服务切入。合作伊始，一定要避开敏感问题（如矛盾冲突、法律维权等），提供中性的社会服务。

三是保证项目资金来源的合法性。需要落地的项目，要保证资金来源符合国家相关法律法规的要求。

2）安全风险方面，采取措施，尽量减少安全隐患。在项目开展中，可能会因为不可控的特殊情况而出现意外，需要提前规避。比如，乡村儿童往返营地和家庭途中、集体活动中，都可能出现意外伤害风险，尤其是前者。一旦出现，就可能是法律问题。对此，为乐公益的做法是：将熟悉当地社会自然和人文环境的本地人作为项目工作人员；购买意外保险；针对志愿者设置了专门的安全培训课程，志愿者以小组的方式管理，每个小组设置专门的安全员，负责检查和督促项目执行过程中的安全。

3）尽量规避法律风险。一是项目内容不能与现有法律法规相冲突。并不是所有被善意动机所激发的行为都是合法的，比如，若是没有合法的身份，就不能公开募捐；又如，慈善信息公开时不得侵犯被服务对象的个人隐私，有些以披露未成人隐私的方式开展募捐活动的做法，即便事先获得了监护人的同意和授权，依然涉嫌侵犯未成年人的人格权。二是项目可能存在的法律风险要提前规避。在项目开展中，可能会因为不可控的特殊情况而出现意外，需要提前规避。对此，为乐公益与家长签订了安全责任相关协议，采取多种措施最大限度地降低意外风险的发生。

4）降低经济风险。经济风险包括两个方面：一是项目资金是否会出现财务风险，即违反财务规定的相应条款；二是项目资金使用后，是否会出现社会效果不明显甚至产生负面效果的情况。

在当前我国政府财务管理越来越严格的背景下，地方政府对财政资金的使用也是非常谨慎的。因此，如果一个外来机构在没有取得地方政府信任的情况下，就希望其提供资金支持，无疑会让对方感到为难。对此，为乐公益的做法是，自带资金（中国扶贫基金会的资助）进入基层，而让政府提供硬件场所等资源，于是政府的财务风险基本为零。同时，在初次合作的过程中，为乐公益将严谨的管理流程、项目的专业技术以及社会效果都呈现出来，让政府看到，如果财政资金立项投入，不仅不会出现财务风险，而且还能取得很好的社会效果，甚至形成本地社会服务的品牌。

5）增强信任，降低社会风险。社会风险是指导致社会冲突，危及社会稳定和社会秩序的可能性。对地方政府官员而言，社会风险是悬在他们头上的达摩克利斯之剑。如果他们不够了解社会组织的运作管理，或者一些社会组织的确在运作中不够专业，那么就有可能让地方官员担忧会"惹出麻烦"。

对此，为乐公益的做法：一是让地方政府官员熟悉和信任的同僚（绵阳市团委干部）介绍为乐公益的背景、项目运作方式以及已经实践的结果，取得初步的信任；二是经引荐后，为乐公益向地方政府递交了详细的项目运作和管理方式，尤其是社会风险防控措施；三是机构工作人员与地方官员交流互动的言谈举止，要展示出一个成熟、专业机构应有的特质，让地方政府官员能有一个主观上感觉"靠谱"的印象。

6）降低政府初次参与的门槛。在首次合作中，由于彼此的了解并不深入，政府对社会组织的专业技术、管理能力等方面并没有足够的信心，更关键的是还没有看到实效，故而还难以激发其对项目的内在需求。此时，社会组织要尽量降低政府参与的门槛，让其资源投入能在可接受的范围内。比如，为乐公益在与各县级政府部门首次合作时，自带公益资金、项目模式和人力配备，而仅仅需要地方政府提供活动许可和硬件场所等容易调动的资源。随着项目的不断深入，政府参与的积极性被逐渐激活，就可以逐渐争取更多的资源。

2. "外扶内长"的支持模式：逐渐促成基层社会的多元治理格局

对一个社会组织而言，能将专业服务产品成功"嵌入"到地方政府的社会服务体系中，为弱势群体带去福利，已经足够令人欣赏，为乐公益并不止步于此，而是朝向发展深度的治理方向迈进，即希望通过"乡村夏令营"项目，实现以下几个目标：一是提升地方政府对社会治理创新中"社会协同、公众参与"的认知；二是向地方政府介绍社会服务的专业手法；三是促进地方政府购买社会组织的专业服务；四是地方政府能逐渐将此项目学到的创新理念和方法应用到当地其他社会服务中。从目前来看，该项目的三个目标已经取得了重要的进展，并为第四个目标的实现奠定了坚实的基础。

在促进基层社会治理创新的过程中，为乐公益探索了一套"外扶内长"的支持模式。所谓"外扶内长"是指来自地区之外的专业社会组织，以服务为载体，推动基层社会治理创新，激活地方发展的内生动力。

3. 小结

综上所述，"乡村夏令营"项目模式，总体上可概括为三个要点：

一是专业服务产品化。把项目打造成一个经过精心设计的、有技术要点和理论支撑的专业化服务产品，其特点是只要用了就会产生实效。这与一般性的、表面热闹的儿童集体活动有着本质的区别。

二是专业产品本地化。首先，将专业服务产品成功嵌入地方政府的社会服务体系中；其次，让地方政府看到服务的价值并主动拿出财政资金持续购买，推动产品供给本地化。

三是本地治理多元化。通过项目，不断刷新地方政府对社会组织参与社会治理的新认知，不断提升地方政府支持多元主体参与社会治理的把握能力，不断优化基层共建共治共享的激励环境。简而言之，在提供专业服务的同时加入治理视角，不仅要创新理念，还需要提供好的工作方法、能力建设和发展环境，最终促进基层社会治理创新格局的形成。

这三个要点层层递进，通过建构而非破坏的方式推陈出新，渐入基层社会服务治理的改革深处，为我国专业社会组织参与基层社会治理创新探索了一条可操作的路径。

### （二） 创新的动力与环境

#### 1. 使命：公益机构的使命和宗旨驱动创新

公益机构的使命是其存在的灵魂。如果使命失去了，那么机构的运作也就没有了意义。因此，使命感是公益机构投身公益事业最原始的动力。在当前我国社会需求旺盛、社会问题复杂、社会矛盾凸显的形势下，没有创新能力就很难解决现实问题，也就无法实现机构使命。反过来讲，一个公益机构要想很好地完成自己的使命，往往需要创新的意识和能力。因此，机构的使命感也是其创新动力的驱动源，为乐公益亦是如此。

#### 2. 能力：公益机构的能力推动创新

如果社会组织能力越强，那么其创新的动力往往也越大，因为能力越强，创新的风险越小，成就却越大。因此，社会组织的能力也会为其创新提供勇气和动力。对"乡村夏令营"项目而言，为乐公益在两个方面的能力都较为突出，一是团队拥有扎实的心理学、青少年发展和社会工作三个方向的专业技术；二是团队有较强的资源整合能力，擅于立足各个利益相关方的需求实现合作多赢。这两个能力都促使他们愿意创新、敢于创新。

#### 3. 环境：好的外部环境促动创新

除了机构本身的特质外，好的外部环境也是社会创新的触发因素。对"乡村夏令营"项目而言，机构外部的技术环境、政策环境和资源环境都十分有利于创新的发生。第一，为乐公益有西南科技大学心理学系团队的技术支持；第二，自汶川地震后，社会组织在四川得到快速发展，政府积极扶持社会组织的发展；第三，诸如中国扶贫基金会这样的资助方因为机构开展项目提供了优质的资源环境。良好的技术、政策和资源环境为为乐公益尝试新的技术和方法提供了非常有力的支撑。

4. 竞争：竞争驱动创新

社会组织之间的竞争也是其激发创新活力的重要动力来源。在公益领域发展初期，只要扎实肯做就能占领先机；而当越来越多踏实的机构进入后，专业性就成为了竞争的重要砝码；而当专业技术在同一领域不断扩散之后，创新能力将成为新的核心竞争优势。对为乐公益而言，虽然具有较强的专业性，但其面临的竞争压力也在不断增大。首先，该机构所处的地理位置不占优势。为乐公益的总部既不在北上广深等经济发达的大城市，也不在四川的省会成都，而是在四川绵阳这个川西地级市。于是在信息获取、组织交往、资源获取等方面都存在相对劣势。其次，乡村儿童青少年发展是我国公益组织重点关注的领域，再加上流程化、专业化的服务越来越为同领域的组织（如益微青年）所关注，创新能力的提升就必须成为为乐公益获得比较优势的重要举措。可以预见，随着中国公益领域整体专业水平的提升，竞争驱动创新的作用将会越来越明显。

5. 小结

综上所述，"乡村夏令营"项目的创新动力是多元的，可重新归纳为宏观中观和微观三个层面：在宏观层面，创新动力来源于中国社会发展大趋势对具有专业能力的社会组织的呼唤；在中观层面，日趋激烈的行业竞争驱动社会组织通过创新提升比较优势；在微观层面，公益机构的使命和宗旨、公益机构的能力、好的外部环境都是触发机构创新的重要因素。

## （三）项目可持续性

1. 风险控制

"乡村夏令营"项目是一个以青少年儿童为参与主体的系列集体活动，风险控制（尤其是人身安全风险）将是项目可持续的首要考虑因素。一旦出现较大的风险事故，无论是谁来组织，地方政府都将是首要承责人，何况现在地方政府已经开始购买服务。目前，许多学校校外取消了春游，校内控制学生追跑，甚至体育课都取消了跳马等有一定风险的项目，主要就是安全压力所致。为了让项目能够持续，让孩子们能够享受夏令营的乐趣，项目各方一定要高度重视风险管控问题——用完善的服务而不是不作为来降低风险概率。

2. 资源筹集

资源筹集也是一个项目是否可持续的重要影响因素。一般来讲，外来的资源（如基金会的资助）主要还是起一个点火作用，而本土化的资源供给才是一个长久之计。本土资源也有三个来源：

（1）政府支持。一是最基本的提供场地、设施的支持；二是政府购买服务；三是纳入政府的公共服务政策框架中，形成有持续财政支持的政策。

（2）社会支持。只要动员方法得当，当地爱心企业、企业家、爱心人士、公益机构、一般公众等都有可能为项目提供相应资源。除此之外，社区中潜在的资源也值得重视和挖掘。

（3）服务收费。在条件成熟时，可以向部分参与活动的较为富裕的家庭收费，相关费用除了覆盖活动成本之外，还可以补贴那些贫困家庭的孩子。

为了让资源可持续，为乐公益成功地实现了基层政府的硬件支持和购买服务，已经迈出了资源筹集本土化的重要一步。

3. 人才队伍稳定

一个好的公益项目是否能够持续，人才队伍稳定非常重要。许多公益项目，好不容易成为机构品牌，但又很快衰退，人才流失是其中的重要原因。虽然是公益机构，在留住人才方面，不能仅仅考虑公共利益，不能过于强调奉献、情怀和社会价值实现，而需要加强对员工个人利益的关注和提升，包括三个方面：

（1）个人待遇。全职员工也需要养家糊口，也希望家庭能够过上稳定体面的生活。相对于其他行业，专业社会工作往往直面社会问题，技能要求和工作强度超出许多行业，理应获得与之匹配的工资待遇。在我国，社工待遇还处于起步阶段，但未来一定会与国际接轨。

（2）个人发展。一是个人专业能力的发展，既包括理论认知也包括具体技术。这个方面不仅能够给人提供重要的工作激励，而且还拥有无限的发展空间。二是职位晋升，这不仅是给优秀员工一种认可，而且也是给他们更大的自主空间。

（3）情感满足。构建一个有温度的共同体，让员工有归属感，而不是仅仅将机构视为提供一份工作的场所，公益领域的从业者尤其需要这样的共同体。

稳定人才队伍，对绝大多数公益机构来讲，都是较大的挑战，为乐公益也不例外。由于区位优势、工资待遇、工作机会各个方面，成都相对于绵阳都更具优势，而两地的距离仅有高铁 1 小时，所以一些员工在绵阳得到了锻炼提升，很容易就被成都的机构挖走了。在人才队伍稳定方面，为乐公益还需要进一步努力。

### （四）项目规模化潜力

考察一个项目的规模化潜力，我们主要从内外两个维度来考量，具体又分为四个因素，分别是需求基础、技术基础、制度基础和资助环境，具体情况如下：

第一，需求基础。服务对象数量巨大且契合地方政府需求。在我国，留守儿童（父母双方均不在身边）902 万，乡村少年儿童则数千万，他们都需要"乡村夏令营"这样的发展性服务；此外，"乡村夏令营"项目十分符合地方政府对合作项目的特征需求，因为它既能为少年儿童提供切实服务，又能产生较大的社会影响，还能得到上级认可，同时服务模块和流程都很清晰。如果能够将风险控制到位，项目将受到地方政府的大力欢迎。

第二，技术基础。专业服务已经产品化、模块化。该项目中无论是夏令营服务本身，还是促成基层社会服务的多元治理格局，都已经形成了较为清晰的流程、原则和具体做法。目前，夏令营服务板块已经实现了专业服务的产品化、标准化和模块化，而且已经在多个县市开展，取得了较好的复制推广经验；多元治理提升版块，产品化、标准化、模块化相对较弱，而且推进难度比单一的服务更大，还需要进一步总结探索。即便如此，也形成了一些重要的经验和做法。

第三，制度基础。服务内容与国家相关政策高度吻合。在当前我国"乡村振兴战略""精准扶贫战略""国家/社会治理能力现代化"等一系列战略背景下，农村留守儿童服务和中国基层社会治理将成为政策关注的重点。"乡村夏令营"项目则以专业服务为切口，同时回应了这两个政策关注的要点。

第四，资助环境。关注社会治理和发展的资助方会越来越多。经过十余年的洗礼，中国的资助方正在发生两个重要的变化：一是资助型基金会的比例正在不断上升，不少传统运作性的基金会也正在朝资助型或综合性转型；二是越来越多的基金会开始从传统的简单散财转向关注社区建设与基层社会治理创新。资助环境的变化也为"乡村夏令营"的拓展提供了资源机会。

从上述四个因素来看,"乡村夏令营"项目的规模化潜力较大。

# 四、结论与建议

## (一) 主要结论

(1)"乡村夏令营"项目的流程清晰、技术专业、社会效果明显。项目不仅让参营儿童得到发展,让志愿者得到提升,而且还让地方政府在社会服务领域的治理理念和方式发生了改变。同时,也促进了机构自身的成长。

(2)"乡村夏令营"项目的创新模式可以概括为"专业嵌入激活基层社会治理创新",即"把专业服务嵌入基层社会服务体系,逐渐激活和促进基层社会服务领域党委领导、政府责任、社会协同、公众参与、法治保障的社会治理格局的形成",具体包括三个亮点:

一是专业服务产品化。把项目打造成一个经过精心设计的、有技术要点和理论支撑的专业化服务产品,其特点是只要用了就会产生实效。这与一般性的、表面热闹的儿童集体活动有着本质的区别。

二是专业产品本地化。首先,将专业服务产品成功嵌入地方政府的社会服务体系中;其次,让地方政府看到服务的价值并主动拿出财政资金持续购买,推动产品供给本地化。

三是本地治理多元化。通过项目,不断刷新地方政府对社会组织参与社会治理的新认知,不断提升地方政府支持多元主体参与社会治理的把握能力,不断优化地方政府支持多元共治的激励环境。简而言之,在提供专业服务的同时加入治理视角,不仅要改变地方政府的意识,还需要提供好的工作方法、能力建设和发展环境,最终促进基层社会服务供给的多元治理格局。

(3)"专业嵌入激活基层社会治理创新"的项目模式,根据具体操作手法,又可以分解为两个关键模块:

1)专业服务嵌入模块,可总结为"一高两低"的利导模式。"一高"是指产品化服务的专业性要高,"两低"是指基层政府参与的风险要低、门槛要低,尤其是初次参与。

2）社会服务多元参与格局模块，可总结为"外扶内长"的支持模式，主要包括三个方面：一是提升基层政府的开放意识和超越意识，不仅要看到社会组织的优势，而且要将其视为可为我所用的建设者，而非仅仅只是麻烦的制造者；二是分层次地促进基层政府合作治理的能力建设，包括对多元参与的基本框架和流程的领导能力、把控能力、对社会服务项目和机构的评估能力以及社会组织的孵化培育能力；三是优化环境，将项目目标与基层政府的主要工作有机结合、拾遗补缺。

上述两个模式的组合为社会组织参与基层社会服务治理创新提供了一个可操作的行动框架。

（4）"乡村夏令营"项目的创新动力是多元的，可概括为宏观、中观和微观三个方面：

在宏观层面，创新动力来源于中国社会发展大趋势对具有专业能力的社会组织的呼唤。

在中观层面，日趋激烈的行业竞争驱动社会组织通过创新提升比较优势。

在微观层面，公益机构的使命和宗旨、公益机构的能力、好的外部环境都是触发机构创新的重要因素。

（5）从"乡村夏令营"项目可持续性看，主要受到"风险控制""资源筹集"和"人才队伍稳定"三个因素的影响。

风险控制方面，参营学生的人身安全风险是重中之重；资源筹集方面，本土化和多元化的筹资渠道（机制）对资源可持续有重要影响；人才队伍稳定方面，如何把员工的"情怀""事业""待遇""感情"有机结合起来是一个不小的挑战。

（6）"乡村夏令营"项目具有较大的规模化潜力，主要原因如下：一是社会需求巨大，二是项目可复制性强，三是与国家政策关注吻合，四是与地方政府偏好契合，五是关注社会治理和发展的资源方越来越多。

（二）主要建议

综上所述，提出如下建议：

1. 对社会组织而言

一是要走专业化服务的道路。提升自身解决问题的技术实力，才能在未来的社会服务领域立足。

二是要有产品意识和嵌入能力。要擅于将专业服务打造成标准化、模块化的专业服务产品并提升将其嵌入地方社会服务体系中的能力。

三是要有治理视角并提升动员能力。要将社会服务本身既视为目的，也当作提升基层治理能力的工具。

2. 对地方政府而言

一是要利用好现有的专业社会服务机构，为本地区提供优质的社会服务。做好摸底工作，建立重点社会服务领域优秀专业社会服务机构的名录或资源地图；安排专项资金，给予硬软件支持，通过政府购买吸引优秀机构参与；把成熟的服务项目转化为当地的基本公共服务。

二是要着力培育本土社会服务机构的孵化培育和能力建设，尤其充分利用优秀组织的"传帮带"作用，逐步建立本土的社会服务组织体系。

3. 对资助方而言

一是要加大对具有创新能力的社会组织的资助力度，给予更加宽松的资金使用政策。

二是在资助中加入"专业服务"和"社会治理"的视角，鼓励更多的社会组织"去基层开展实在的专业服务，同时辅助地方政府实现社会治理转型"，而不是在花太多时间和资源在一些缺乏积累的"倡导活动"上。

三是加大对公益领域中介机构的支持力度，提升专业社会服务领域的研究、研发、评估、孵化和能力建设等方面的能力，鼓励枢纽型社会组织的发展。

4. 对为乐公益而言

一是治理视角下，建议进一步加大对实践的梳理总结，形成更具操作性的系列做法。

二是加大筹资力度，以"服务、发展、创新、治理"为主题，吸引更多的基金会给予支持，积极争取政府购买社会服务。

三是优化内部人力资源管理，设法把员工在"情怀""事业""待遇""感情"等方面的需求有机结合起来，提高机构对人才的吸引度。

第二篇

前三届 ME 创新计划资助项目简介

# 一、社区发展项目

1. 石家庄市长安区大爱暖阳社：失独家庭暖阳圆梦社区发展项目

**项目简介：**

该项目致力于为失独家庭提供儿女式的亲情关爱和服务，整合调动政府、社区、民间力量等社会资源，建立"失独家庭暖阳圆梦社区发展网络平台"，让失独老人走出阴霾，点亮希望心灯，过上精神愉悦的生活，为解决"失独家庭社会问题"，探索出行之有效的解决方案。

**项目创新点：**

首先，该项目以"胸怀梦想、融合社会、生命教育、点燃希望"为创新宗旨，通过体悟感受生命和自然的"心灵碰撞"，为失独家庭点燃希望，使其在开心快乐生活的同时懂得生命的真正意义，实现人的内心和谐、人与人之间的和谐、人与自然的和谐、人与社会的和谐。其次，该项目通过建立"互联网+暖阳圆梦公益社区"，采用"爱心时间银行"的网上数据管理方式，记录志愿者参与公益的时间和内容，更有效地调动志愿者参与的积极性，同时也探索将失独者培育成志愿者，在"爱心时间银行"开展互帮互助活动，将该群体的消极心态转化为积极向上的正能量。最后，通过建立"失独家庭暖阳圆梦社区发展网络平台"，以公益创新推动社会创新，推动政府部门参与，推出"贴心关爱十个一"系列行动，由长安区卫计局、计生协支持，下辖16个办事处乡镇计生科联动协助执行，并得到河北省计生协的重视，作为重点示范推广项目面向全省宣传推广。

2. 上海艺途无障碍工作室："寻找中国的梵高"特殊艺术家培养计划

**项目简介：**

该项目通过为覆盖社区和80名左右特殊群体学员提供常规绘画课程以及户外活动和艺术展览、外出参观等活动，培养他们艺术方面的兴趣，鼓励创作，助其恢复并建立自信，提升并稳定他们的心理和精神健康状况，促进他们及其家庭更好地融入社区。同时通过特殊群体画作评选与奖励机制、画作拍卖、画册等相关衍生品开发机会，展示学员的自我才华，实现自身社会经济价值。

**项目创新点：**

该项目提供的艺术潜能开发课程有别于一般的美术培训课程的最大创新点在于其更注重学员的艺术启蒙和个性发展。一般机构为各社区服务中心开设的绘画培训课程多为复制一般学校模式，以模仿教学为主导的培训课程，影响了学员的想象力和创造力。该项目课程以启发式教学为主导，尽一切可能保留学员的天然性格和艺术倾向，发挥学员相对于一般人未受过教育、没有思维定势的优势，极尽可能地激发他们的想象力和创造力，有助于创造出拥有独立风格和独立审美体系的艺术作品，寻找和发现天才艺术家。此外，机构从 2015 年下半年起，初步建立 WABC 疗愈学院，请美国艺术疗愈讲师对老师进行专业培训，以"原生艺术"理论为基础，将更深入的疗愈课程加入项目中。从个人情绪梳理、家庭支持建设和自我价值实现三个维度促进服务对象"社会人"功能，并通过开展基础课程活动，形成部分优秀作品，再辅以社会融合活动的思路，促进服务对象就业发展和自我功能实现，促进其社会共融。在项目宣传推广方面，机构通过网络媒体、纸媒等平面媒体结合相关活动合作开展大量宣传，同时通过明星拍摄进行公众宣传倡导，辅以网络、微信朋友圈的推广，引起了广大群众的关注和参与。

3. 北京市西城区仁助社会工作事务所：残障儿童教育质量提升及社会融合项目

**项目简介：**

该项目以普通学校及社区为试点，以残障儿童为重点服务对象，提供校内残障儿童服务，完善驻校服务内容。在社区中，社工为资源的整合者，通过跨领域的专业合作开展社区融合助残服务，为残障儿童，乃至社区青少年及其家庭开展融合社区伙伴服务，使社区居民对残障儿童及家庭给予更多信任和包容，提升他们的社区归属感，营造社区融洽的氛围，探究残障儿童校外和家庭支持策略，构建学校—家庭—社区互动模式。

**项目创新点：**

第一，借助新街口街道半壁店社区及社会资源，使心智障碍儿童走进社区，增强与同龄人的交往，融入社区。

第二，依托红莲小学、培智学校社工服务站、派驻社工、深入心智障碍儿童家庭、开展个别化教育支持计划。

第三，建立跨领域的专业合作队伍，打造跨领域合作机制，推广融合教育模式。

第四，以培智学校、红莲小学为典型，推广学校—家庭—社区互动模式。

4. 上海洋泾社区公益基金会：少年志社区服务学习巩固和推广计划

**项目简介：**

该项目是针对在校 12~18 岁学生推出的社区服务学习平台，通过搭建社区、学校和家庭的三方支持网络，丰富学生的暑期志愿服务和社会实践资源，提升他们参与社区公益的意愿和能力，增强学生对社会需求观察的敏锐度，并且通过小额资助和能力建设支持学生组成团队在社区开展公益行动，来提升学生的协作力、行动力和领导力。

**项目创新点：**

该项目融入了服务学习（Service Learning）的理念。服务学习是一种结合公共服务参与及教育学习成长的活动，是美国 20 世纪 80 年代中后期兴起的教育理念和教育实践方法，它将学业学习和社区服务有机结合在一起，十几年来发展迅速。透过学生参与、教师指导和校外机构的配合开展，实现整合社会资源，增进彼此互惠之学习成长与发展，所推动的活动不仅有助于个人身心灵结合，所实践之成效更吻合全人教育追求之理想，是一种行动教育。中国目前有部分大学在尝试将服务学习与大学生教育结合，但中学生的服务学习探索还极少。

此外，该项目在着重发挥社区在青少年教育中的作用。社区原本应该与家庭、学校成为教育的三驾马车，但是由于中国城市社区发展过快，针对青少年的社区教育体系和资源还十分有限，社会对青少年开展社区服务的能力信心不足，所以通过基金会的平台，少年志得以将服务学习和小额资助结合，来为中学生的社区参与和成长提供有力的支持。

5. 珠海市协作者社会工作教育推广中心："我们也是父母"工业区父母工人社区支持系统建设项目

**项目简介：**

该项目以一个典型工业区为试点，围绕提升父母工人亲职教育能力，为流动/留守儿童提供高质量的亲子陪伴，并通过社会倡导和社区发展服务，促进该工业区将园区发展与回应父母工人核心需要结合起来，进而在工业区建立起社会组织、企业与父母工人共同参与的支持环境，改善流动儿童生存质量。项目探索出的经验将为解决中国农民工及其子女的服务需要提供新视角。

**项目创新点：**

第一，从父母的维度介入，通过支持父母工人，提升其抚育子女的亲职能力，从而为改善流动留守儿童的生活发展处境，提供长效支持。

第二，以流动工人为主体的社区互助支持网络建设的策略。父母工人抚育子女能力的提升，城市生活的融入，前提是是否能持续得到有效的社会支援，这种社会支援并不是简单单向的物质援助，而是形成一种社区层面的互助机制，在这种机制里，流动工人是主体，他们成为机制的建设者和受益者。

第三，项目实施过程，将推动参与的企业从感知父母工人就业稳定性，到主动认识和从行动上落实支持父母工人家庭发展的需要，从而为进一步提升就业稳定性创造可能的空间，在管理和员工关怀上做出相应的改变，实现双赢。

第四，项目从流动工人生活的社区、企业着手，建立社区层面的互助支持系统，挖掘项目受助者自身及项目实施社区的自身资源，使项目更具持续性。这既是对需求回应介入路径的创新，也为项目未来资源的拓展提供了更多的可能。

6. 北京乐活社区服务中心：建筑工人的社区学堂

**项目简介：**

该项目通过连接多方资源在建筑工聚集的社区开展社区学堂项目，通过社会组织的专业资源和社会力量，提供专业化、有针对性的服务，解决北京南六环建筑工友社会交往、就业、城市融合等需求，发掘并培养社区骨干，提高居民自治能力，促进社区的进步。

**项目创新点：**

第一，项目服务的人群。聚焦流动人口中更为边缘的建筑行业工人，重点培养骨干工友，并在培训的课程和内容上做了更细致的规划。

第二，项目的服务手法。针对建筑行业工人生产流动性的特点，项目采用流动社区的模式，在社区开展建筑工人服务站的搭建和实施培训课程，设计的培训课程以三个月为一个周期进行梯度开展，符合工人流动的周期和工作所需。在三个月周期内进行高密度的课程干预来培养骨干工人，并对骨干工人在务工地和输出地进行跟进和培养。总结项目的模式和经验形成可操作的项目课程包和培训者培训手册，在公益伙伴中推广。

第三，项目的跨界合作。该项目可以利用培训课程主题线上发布平台，动员更多的社会力量包括公众、企业志愿者、高校等作为培训师参与到项目中，连接社会大众和建筑工人，增进彼此的了解和互动学习，减少社会隔阂。

第四，项目在外来工研究和社会政策层面的影响。该项目可以在以往的外来工权益研究基础上进行深化，增强社会政策的相关讨论，并促进相关研究的持续开展和政策建议的不断提出。

7. 广东木棉社会工作服务中心：聚力·互助——外来工睦邻社区建设项目

**项目简介：**

本项目扎根广州市南沙新区大涌新村，希望通过整合多方的资源，发挥外来工的潜能与能动性，培育社区骨干和自组织，扩展社区人际网络。同时，搭建起社区食堂、信息交流、二手物品交换、家庭与儿童成长互助、技能交换与集体团购"六位一体"的外来工社区互助与发展的平台，打破外来工社区"陌生人社会"的现状，建设外来工睦邻社区。本项目的核心是增强社区居民的互助能力，努力方向是增进社区居民的社会网络和培养社区骨干，具体方法是培育自组织、骨干的培养和社区平台的搭建和运营。

**项目创新点：**

该项目强调发掘农民工群体自身的力量进行互助与自助。在以往对于农民工群体及其子女的社会服务中，常常将该群体视为"低素质的农民工群体可能会成为威胁社会稳定的因素""边缘沉默的群体"，因此通过社会服务，保证社会安定和谐。这些刻板印象没有真切地倾听农民工群体的需求，没有看到越来越占主体地位的"80后"新生代农民工处境和诉求的更新，且往往将农民工看成一个消极被动的受助者，忽略其自身的能力。本项目希望形成"具有规模的服务群体—增进农民工群体间的熟悉和信任关系—培育社区骨干与自组织—发展社区生活互助平台"的模式，通过其自身互助网络的建构直面和回应农民工群体的发展需求。

8. 青海藏族研究会：青海藏族妇女生态养殖发展项目

**项目简介：**

本项目主要在青海省循化县农村社区以支持农户（具体操作者为妇女）饲养犏牛为切入点，通过培训和赴外学习激发村民内生的发展动力，协助他们利用自有资源组建具有经济功能和社会功能的合作社及合作联社。项目以生产加工有机乳制品为主要路径，以留守妇女为合作社骨干，以青年大学生为合作社营销主力，给予乡村妇女在地发展的机会，带动乡村社区产业发展，解决留守老人、留守儿童的问题，改善妇女处境，促进乡村社区性别平等，从而为社区发展的健康和可持续注力。

**项目创新点：**

第一，在乡村社区，妇女地位低下、性别不平等已不是什么新问题，而近几年打工潮带来的留守老人和留守儿童问题则是乡村社区新产生的突出问题。解决这一问题不仅要采用倡导和宣传的方式，还要结合带动乡村社区产业发展和给予乡村妇女在地发展机会的策略，力求从根本上解决留守老人、留守儿童的问题，改变妇女处境，促进乡村社区性别平等。

第二，合作社以股份激励的方式吸引大学生返乡入社一起创业，来补齐农民对接市场能力的短板；以项目团队参股合作社的方式保证"我们真正和你们在一起"，从而鼓舞社区村民士气，也让项目团队开始尝试自我造血。

第三，合作社集中养殖犏牛产生的有机肥料，直接用来种植生态农作物小麦、土豆及菜籽等，并进一步加工成有机农产品；部分生态农作物又可作为犏牛的饲料，形成一个产业链条，实现农业循环经济的价值。

第四，合作社生态养殖加工的乳制品将秉承国际公平贸易交易原则，通过民主、透明、可持续、承诺和公平的方式进行交易；以以人为本、提倡环保、绿色农业的理念，采用传统乳制品制作方式，让农户回归传统生态农业的同时，实现增收。

第五，合作社生产的乳制品将在传统销售模式的基础上采用新媒体传播（如微信公众号、微店、网店、视频网站）等营销方式，形成全方位立体式销售。

第六，"文化先行"——通过系列活动的开展，将服务社区的理念扎根在合作社这一经济组织中，成为其核心文化。进而实现社区优良传统文化的传承和社区的自立自助。

9. 沙溪源乡村合作中心、无锡市滨湖区青谷社区营造社：走出马坪关项目

**项目简介：**

该项目致力于让马坪关的村民"走出去"，给村民提供各种能力建设的平台：开阔视野、增长见识、学习技能，回到马坪关更好地建设自己的村庄；增强村民对村庄的自豪感，让村民意识到建设自己的村庄是需要靠每一位村民出一份力，整体大于部分之和；通过这个项目让社会各界关注农村社区发展，关注农民们的生存状态和学习成长的意愿，只要有人关注，就能引荐资源以及推动后续可持续的发展。

**项目创新点：**

立足乡村现有系统，通过整体营造让社区得到全方位的发展。

避开传统的以经济带动发展的方式，而是通过以文化为根基，促进人的成长实现社区的发展。

搭建平台助力村民进行能力建设，通过自组织推动社区创业项目。

引入罗伯特议事规则提升村民参与公共事务的意识，探索基层社区自治，提高村民关注社区事务的能力和协商水平。

10. 北京富群社会服务中心：三江源社区生态扶贫创新示范项目

**项目简介：**

该项目推动了一个由当地村庄主导、自下而上的保护与发展框架，通过当地政府、当地社区及外来专家三方合作的模式，培育当地社会组织对村子的扶持能力，对当地社区带头人进行培训，通过小额贷款或社区基金为村子自主发展提供小额贷款或周转资金，并充分连接外部资源和城市消费群体，推动当地政府给予村子良好政策环境和自上而下的推动力，使当地村民能够在满足物质需求的同时保护好当地环境，以应对各自面临的环境、社会与经济方面的挑战。

**项目创新点：**

第一，项目紧紧抓住社区带头人这个影响每家每户的关键人群，帮助他们提升生态保护和社区发展的能力，这与传统的将当地人排除在外的发展模式不同，而是让当地人就生活在当地，让当地人成为社区发展的主体，他们设计自身的发展项目并实施，他们最了解当地，最能提出适合当地的发展方案。

第二，跟传统项目不同，项目的运作方式始终坚持三方合作，项目紧

密地跟三江源国家公园管理局以及当地社区工作在一起，大家共同探讨方案的制订、计划的实施以及可持续工作的开展，充分发挥内生力量，带动贫困社区发展。

第三，项目的培训改变传统的"说教式"培训，创新地应用参与式的培训方法，将当地传统文化和现代保护理念相结合，培训的素材源自当地，辅以科学知识；培训的形式主要以图文并茂、角色扮演、分组讨论、动手操作为主，从当地人最了解当地自然环境出发，去讲述他们熟悉的事物。项目采用"培训师培训""参与式学习方法""多利益相关方合作"以及"行动学习法"等多种方法，使参加项目的社区成员成为"本土力量解决环保问题"的实践者、倡导者、传火者和推动者。本地居民可以充分挖掘丰富的传统文化和智慧，依靠本土资源和力量，可持续地解决环保问题，并有效防止更多环保问题的产生。

第四，接受培训的社区带头人回到所在村子组织培训，制订社区发展方案，以期确保资源支持与计划落实。在这个过程中外来专家会跟踪社区带头人的行动成效，帮助他们实地解决在地问题。

第五，这是对生态扶贫的创新探索，是在确保村庄发展的同时保护当地环境。

11. 朝阳行动乡村服务创新中心：黑土麦田乡村创客计划（黑土麦田项目）

**项目简介：**

该项目主要通过输送扶贫创客入驻湖南省湘西州花垣县补抽乡的合兴村，带领村民建立合作社，开展多种产业项目，包括无疆文化扶贫暨苗绣手工坊、野生猕猴桃、湘西腊肉、生态黑猪养殖场等项目，不仅保护了苗族文化传统，还创造了就业岗位，为村民提高收入，助力脱贫攻坚，促进乡村振兴。

**项目创新点：**

第一，该项目扶贫扶智同步进行，在改善村民经济状况的同时，也不断赋能当地村民，使之习得产业发展的精神和实际技能。

第二，项目在资源整合和提升产品附加值方面做出创新探索。创客们通过建立合作社，引入外部资源和合作培训绣娘，提高本地手工业产能，同时对接海内外设计高校的青年设计师和公益设计合伙人，主要进行针对企业和社群的礼品定制，在保证利润率的前提下，提升绣娘的人工费。合作社除了积极研发自主品牌和设计的产品，也对接了家居品牌公司、时尚明星、当地工坊的跨界合作，提升产品的应用范围和宣传销售渠道。

第三，扶贫创客做出深入祖国最基层去服务的选择，不仅可以带去丰富的知识和技能，还会影响一大批同龄人，将社会服务的精神通过他们自身的行为传播开来。

12. 陕西妇源汇性别发展中心：陕西合阳县乡村妇女主导的社区发展项目

**项目简介：**

该项目致力于推动女性村民建立社区发展基金自组织，通过小额贷款支持社区居民发展生计，改善社区金融服务能力和公共服务水平，为社区妇女及弱势群体创造参与机会。为社区自组织提供技术支持，提升社区自组织的管理和服务能力，实现可持续发展。

**项目创新点：**

依托妇改联引入社区主导型发展模式，由社区村民对社区发展进行自我规划，调动村民尤其是女性村民对社区发展的关注与参与，借助社区自组织的方式解决村民生计来源单一且收入不稳定的发展困境。在推动服务型基层妇联组织发展的同时，吸纳有能力的乡村女性加入，引领和带动妇女发展产业脱贫致富、丰富社区公共服务和文化生活。

13. 陕西嘉义妇女发展中心：巧娘草编技术推广项目

**项目简介：**

为了支持草编文化产业发展，助力妇女脱贫增收，该项目主要通过寻找外来技术支持，协助妇女提升产品品质；提供妇女生产和培训急需的基础设施及物品；协助妇女开发草编教材，动员巧娘合作社推广草编技术，提高产品数量；举办手工艺大赛，记录妇女自主脱贫故事，带动更多妇女从事草编生产助力妇女脱贫增收。

**项目创新点：**

发展当地非遗草编产业，通过非遗草编技术的总结和推广，将使当地更多贫困妇女通过从事草编生产脱贫并增收。

强调文化传承及人才培养，不断提高草编合作社领头人的能力，是着力于社区内生能力的软实力扶贫项目。

与当地政府和旅游部门深度合作，依托妇女草编来打造当地旅游产业的特色和亮点，发挥妇女草编产业与本地特色旅游之间的相辅相成作用，获得当地各级政府部门的重视和大力支持。

14. 西吉县清源和谐社区服务中心：暖流行动——老区妇女骨干培养计划

**项目简介：**

该项目主要致力于激发和激励有志于服务家乡的农村妇女成为村子的妇女发展骨干，通过系列的培训和学习提升妇女自发发展的能力，进而带动其他社区成员们共同参与社区服务，以此解决大量劳动力外出后，农村留守老人养老、留守儿童照顾和收入低的经济与社会发展的问题，摸索出适应西海固当前农村可持续发展的模式。

**项目创新点：**

本项目的主要创新点有两点。首先，在当前农村社区面临空心化、老龄化的情况下，项目注意到了留守在村中的妇女群体，妇女骨干有着与常人相比更为坚韧和耐心的服务意愿，以妇女群体为切入点，带动农村社区发展。

其次，本项目注重通过组织起农村妇女群体，培育和发展农村妇女自组织，并协助组织注册。该模式有助于挖掘和培育农民社区内在自生动力，带动农民广泛参与，探索更具可持续性的农村社区发展模式。

15. 榆林市青少年社会工作者协会：童梦空间——社区流动儿童社工服务项目

**项目简介：**

该项目主要在流动儿童集中的社区建设儿童资源和活动中心（童梦空间儿童服务站），以童梦空间儿童服务站为依托，帮助流动儿童建立一个可供学习、生活、游戏的"儿童之家"。联结 12355 青少年服务平台和儿童保护中心的平台，为流动儿童健康成长保驾护航。建设一支由专业社工、志愿者、家长组成的儿童保护网络，联结社会各界资源，建立起社会、家庭、儿童自身的支持系统，促进流动儿童的健康发展。

**项目创新点：**

第一，该项目采用"一个空间+两个平台+三个支持系统"的项目模式，"一个空间"即建立的童梦空间，"两个平台"即 12355 青少年服务平台和儿童保护中心的平台，"三个支持系统"即社会、家庭、儿童自身的支持系统。该模式力求更有效地联结政府、社会、家庭等资源，为流动儿童提供全面成长服务。

第二，该项目计划总结出社工介入流动儿童服务的模式和经验，主要包括流动儿童走访调研、需求分析、方案设计、活动开展、服务评估、跟踪服务等方面，并形成一套标准化服务手册，探索出可持续、可复制的发展模式。

# 二、教育支持项目

1. 广东省担当者行动教育发展中心："班班有个图书角"甘肃省宕昌县乡村儿童阅读陪伴成长计划

**项目简介：**

"班班有个图书角"是担当者行动发起的一个乡村儿童阅读助学项目，项目选择儿童阅读条件匮乏的乡村小学作为资助学校，在项目资助学校的每一个班级捐建一个标准化设计的图书角，配置分级阅读设计的经典儿童图书，而后导入专业、长期、系统的阅读引导交流陪伴活动，引进阅读推广专家资源，研发和推广阅读课课程，通过阅读交流活动以及阅读课，围绕"儿童阅读"推广交流活动，构建县域教师成长共同体支持平台。

**项目创新点：**

第一，模式标准化——成本低，便于全国推广，实施简单方便。图书书目全国统一，有标准的图书编号，标准化采购和管理，书架规格全国统一，图书和书架采购、配送模式统一，只要找到项目资助学校，有当地志愿者，就可以很简单方便地按照流程要求建立图书角，能够很方便地为全国各地的孩子送去优秀课外图书。每个图书角的投入只需要1700元，成本低，便于规模化复制建设，低门槛认捐。

第二，建构"班班有个图书角"为先导的"五位一体"助学服务体系，在项目县域实验区开展持续、系统的儿童阅读助学服务。例如，化整为零——每个班级建1个标准化的图书角；量身定制——精心配置分级阅读的经典课外图书；随借随还——让孩子轻松借阅轻松管理；三重回访——及时掌握借阅情况有效跟踪。

第三，深度辅导——嵌入四大阅读推广子项目，力求持续影响。在一年的项目周期结束后，本项目的服务不会停止，而是会撬动其他社会捐赠资金支持，全面导入我们后期的阅读推广体系，在当地开展长期、系统的儿童阅读助学实验。图书角运营期间，在保证图书角充分开放借阅、常规管理规范的基础上，开始逐步导入"阅读领航员教师培训""阅读与成长讲坛""未来英才夏令营"等后期配套项目。

2. 青海格桑花教育救助会：格桑花"在观影中成长"项目

**项目简介：**

格桑花"在观影中成长"项目，精心挑选百余部国内外优秀影片，推荐给青海中小学校，改善青海学生课外知识匮乏的现状，通过电影良好的教育支持效果，在西部学习开展集体观影活动，循序渐进地帮助孩子们建立阅读和观影兴趣，开阔眼界、增长见识，潜移默化地提高孩子们的观察、思考、语言、理解、情商等综合能力。

**项目创新点：**

我国西部教育目前存在一些问题：西部学校校园文化建设缺乏配套细节；学生信息闭塞、视野狭窄、课余空闲，文化生活枯燥单调；寄宿制生活影响身心健康发展。格桑花从西部学校和学生的实际问题出发，将电影引入校园文化，得到当地政府、学校、家长的认同和支持。项目的创新性具体包括：

第一，总结格桑花 11 年的项目管理模式，全程紧抓项目过程管理，令项目真正落地执行。

第二，充分利用 QQ、微信、云空间的免费便捷互联网资源，实现团队远程协同工作。

第三，突破常规物资捐助模式，充分利用学校现有的硬件条件，因地制宜开展项目。

3. 北京歌路营文化发展有限公司：新一千零一夜——农村住校留守儿童睡前故事

**项目简介：**

本项目通过晚间给住校生播放故事，同时提供老师培训如何使用故事，使他们初步掌握以抗逆力和优势视角为主要理念的青少年心理辅导与成长工作技巧。本项目的目标是帮助农村学校探索住校带来的教育挑战和教育契机，提供可替代性的教育资源，增强学生接受更丰富教育和成长的机会。"新一千零一夜"睡前故事由少儿出版社编辑、教育工作者开发选编，由北京广播电台故事频道等专业主持人录制和灌制。用每天 15 分钟的睡前故事，陪伴孤独离家住校的农村住校留守儿童，给孩子带来身心健康的陪伴，同时也解决了农村寄宿制学校的多种困扰。

**项目创新点：**

歌路营是中国第一个用播放睡前故事来应对寄宿留守儿童心理问题的机构。2015 年初，歌路营出品《中国农村住校生调查报告》，对撤点并校后时期寄宿问题进行了最全面深入的分析。报告得到了多方人士的高度关注，也使歌路营成为寄宿留守儿童领域问题解决最强有力的推动者。

新一千零一夜项目专门针对寄宿留守儿童睡眠以及心理状况进行干预。

本项目的特色优势如下：

- 适应：故事独立短篇，适应不同年龄段以及性别不同的需要。
- 持久：覆盖小学初中 8 年，影响持久。
- 专业：每个故事都由专业、高水准的编辑和播音团队精心制作。
- 简单：操作简单，覆盖面广。老师每晚只需按下按键，即可整校播放。
- 低廉：成本低廉，平均每校成本约 5000 元，每个学生 4~5 元/年。
- 兴趣：故事包含 100 部经典少年儿童文学和农村学校常配书籍，有效引发学生阅读兴趣。
- 吻合："新一千零一夜"高度契合教育部中小学心理健康教育内容，小学版注重习惯养成、健康人格、同学关系、环境适应、情绪表达、问题解决等类别，初中版突出自我认知、青春成长、情绪管理、抗挫能力、代际沟通、社会适应等方面。
- 跨界合作：本项目已经协同政府教育部门、基金会、各地 NGO、企业、研究机构/大学、媒体近 80 家，形成了广泛的社会集体影响力。

4. 北京乐知自胜教育咨询中心有限责任公司：打工子弟学校教师行动与成长支持项目

**项目简介：**

本项目支持民办打工子弟学校（城市低收费民办学校）教师自主申请最高 800 元的小额资金，开展其自主设计的、符合学生发展需求的教育、教学行动，激发教师的教育、教学热情。通过专题沙龙、"种子教师"成长支持、"全国打工子弟学校教师年会"为教师搭建交流平台，提供专业成长机会，开阔教育视野，形成立体支持网络，进而提升流动儿童教育质量。

**项目创新点:**

本项目支持有能力、有意愿的"打工子弟学校"教师开展教育行动,探索"小而美"的解决方法,回应流动儿童成长中多样化的发展需求。并为这些老师提供更多专业成长机会,不断开阔教育视野、提升教育能力。同时,带动和倡导更多普通的"打工子弟学校"教师关注学生发展需求,并借鉴优秀教师的解决方法,提升流动儿童教育质量。

本项目的创新性主要体现在两点:

第一,给教师赋权。通过对第一线工作者的赋权,用最精确和最灵活的方式开展资助,保证了项目的效果。

第二,激发教师主动性。项目操作方式简单、快速、直接、透明,充分发挥申请人的自主性,得到了被资助老师的充分信任,并调动了他们参与的积极性,使项目具有长久的生命力。

5. 喀什残友社会工作发展服务中心:少数民族地区残障人士增能展能服务计划

**项目简介:**

本项目以职业技能培训为载体,帮助残障人士就业、创业、融入社会,以改善该群体生存状况和家庭境况,助其实现自身价值。同时带动培训者周边有就业意愿和就业能力的残障人士提升就业(创业)意愿、掌握职业技能,逐渐形成"自助助人"的良好氛围,促进社会民生事业的发展及民族融合。主要包括平面设计和电子商务两类职业技能培训,提供"培训+实习+就(创)业支持+社会融入服务"。

**项目创新点:**

第一,本项目主要倡导残联等政府职能部以及社会各界(公众)的参与,通过项目实施联结教育、民政、残联、人社等政府部门和社会各界,营造出良好的社会支持环境,促进对残障人士群体的教育、就业等问题的关注和支持。

第二,通过人际影响,形成"自助助人"方式的辐射性带动,扩大职业技能培训教育和庇护性、支持性就业的服务范围。

第三,进行社会企业创新发展的实践,以社会组织+社会企业的方式促进社会问题的改善。项目结合"大众创业、万众创新"及精准扶贫理念,与政府(残联、扶贫办等部门)及社会各界计划筹建"丝路印象众创空间"服务平台,支持、孵化社会企业,孵化出的社会企业从净利润中拿出一定的比例（10%～30%）用来支持残障群体的职业技能教育及就业创业。

6. 北京瓷娃娃罕见病关爱中心：罕见病青年赋能学院

**项目简介：**

瓷娃娃罕见病关爱中心赋能学院是面向18岁以上，以罕见病为主的疾病、障碍群体中有强烈意愿进行个人发展、推动社会议题的个体进行的教育培训项目。赋能学院通过提高罕见病、残障人士的自我选择、自我决定、自我负责、自我倡导的意识和能力，最终提升整个群体的自主权益，共同创造平等便利的社会环境。瓷娃娃罕见病关爱中心相信，罕见病和残障人士是有极大动力和潜力解决自身问题的力量。赋能学院通过不同的培训课程，不仅发掘和提升社群个体自我发展的意识和能力，同时关注和培养有意愿的罕见病、残障人士，成为服务自身社群、解决社群问题和为社群发声、倡导社群议题的关键力量，构建伙伴支持网络，带动广大社群成员的自我成长并协力开展公益行动。

该项目在接受第一期ME创新公益计划并顺利完成项目目标后，于2018年成功获得第三期项目资助，将关注群体由成年罕见病群体扩大至所有罕见病群体，引入全人康复理念，并根据不同年龄段发展特点制订有针对性的帮助计划——在未成年罕见病病友为主的群体中推动全人康复的理念，在成年罕见病病友中继续推动赋能发展的理念。同时，更多地鼓励当地社区更广泛人群的参与，特别是医务工作者的参与，提高其对罕见病治疗的了解程度，促进其更好地为潜在人群服务。

**项目创新点：**

第一，理念创新。本项目是国内少有的关注罕见病等残障群体自立生活意识和能力、鼓励他们作为积极参与者参与罕见病、残障议题推动的项目之一，以全面发展的眼光，将每个残障个体看作是完整的，独立、自主、社会性、积极进行社会参与的人。

第二，方法创新。本项目采用导师和同侪陪伴的方式，通过人与人的生命陪伴，持续而长期的关注个体的成长。

第三，社群参与。本项目采用参与式的工作坊和集体互动等方式，同时邀请部分社群中的积极成员，让残障群体充分交流，让参与者充分参与到设计和实施的过程中，在参与中成长。凝聚这些群体的力量，共同为各自群体面对的自立生活问题提出探索和解决的途径。

第四，社工服务。在理念上，社工服务可以用发展的全面的眼光看待服务群体，将服务视为独立的、自主的、社会性的人。在工作方法上，社工服务可以让服务对象参与到服务中来，为解决自身问题提出探索和解决的途径。

最后，本项目关注本土残障群体自立生活意识和能力培养、参与社会议题推动的社会服务项目的探索，项目结束后形成项目手册，将为今后此类项目的项目化和本地化做出尝试。

### 7. 北京憨福儿公益基金会：帮"憨福儿"找回勇敢的心

**项目简介：**

本项目通过为目标群体进行个性化评估，由专业老师为心智障碍者提供系统性的就业理念教育，并在实际工作情景下开展个别化就业技能训练，培养心智障碍者的基本职场素养，学习并掌握基本就业技能，帮助心智障碍者结束长期失业在家的封闭状态，帮助他们勇敢地走出家门，迈向实现就业梦想的第一步。

**项目创新点：**

目前我国心智障碍者 90% 在培智中学毕业后就失业在家，其实部分中轻度的心智障碍者经过针对性的教育训练应该可以走上工作岗位。目前制约心智障碍者就业的，是缺乏针对他们个性特点的职业素养培养和针对性的就业技能训练，而这种训练不能是通过课堂式的教育，只能是通过在实际工作场景下的反复训练。

本项目的创新性在于，在实际工作场所的真实情境中，帮助心智障碍者培养基本职业素养和基础的就业技能训练，针对企业用人特点，开发针对心智障碍者个性特点的就业素质能力模型，并结合就业素质能力模型对心智障碍者进行个性化能力培养，帮助用人企业解决聘用心智障碍者的后续管理压力。

### 8. 北京音画梦想社会工作事务所：小斑马艺术创想计划

**项目简介：**

本项目为北京市五所打工子弟学校里缺乏素质教育课程的流动儿童定制体验式的艺术综合课程，帮助他们在团队任务中树立正确的自我认知，增强自信心，培养他们的积极心态和创造性思维。我们通过自主研发教材、培训志愿者教师开展艺术综合课程、评估服务儿童心理三个环节的相互验证反馈，不断优化项目，更加贴近流动儿童的心理需求，提供更优质的素质教育服务。

**项目创新点:**

（1）想法的创新。教育类公益项目多为颁发助学金、建筑校舍、直接捐赠图书及学习用品等，多为授人以鱼，让孩子被动接受周边环境的改善。该项目则是通过艺术结合学科的形式，为缺乏艺术课程的流动儿童定制体验式的艺术教育课程，帮助他们在团队任务中树立正确的自我认知，增强自信心，培养他们的积极心态和创造性思维，整个项目更加注重帮助直接受益人群发展自身能力，真正实现授人以渔，让孩子从内心去主动解决自己所处环境面临的问题。

（2）方式与方法的创新。

1）跨界性：不同于以往传统的大学生志愿者支教模式，项目引入了学校教师与大学生志愿者跨界合作模式，将授课主体从大学生转移到学校教师，大学生志愿者逐步转化为整体项目的协调与协助方。二者互相取长补短，完成课程目标，最终实现项目的可持续发展。

2）社群性：调动大学生志愿者社群参与公益，让未来社会的中流砥柱关注和了解流动儿童这个弱势群体，以杠杆原理为核心，以个别大学生志愿者撬动3000+高校志愿者群体资源。

3）共享性：项目采用"Uber共享经济"的模式，大学生志愿者贡献空闲时间，将它用于更有意义的公益活动。有效利用大学生的闲置资源——空余时间，实现"公益共享经济"，持续地为整个公益行业输出未来的公益人才。

（3）结果的创新。本项目不仅为流动儿童提供了艺术课程的补充，更培养孩子们从内心去主动解决自己所处环境面临的问题。孩子在积极心态和创造性思维方面都有显著的提升，重点体现为在团队合作和个人任务的完成过程中，更有自信地主动去尝试解决问题，并且取得了较好的效果。

9. 广州市海珠区蓝信封留守儿童关爱中心：留守儿童的蓝信封

**项目简介:**

蓝信封通过大学生和留守儿童一对一通信，关注留守儿童在成长过程中面临的困惑及问题，引导他们健康快乐成长。蓝信封将为广东省和湖南省10所乡村学校300位留守儿童提供心理陪伴服务。2017年，项目设计突破为更强的父母连接和班主任培训，开展"给父母的一封信"、与班主任开展心理陪伴主题班会课等。

**项目创新点：**

本项目的项目研究及监测评估体系较为完善（蓝信封核心竞争力之一），构建书信陪伴的有效心理干预模式，对留守心理领域同行具有很强的借鉴意义。

（1）心理学分析。与中山大学心理系合作，将十所学校 2000 名孩子分为"非留守儿童、留守儿童参与写信、留守儿童不参与写信"三个组别，进行项目前测和后测。由心理量表分析，初步结果认为书信项目能有效提高孩子的亲社会行为和支持利用度（见图 1）。

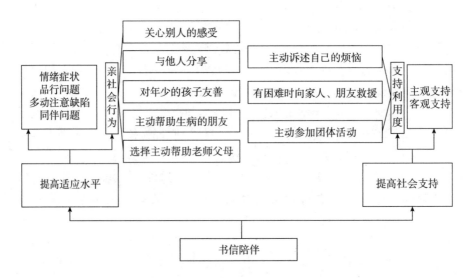

**图 1  书信陪伴有效提高孩子的亲社会行为和支持利用度**

（2）案例分析。蓝信封开展系统的案例回访工作，以书信为基础，实地回访，从家长、朋友、老师、通信志愿者、孩子各个层面的访谈还原孩子成长中 1~3 年的历程，结集出版《中国留守儿童书信访谈录》。根据对该案例的分析显示，留守儿童在通信后多了倾诉的渠道，往往在情绪低落时选择把志愿者当为大哥哥、大姐姐，给孩子以存在感和归属感（而问题是否解决并不是最重要的）。孩子学习兴趣增加，朋友结交意识增加，而问题行为等大为减少。当地教师对项目非常欢迎，尤其感觉孩子写信后开始自信了、活跃了。

10. 兰州市七里河区西湖文化服务中心：流动人口妇女儿童社区文化教育支撑服务项目

**项目简介：**

本项目依托隶属中心的西园街道图书馆为流动儿童开展以四半课堂为主的综合性社区教育服务及针对这些儿童的母亲开展的以识字教育为基础的综合家庭教育能力提升服务，促使流动儿童较好地融入学校生活、适应城市生活环境、降低辍学率等。同时，通过微信公众平台、朋友圈等多种方式提高中心开展工作的社会参与度和影响力。

**项目创新点：**

由于受文化的限制，当地妇女就业非常困难。技能培训结束后，项目设立就业中间站环节，由项目方设立缝纫店、刺绣作坊，承揽大型服装厂的一些缝纫、刺绣等方面的工作，让其培训的妇女参与进来。待其就业水平成熟后鼓励其自主创业或尝试微商。

注重对儿童的公益价值理念培养。中心利用假期时间，带领四点半课堂的流动儿童去一些偏僻的学校，带着流动书包，让项目儿童给偏远学校做小小阅读推广人。同时利用周末时间组织儿童环保小组，在公共场所和大家分享垃圾分类的重要性。虽为受助流动儿童，仍注重鼓励儿童投入社会的公益活动中，从小培养公益慈善意识和理念，促进公益文化的逐渐形成，使儿童和社会共同受益。

注重同行机构交流。项目开展的流动人口妇女儿童教育支撑服务模式受到甘肃省内其他同行机构的关注，通过机构间学习交流来相互分享开展社区教育服务的经验。

11. 上海百特教育咨询中心：留守儿童的生计启蒙班

**项目简介：**

本项目在云南广南县面向该区内的至少 10~12 所小学 80 个班的小学生，开展生计启蒙课程和活动。生计启蒙围绕"社会交往和经济参与"两个维度展开，致力于让该区域内的 3000 名留守儿童，掌握社会和经济基础技能，解决儿童所面对的自信心不足、自我管理欠缺、学习生活单一、财商技能不足等问题，助力留守儿童的成长和发展，为他们步入未来经济社会做好准备。"留守儿童生计启蒙课程"的蓝本为百特教育经过 6 年本土化的阿福童社会和理财课程。阿福童课程适用于乡村 3~6 年级的学生。

**项目创新点：**

理念创新：农村留守儿童的"生计启蒙"，即他们如何理解学习、工作和生活，能否利用身边"有限甚至贫乏"的资源，有机会或顺利参与现代经济和社会生活，关系着孩子自身的成长和发展，也同时影响着未来社会的发展。该项目突破常规的儿童文化艺术教育服务范围，着眼生活实际，帮助来自中低收入家庭的儿童从小培养儿童的经济意识和理念，直面和社会经济生活息息相关的"目标、计划、预算、合理消费、梦想储蓄、创意创业"等相关议题，为改善贫困和不平等而设计综合性课程，陪伴孩子成长为有选择意识、责任意识、规则意识和敢于尝试的经济小公民。

12. 上海闵行区活力社区服务中心：流动儿童及家庭综合服务项目

**项目简介：**

本项目以在流动人口聚居地建立社区中心的形式，为缺少社区及课后活动场所、缺乏社区互助网络及机会资源相对不均衡的流动儿童及其家庭提供教育机会平等、儿童保护和营养与健康三大领域的综合服务，旨在通过项目实施，助其提升在学业、生活、社交等方面的能力，培养和发展他们的各项潜能，以促进他们的健康成长。

**项目创新点：**

第一，扎根社区的工作方式。活力社区专注于扎根社区的工作方式，每周 6~7 天开放社区中心，在和项目受益人不断建立关系过程中，产生信任、配合、支持以及对其需求的深入了解，从而让其接纳社区工作者。

第二，社区居民深度参与项目，并支持社区居民开展互助小组，例如，项目受益人自发成立的妈妈读书会。这样的举动不但有利于从社区的需求出发实施项目，更有利于直接提高社区居民的知识水平和能力，为他们的生活带来长远的积极的影响。

第三，社区中心模式。项目专注于社区中心模式，城边村地区社区环境差，居民生活背景差异较大，尚无成熟的社会支持网络。社区中心不仅是一个可以为他们及其家庭提供多方位服务的平台，也是促进新的社会支持网络建成的有效方式。

第四，志愿者招募及管理体系。每年来到活力社区的志愿者人数约千名，项目建立了较为成熟的志愿者招募及管理体系，确保各个中心项目的顺利开展。

13. 杭州市上城区六和青少年阅读服务中心：六和公益教师成长项目

**项目简介：**

本项目通过一套系统的培训体系，为项目地区学校不同阶段和层次的教师提供三到五年有针对性的初阶、中阶、高阶三个阶段的实地和网络阅读教育与教学实践课程培训，帮助部分老师成为当地的阅读教育引导者。初阶和中阶培训主要帮助乡村教师提高阅读素养与阅读教学技能。在此基础上，深入挖掘一批有教育情怀、教学能力、阅读素养的教师，纳入核心教师（安的种子）培养计划中，为其提供高阶培训课程、有针对性的定制化培训（工作坊）及各种交流学习支持。最终使核心教师成长为当地阅读教学的引领人，能够自主进行阅读教学创新，独立进行阅读教学课程的研发，能够以讲师身份为当地乡村教师提供初阶甚至中阶的阅读教学培训。

**项目创新点：**

第一，实地培训和网络培训相结合的架构。课程由浅入深，契合当地老师的实际需求和学习规律。

第二，网络培训的持续陪伴。在项目区每学期进行 1 次实地培训，当地老师在实地培训中被激发出热情之后，通过每月的网络培训给予持续的陪伴，以维持这种热情。

第三，在六和公益阅读项目推广及教师成长的影响下，项目区教育局对阅读相关的课题进行立项研究，开始尝试阅读和教材融合的教学模式。

14. 南京市亲近母语公益发展中心：星星点灯计划

**项目简介：**

星星点灯计划以儿童阅读课程化为途径，通过转变乡村教师的阅读理念，提升乡村教师的阅读指导能力，支持乡村教师实现阅读专业成长，协助乡村学校打造有自己特色的书香校园，搭建乡村阅读种子教师学习共同体成长平台，从而逐步改善乡村学校的阅读生态，推动乡村儿童阅读发展。本项目预计在两年之内培养 100 位乡村阅读种子教师，建设 20 所乡村书香校园，培养 20 位乡村儿童阅读推广人。

**项目创新点：**

第一，常规问题解决的新方法。以乡村阅读种子教师培养为切入点，通过提供高品质的图书、儿童阅读课程资源和教师培训，搭建乡村阅读种子教师学习共同体成长平台，并有公益导师陪伴成长。

第二，创新性的跨界合作模式和资源拓展方式。通过与江苏省青少年发展基金会励志阳光基金、南京心汇心公益基金会、深圳市教育基金会等公益机构合作，把优质的儿童阅读资源、阅读课程和教师培训引入他们的项目学校，合作机构负责提供图书和资金支持，星星点灯计划负责提供儿童阅读课程和培养儿童阅读种子教师。

第三，项目理念创新。通过培养一个个儿童阅读种子教师和乡村儿童阅读推广人，带动一所所乡村学校和一个个地区儿童的阅读发展。

15. 深圳市途梦教育公益事业发展中心：途梦——点亮中学生职业梦想项目

**项目简介：**

该项目邀请各行业有经验、有热情的职场人，通过在线视频的方式，向偏远地区学生分享自己的职业成长路径、生命故事和人生经验。项目致力于帮助因经济欠发达、信息闭塞而无法获悉职业信息的学生了解最真实的职业故事，帮助学生拓展视野、丰富职业选项、树立生涯志向，并用榜样的力量去驱动学生为了心中的梦想，自信、勇敢地为之努力。

**项目创新点：**

本项目利用互联网，为偏远地区的孩子们提供职业生涯教育等教育资源，以创新的方式改善了教育资源分布不均的困境。

第一，领域创新。弥补中国的中学生在职业生涯教育方面的空白。通过真实的职场生活分享，解决学生缺乏职业信息资源的问题；用榜样案例让学生相信"读书有用"，驱动孩子们树立长远目标并为之努力奋斗。

第二，工具创新。利用互联网解决教育信息资源不均衡问题，让偏远的山区孩子可以与全世界的优秀职业人士面对面交流。同时通过"互联网+职业生涯教育"的方式，使参与志愿服务不受时空限制，志愿者与贫困山区学生面对面互动，参与感强，参与成本低，能即时得到反馈。

第三，理念创新。从学生的心理和职业生涯角度去推广公平优质的教育，通过寻找社会中有故事的普通人参与，让教育不再成为教育专家的使命，也让贫困山区的学生看到更多元而包容的可能性。

16. 天津市武清区太阳语罕见病心理关怀中心：太阳语梦想学院

**项目简介：**

该项目为因病失学的罕见病人群延续学习梦想，整合病友家庭、志愿者、专业教育等资源形成学院式的平台概念，以"瓷娃娃"群体的成长、家属的照料等需求为核心，通过互联网和线下课堂，以及提供真实自立生活和工作场景，为瓷娃娃和家属提供基础知识、专业技能、心灵成长和护理、情感等方面的支持，解决瓷娃娃教育问题，让专业技能知识和健康心态支撑他们超越身体障碍，为其多元化就业打下基础，促进他们融入社会生活，开启梦想人生。

**项目创新点：**

第一，"线上+线下""理论+实践"。打破时间和空间的局限，多学科结合教育，打造优质的成长环境。

第二，提倡"医疗—康复—教育—社会融入"的全人康复理念，梦想学院做全人康复的最后一公里的工作，把瓷娃娃家属的教育支持也纳入梦想学院课程范围内，建立瓷娃娃家庭支持网络，促进其融入社会。

第三，填补罕见病群体教育空白。关注瓷娃娃等罕见病群体的个人教育发展、家庭教育发展，补充九年义务教育的缺漏。

第四，编制班集体，有归属感。志愿者老师跟病友学员进行真实有效的沟通互动，增强学习的效果。

第五，同侪服务模式。梦想学院管理体系将优先选用瓷娃娃病友人员，项目工作人员中超过60%的工作人员是罕见病病友。一方面他们在生活和教育等方面所摸索出来的经验将会促进被服务病友与家庭的理解与参考，给服务群体以鼓舞和希望；另一方面课程管理的费用补贴也将成为他们的生命和工作价值。因为工作的需要会促使他们更多更深入地学习，提升了他们的工作能力。

17. 广州市越秀区微乐益公益成长中心："社区为校、邻里为师、青年为伴"的小行星流动儿童社区学校项目

**项目简介：**

该项目旨在为缺失优质素质教育资源的7~12岁流动儿童提供提升其"学会学习与终身学习能力""创造性与问题解决能力"的社区教育创新课程，助其能够面对未来的种种挑战，满足自我发展和社会发展的需要。项目将在广州12个流动儿童社区建设"社区为校、邻里为师、青年为伴"的流动儿童社区学校，通过"教育创新营"培养善于陪伴支持流动儿童的270名青年志愿者，为240名流动儿童持续提供基于本土社区素材设计的社区教育创新课程，基于实践经验梳理开发"社工推动、家长主动、多方联动"的儿童能力发展可持续支持模式，以支持这12个社区流动儿童能

力的持续发展。

**项目创新点：**

本项目有两个核心创新点。一是转换视角，以流动儿童所生活的社区为学习素材，以邻里街坊为成长老师，以大学生志愿者为成长伙伴，用创新的教育模式和理念（主题式学习、项目式学习、儿童友好营造）为流动儿童提供综合性素质教育服务，从而提升孩子的创造性与问题解决能力、学会学习与终身学习的能力，以便更好地应对未来的生活挑战。项目没有花巨资引入优质教育，而是将生活变成学习，将学习与生活联结，孩子获得的是应对生活挑战的能力，还能够体验到"在任何环境中如何为自己营造友好的空间，自主解决问题"。

二是项目关注能力发展的可持续性，并着力探索出一套方法论。在流动儿童社区开展社区教育最大的难点之一，是流动儿童参与课程的流动性，因而较难跟进支持孩子能力的阶段性成长。本项目旨在提升孩子的"学会学习与终身学习能力""创造性与问题解决能力"，不仅开发设计并落地开展相应的创新课程，还着力探索一套持续跟进支持孩子此两项能力发展的方法，以支持当地社区组织更好地支持孩子在每个阶段的能力发展。

18. 玉树州利民协会：偏远牧区超龄失学牧民子女维生技能培训项目

**项目简介：**

该项目针对牧区超龄失学孩子设计一套三年教育模板，结合道德教育、维生技能和文化知识，为藏区 15 岁以上超龄失学牧民子女、孤儿、单亲家庭子女、残疾孩子等免费提供技能、文化和思想品德教育，并为牧区贫困超龄失学牧民子女提供相关就业和创业辅导与支持。

**项目创新点：**

本项目有两个主要创新点。一是聚焦藏区超龄失学青少年群体。该群体多来自四季迁徙的游牧家庭，失去了适龄入学接受教育的机会，面临年龄大、没有知识技能、语言不通、经济贫困等困境，一些人更因此游走在犯罪和暴力边缘。由于"退耕还草"政策和他们对城市的向往，该群体迫切需要接受教育，学习技能，适当就业。本项目专门针对这部分超龄失学的藏区青少年设计了具有针对性的三年期教育体系，对其免费提供技能、文化和思德教育，一方面帮助他们提高生产生活技能；另一方面为社会解决可能存在的不稳定因素。

　　二是探索社会企业路径，支持学生就业。项目计划通过创办藏香、唐卡、掐丝、手工皂、唇膏、手工纸等社会企业，为其培育的学生提供实践训练基地，一方面让学生学以致用，通过实践锻炼并增进其操作技术；另一方面也希望能通过社会企业的收益来支持项目学校的可持续发展。

# 三、卫生健康项目

1. 北京爱力重症肌无力罕见病关爱中心：爱力康复营——重症肌无力患者康复训练营与康复网络搭建项目

**项目简介：**

该项目针对当前国际国内均缺乏重症肌无力患者系统康复理论与方法、患者整体康复水平低、家庭照护阶段病情易波动复发等普遍问题，以我国传统医学康复理论为指导，从医学、运动、经络、艺术、情绪多个维度，设计开发出创新的系统的康复课程，通过方法培训、知识普及和理念传播，帮患者提升康复能力，搭建中国重症肌无力患者康复网络，推动领域技术发展，提升重症肌无力患者整体康复水平。该项目为第一期 ME 创新公益计划项目，顺利结项后再获第三期项目资助，在第一期项目搭建起中国重症肌无力患者康复网络的基础上，进一步加强康复网络能力建设，提升社群发展的能动性，实现提升更多患者康复水平的目标，促进项目可持续性与长期影响力。

**项目创新点：**

第一，技术创新。开发了国内首套针对重症肌无力患者的系统康复课程，创造重症肌无力患者康复课程范式，填补相关空白。通用中国传统医学康复方法，同时创造性地探索运动、艺术、情绪等多维度康复新方法。

第二，运营模式创新。康复手册、康复讲座、康复沙龙等形式是爱力成熟项目活动，本项目将单项活动整合为立体多元化的可复制系统。康复课程可以设计不同层级和难度模式，分层教育。以点带面，优先建立 4 个资源核心区，并在全国复制，逐渐促进形成更多资源区，从而诞生和推动重症肌无力康复行业。

第三，发展模式创新。项目康复模式值得其他慢性病、自体免疫等可治疗、需康复的疾病领域或组织借鉴。项目健康教育与社区发展结合的模式可为相关健康类组织提供复制。创造新领域的服务价值，创新公众同步参与体验，未来可以形成收费、自造血的发展模式。

2. 天津市武清区太阳语罕见病心理关怀中心：瓷娃娃彩乐爱心病房项目

**项目简介：**

该项目立足病房，结合病友的切实经验和感受，整合医院、病友家庭、公益团队及社会各界力量，利用医务社工、心理学专业，搭建和谐病区服务平台，为前来治疗的瓷娃娃营造一个有同伴陪伴、有课堂学习、有心理疏导的与普通医院不一样的"彩乐爱心病房"，让他们遭受创伤的治疗经历变成快乐之旅，便利顺利就医，使他们和父母的心灵得到慰藉，让病童也有彩色童年、有尊严地成长。

**项目创新点：**

第一，就医理念创新。医院治疗给每个病痛中的人的回忆大多不太愉快。项目通过资源整合、陪伴和协助，把童年期频繁住院治疗的瓷娃娃等病童面临的带着创伤的治疗经历，变成孩子们向往的、有色彩的、快乐的温暖情景，促使他们身心健康成长。

第二，纵横两向交互发展的工作模式（见图1）。纵向：以个案为主线，用社工的工作方式介入，完成接案—评估—集中干预—跟踪干预—回访—评估—结案的过程；横向：以纵向的需求为目标搭建平台，为个案提供有计划的社会支持服务，以此帮助患者正常融入社会。

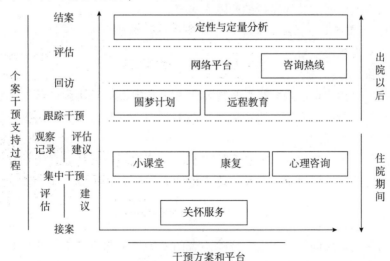

**图1　纵横两向交互发展的工作模式**

第三，全人康复发展观。以患者"医疗—康复—教育—社会生涯"的全人发展为目标，立足病房，整合医院、患者家庭、公益团队及社会各界力量，形成和谐病区服务模式，出院后关注教育等社会融入，从单纯医疗康复模式到全人发展关爱病友，促进医患关系。

3. 白水县助残协会：农村贫困残障人社会融合发展中心建设

**项目简介：**

该项目主要通过建立融合中心，开展农村贫困残障人康复、创业就业活动，解决农村贫困残障人不思进取、无心康复、资金短缺不愿购买康复辅具等问题，帮助残障人树立康复意识、重拾康复勇气、学会训练方法、掌握一技之长，最终和社会大众融为一体，回归社会，实现个人价值。

**项目创新点：**

在白水县农村 90% 的残障人没有参与过康复训练活动，90% 需要辅具的残障人没有康复辅具。该项目的主要创新点在于：第一，注重当地残障人康复意识的提升和康复信心的提升，在此基础上追求康复能力的提升。第二，将康复与就业联系起来，形成链条，提供相关就业培训支持，帮助当地农村残障人在康复之后有机会通过就业实现个人价值和社会价值。第三，在康复工具上进行创新，专门研发和制作适合农村残障人使用的康复辅具，简易、实用、成本低。第四，实现农村残障人家庭康复，减少去医疗机构进行康复训练的路途奔波和较高的费用支出，同时又能号召残障人身边的亲人、朋友及邻居帮助残障人康复。

4. 北京市融合联汇心智障碍者服务中心：融合中国——偏远地区心智障碍者家庭赋能计划

**项目简介：**

本项目是北京市融合联汇心智障碍者服务中心在其协调运营的平台网络"全国心智障碍者家长组织联盟"战略框架下发起，联合区域枢纽型家长组织共同实施的项目，旨在通过开展项目活动、宣传动员及能力建设，培育家长骨干，孵化偏远地区家长组织，支持他们开展社会宣传和社区动员，改善社区支持系统，进而赋能当地的心智障碍者家庭，提升他们的生活质量。

**项目创新点：**

第一，理念创新。尊重心智障碍者的平等权利和自我决策的权利，以家庭为切入点，让家庭更加了解和尊重他们的权利并成为心智障碍者权利倡导者，进而推动社区、社会对心智障碍者权利的认识和尊重，最终实现心智障碍者及其家庭全面平等融入社会，更有尊严地生活。

第二，工作方法创新。该项目基于领袖培养、社群赋能、社区动员的工作策略设计，形成点、线、面结合的立体工作方法。基于当前的互联网平台，联结优秀的家长骨干，通过能力建设提升他们的行动力和领导力，进而带动社群发展，孵化家长组织，通过家长组织开展社会宣传、社区动员和政策倡导。采取自下而上，从个体赋能到群体赋能最终到社会赋能的工作策略。

第三，运营机制创新。一方面，培育家长组织，使其具备自我发展和服务心智障碍者家庭的能力，可以在当地持续发现和满足心智障碍者家庭的长期需求；另一方面，应用发挥区域枢纽型家长组织的桥梁作用，将心智障碍者家长组织的发展经验引入其周边辐射地区，带动周边地区建立家长组织。区域化的工作策略有助于整合资源（项目、技术、人力、管理等），共享品牌，进而发挥社会影响力。

5. 北京新生命养老助残服务中心："轮椅上的金种子"——脊髓损伤者生活重建培训项目

**项目简介：**

本项目结合海外 20 多年的经验，以一种更积极的角度出发，对完成医疗康复的伤友，针对现实生活不同阶段的需求，设计出一套训练机制，包括体能、社会适应、咨商辅导、职前训练、社区居住等全方位的课程及训练。通过同侪训练的模式，把原本几年甚至十几年的适应期缩短为几个月，最终让受训伤友能够认识并发挥自己的潜能，让他们除了找回失去的自我照顾、行动、职业等能力外，还可以提高自己回归家庭和社会的能力。

**项目创新点：**

第一，平等视角。本项目在设计初期，就把参训伤友看成"可以克服障碍正常生活的人"，而不是一个"需要被同情的弱者"。

第二，同侪训练员模式。本项目采用伤友训练指导员模式，很多训练人员都是同样受过伤的"伤友"，在"共同命运"之下，更容易团结起来，相互增能，放大康复活动效果。同时，同侪训练员更了解重建过程中的种种困难和细节的心理状况，可以比一般的康复师起到更好的效果。

第三，分解目标，构建信心。本项目将生活能力重建目标分解成一个个简单的小目标，使实现路径更为简单，受训学员通过努力实现每个小目标后，能够获得自信和力量，最终实现生活重建目标。

第四，模拟社会环境。在伤友从家里到回归社会之间，设计出一个小社会的环境，伤友可以在这里通过培训活动增强适应能力，为真正的回归奠定基础。

第五，设立效果巩固机制。在培训结束、伤友回归社会后，通过组织社区活动巩固培训效果，并通过社区活动组成伤友互益组织，在社区中互相支持帮助。

# 四、环境保护项目

1. 深圳市红树林湿地保护基金会：社会化参与深圳湾滨海湿地保育

**项目简介：**

深圳湾是一块具有国际重要意义的滨海湿地，是东亚—澳大利西亚迁飞区举足轻重的鸟类栖息地。本项目创新社会化参与自然保育的模式，与深圳政府部门合作，通过生境管理、科学研究、自然教育、国际交流等实践，在福田红树林保护区、福田红树林生态公园、深圳湾公园等区域开展生物多样性保护、水污染治理、科普宣传教育等保育工作。

**项目创新点：**

本项目创新之一是通过托管、合作等方式从相关政府管理单位获得对自然生态区域的一定的自主管理空间。通过与深圳市城管局的战略合作，福田红树林国家级自然保护区管理局将保护区的科普宣传教育工作委托给基金会，将保护区的鱼塘生境管理工作委托给基金会，同时还在生物多样性调查、监测方面深度合作；将深圳湾公园的科普宣传工作委托给基金会。与福田区政府合作，全面托管福田红树林生态公园成为国内第一个由政府出资规划建设、委托社会公益组织管理的生态公园。

项目创新之二是引入、借鉴美国、中国香港、中国台湾等地在滨海湿地保护与管理方面的经验和方法。中国香港米埔自然保护区的管理团队提供全面的技术支持，并在监测、生境管理、科普教育方面帮助本项目培养人才，这种深度合作是国内少有的。

项目创新之三是推动社会化参与自然保育的模式创新和发展。项目开发了一系列公众参与的活动，推动湿地生态保护的全民参与，特别是企业志愿者的参与。

2. 四川省绿色江河环境保护促进会：长江源斑头雁及其栖息地的保护与发展

**项目简介：**

本项目通过斑头雁孵化观测基地的建设和运转，以及与当地政府、国际 NGO、当地社区合作，把单纯的斑头雁数量调查扩展到栖息地的生物多样性本底调查，在研究斑头雁孵化行为和就地保护的同时，通过卫星跟踪，尝试斑头雁飞行轨迹的研究和跨境保护。此外，项目探索当地社区和原住民参与，为三江源国家公园探索保护与适度旅游相结合的可持续发展模式。

**项目创新点：**

第一，该项目在发现问题的基础上，组建 NGO 主导的科学调查团队，结合志愿者和当地牧民的参与，持续开展科学调查工作，以科学调查研究数据为支撑，影响政府决策。同时，在保护的成果上滚动发展，进而通过观测站建设、运转及调查内容的深入和范围的扩大，形成良性循环。

第二，通过长期基础调查工作的开展和数据的积累，与国际 NGO（WWF）进行对接，把单纯的区域保护延伸到喜马拉雅山两侧的跨界保护。

第三，建立当地原住民参与的接力模式。在当地开展项目的同时，同步开展当地人的培养，帮助当地人建立自组织，用 5～10 年时间培养一批本地的保护力量，同时为本地机构积累优良资产，建立资金申请渠道，使当地机构的接力更加强劲而有后续的动力。

第四，探索中国国家公园生态保护与经济发展新模式。通过政府主导、民间动员社会力量参与、科学研究调查项目的实施、当地社区和牧民的广泛参与等，在实践中进行探索，最终影响政府政策，创建生态资源的永续利用与生态环境可持续保护的新模式。

3. 上海老港镇贝蓝环保服务中心：宝贝爱蓝天精准捐衣项目

**项目简介：**

本项目基于以往实践经验，结合环保和精准扶贫的公益理念，通过深入了解衣物的精准需求，推出一个提供精准衣物需求信息的全程透明的互联网点对点自助捐衣平台。项目旨在通过实现精准捐衣促进捐衣去向透明化，推动捐衣方式乃至公众捐赠行为的变革。

**项目创新点：**

第一，对衣物需求进行精准了解。发展在地志愿者网络，帮助组织清晰地了解当地衣物的精准需求，包括需求者姓名或编号、身高、性别、季节和需求数量等。对需求的精准掌握能够有效地解决不实捐衣需求、过期捐衣需求、过度捐衣、信息传播不对等、捐赠浪费、捐赠过程缺乏尊重平等、捐衣去向不明等各种衣物捐赠过程中常见的问题。

第二，捐衣全程透明化。当地志愿者实地搜集真实的衣物需求信息上传到精准捐衣公众平台，由捐赠者根据自己想要捐赠衣服的情况（适合的身高、性别、季节等）找到匹配的受捐者，捐出衣物。捐赠的衣物经过组织检验处理之后按照受捐人的姓名单独打包并邮寄给当地志愿者分发给每一位受捐人。志愿者发放衣物后提供文字和适量照片，由组织统一在公众号上反馈衣物发放结果。全程公开透明，增强了平台公信力和公众信任度。

第三，设定衣物处理和质检标准。明确捐赠衣物质量和处理标准，包括要求捐衣人对衣物进行标准化的清洗消毒包装等，在平台显眼处为捐赠者做出提示。在组织受到不符合衣物质量和处理标准的捐衣后会对捐赠者进行反馈和积分奖惩，鼓励和督促捐衣者按标准处理捐赠衣物。

4. 深圳市绿源环保志愿者协会：云端计划——共爱珠江第二期

**项目简介：**

云端计划——共爱珠江项目致力于珠江流域的水环境保护，通过挖掘扶持珠江流域环保公益组织、志愿者团队以及志愿者行动个人，培育当地环保社会组织开展珠江水源地保护能力建设，填补珠江流域民间保护力量空白区域，重点提升在地环保组织、志愿者团队以及志愿者行动个人的专业业务能力，使其具备更精准、更专业地了解并解决当地水环境问题的能力。本项目联合珠江流域贵州、广西、广东在地机构开展珠江流域联合调查保护行动，包括流域水环境在地调查、绿趣水课堂宣传带动公众参与活动、环境白皮书联合报告推动提案等，影响带动更多社会力量参与到珠江流域的保护。

**项目创新点：**

第一，聚焦珠江流域民间保护力量迫切的发展需求。当下珠江流域的环保组织、志愿者团队以及个人各自孤立地生存着，上下游推动保护不同步，信息及资源无法共享，本项目极具敏锐视角关注到了珠江流域民间保护力量迫切的发展需求及有效合力的必要性。

第二，采取陪伴式培育方式，实践与理论相结合。项目组作为广东省内业务专业能力优势凸显的环保民间组织，基于过去的项目经验，总结制定了一套符合珠江流域环保民间力量发展需求的工具包，同时采用陪伴式培育的方式，定期回访，实地驻扎，并融入项目任务执行版块，通过实践与理论结合的方式对服务对象进行能力提升。

第三，积极联动政府相关部门、媒体、金融等各界力量，合力推动珠江流域保护。例如，连同广东省环境保护宣传教育中心进行珠江流域（广东境内）环保民间力量的摸底调查，后续联合当地机构、媒体进行广泛宣传。同时，还注重流域周边企业环境信息的收集，以绿色金融绿色信贷跨界角度影响污染企业融资，从另外一个层面推动企业减排，推动将社会资源流向可持续发展产业，从而守护珠江流域水环境。

第四，打破孤岛思维，践行合作共赢理念。项目在设计和执行上打破当下环保公益行业各地独自行动的常态，倡导通过下游发展成熟的社会组织帮助及带动上游资源，及提升弱小社会组织的能力建设，来改善社会组织地区发展不平衡的现状。并通过民间环保跨界合作的模式，打破行政区域的界限，以流域为单位，来带动珠江全流域的保护。

# 五、文化保护项目

1. 济南市基爱社会工作服务中心："老济南记忆馆"文化保育项目

**项目简介：**

该项目关注城市化不断发展给城市一些老社区带来的影响。旨在通过项目的运行，利用组织老济南文化主题活动、研发老济南文化产品、建立项目资源库、组织志愿者服务队、引入社区居民参与等手段，让更多的人体验了解老济南文化，达到公众教育的目的。另外，采用社会企业的模式，将社区文化资本与社区居民建立关系，解决部分贫困群体的就业问题，发挥社区的文化资本，做到社区文化、经济、生态的可持续性发展，回应社区发展需求。

**项目创新点：**

本项目在解决问题的方式上有所创新。项目希望可以互利共赢，坚持社区为本，充分发挥社区的文化资本，用以促进社区发展。项目在做到公众教育的基础上，可以回馈社区，项目成立老济南巷暖基金会，用以关注社区的生态问题及社区的弱势家庭问题。

项目在运作模式的创新体现在多元的参与式社区文化产品方面，强调居民参与以及多元性。例如，社区导游计划当中会根据每个导游的不同视角梳理不同的旅游路线。

在资源拓展方面，项目的创新体现在积极引入项目顾问团队，邀请艺术馆、人类学、历史学等专家参与，除此之外，积极地与当地企业等进行资源链接合作，做到项目多角度、多元化。

2. 上海益优青年服务中心：来自大山少数民族文化教育项目

**项目简介：**

该项目主要在云、贵、蒙、甘少数民族学校组建民族才艺社团，组织当地孩子们向文化传承人学习本民族特有的歌舞、手工等才艺。项目邀请师生们来上海参加冬/夏令营，学习多元文化，与城市孩子交流才艺，举行才艺汇演及才艺嘉年华活动。该项目关注的不仅是文化的传承，更是要让孩子们重拾民族骄傲。

**项目创新点：**

第一，颠覆传统的扶贫助困模式，让资助方与受助方、城市与乡村大人孩子通过多元文化平等交流、互帮互助。项目用才艺学习、交流、展示帮助当地人通过努力付出获得公众认可与自信，用行动来改变人生。也让城市人了解少数民族地区孩子，体验美丽中国和多元文化，学会关爱与感恩。

第二，充分发挥跨界合作优势，整合城乡资源，令政府、企业、学校、公益机构、专业人士一起参与民族才艺传承与民族文化传播。上海与当地区县团委、当地民族小学与上海小学中学高校、当地才艺传承人与上海艺术家、上海的艺术剧院、专业演出及活动策划人员、摄影摄像师、上海电视媒体与移动媒体、爱心企业和基金会等各界单位参与，提供各方优势资源。

第三，突破传统的单一教育或展示模式，通过民族才艺舞台剧和嘉年华呈现，集教育和展示为一体，让少数民族孩子才艺得到尊重和肯定，让公众更深入体验我们本有的民族文化，获得骄傲感。

3. 广州市和众泽益志愿服务中心：青年绘——岭南文化记录志愿服务活动

**项目简介：**

该项目以传统文化和城市文化为主题，将全市街道闲置老旧的墙面通过彩绘、3D 画等年轻人喜闻乐见的方式转化为文化墙，结合创意和趣味的形式，传承传统文化，展现城市文化，通过营造文化氛围从而提高现代城市发展广州的城市形象，以及通过文化方式缓解越来越多外来人口到广州将面临的社区融入问题。

**项目创新点：**

青年绘力求实现创新、融合、共享、开放四个核心要素。其项目创新点主要表现在：

第一，艺术表现内容的创新。青年绘以传统文化为主题，但同时可以结合很多其他元素，如庙会、企业元素等共同创作，将传统文化和现代文化有机结合，彰显青年绘开放的理念。

第二，艺术表现形式的创新。传统传统文化的呈现和传承比较倾向传统的艺术表现形式，青年绘大胆创新，用时下年轻人喜欢的流行元素如墙绘、3D 画等国际通用的艺术形式展现，让更多的年轻人通过青年绘这一公益品牌了解和关注传统文化与城市文化。

第三，创作人群的创新。每次项目在落地执行的过程中，都强调充分调动社区居民、相关领域的研究专家、艺术家、企业、政府等共同参与，真正做到融合、共享、跨界协作。

第四，创作介质的创新。青年绘不仅是在闲置的墙面上作画，也能够覆盖到城市大大小小的楼梯、地面、井盖、巴士、轻轨等诸多可以进行创作的平面地域，全方位地对城市进行文化装饰。

4. 云南乡村之眼乡土文化研究中心："乡村之眼盒子"——传承乡村非物质文化的影像记忆银行项目

**项目简介：**

"乡村之眼"实践多年，推动了一场由西部乡村文化持有者自身做影像记录的运动。随着村村通网络时代的到来，该项目借用互联网影音"盒子"的方式推动乡土文化的影像记录和传播，推动乡村文化主体、企业、学术机构及民间组织跨界合作建立一个乡土文化遗产的"记忆银行"。

**项目创新点：**

该项目通过价值互换的途径，找到了乡土文化影像记录和传播的多方需求对接的方式，让乡村拍摄者、学术机构、互联网影视公司和公益组织能充分发挥各自的长处和角色，如图 1 所示。

5. 北京当代艺术基金会：中国新民艺——独龙族手工艺帮扶项目

**项目简介：**

该项目通过与民族特色产品密切相关的技术培训和管理培训，形成有效的合作生产模式，通过现代化的设计、生产管理与推广方式，放大独龙族当地女性的劳动价值，拓宽当地妇女乃至青年群体的就业渠道和生活愿景，鼓励与带动更多妇女和青年参与到自给自足的生产中来，在切实提高当地妇女收入的同时，保护和推广独龙族文化，增强其民族自信。

**项目创新点：**

第一，项目发掘了云南边陲少数民族妇女的日常织布工艺，其抽象线条与色彩比例非常适合进行艺术再创作，从而发掘出少数民族文化中与国际艺术脉络和城市消费群体的连接点。

第二，引入现代家居产品设计理念，利用独龙毯特有的织布宽幅和手

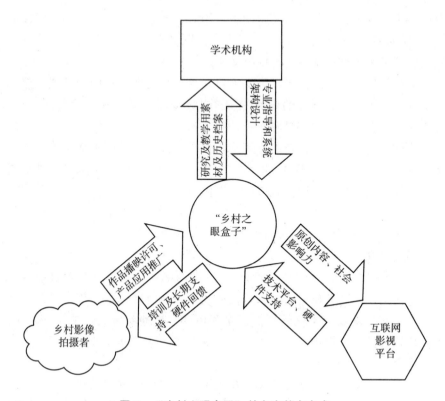

**图 1 "乡村之眼盒子"的多方整合方式**

织布工艺特点，给当地妇女提供了一种新的面料和配色方案以做参考，共同创作出多款面向市场的优质产品。

第三，将当代艺术与少数民族纹样相结合，将独龙毯带到全球知名艺术展——威尼斯双年展上，与知名建筑师雷姆·库哈斯团队及意大利建筑进行有机结合，对独龙族工艺进行了国际推广。让全世界艺术家和游客看到了独龙族妇女优美的想象力。此类型展览可持续举办。

第四，产业链达到一定规模后，由合作方云南省青创会向云南当地政府进行推荐，通过政府采购，将此模式复制到更多合适地区及民族。

6. 济南市乐橄儿智障人士服务中心：乐橄儿艺术团

**项目简介：**

该项目组建了一支30人的农村青年残障者融合艺术团——乐橄儿艺术团，学习国家级非物质文化遗产五音戏、章丘梆子等地方戏剧，一方面传承面临失传的民俗戏剧文化，另一方面结合现代康复疗育技术对农村青年残障者开展戏剧治疗。同时，本项目开拓了农村青年残障者职业重建的新途径，探索了农村青年残障者就业增收与就业扶贫、摆脱贫困的新路径。

**项目创新点：**

第一，农村残障青年作为传承人参与国家级非物质文化遗产（五音戏、章丘梆子）保护，通过视频录制等方式，保存传统曲目，通过网络进行传播。

第二，非物质文化遗产（五音戏、章丘梆子）保护与戏剧治疗康复技术结合，探索农村地区残障人士戏剧治疗新模式。

第三，通过艺术表演的形式组建国内第一支农村残障者就业工作队，也是第一支农村残障者文化戏剧工作队。宣传传统文化的同时，探索农村残障青年职业重建的路径，将农村文化艺术与青年就业结合，探索农村残障者脱贫的新形式。

第四，引入市场机制，通过市场化的运作，对工作队采用成本核算的方式进行社会企业的探索，并将在适当时机，引入专业的演出职业经理人和演出机制。

# 后 记

　　"我决定民生爱的力量——ME 公益创新资助计划"是目前国内少数专注于支持公益领域创新实践及社会影响力提升的项目之一。这个项目一经推出，便受到公益行业的广泛关注与欢迎。不仅每年申请的项目越来越多，而且影响也越来越大。

　　ME 公益创新计划的发起方是中国民营企业的翘楚——中国民生银行。中国民生银行不仅积极履行社会责任，而且在企业社会责任方面一直勇于创新探索。早在 2014 年，中国民生银行就在国内外取经，学习借鉴发达国家和我国台湾地区银行业履行公益责任的模式，在经过反复调研与论证的基础上，联合中国扶贫基金会共同发起了 ME 公益创新计划。可以说这个项目是经过科学论证且基于中国公益行业发展的迫切需求而设计的。我有幸能在项目前期就参与了论证工作，不过，至今遗憾的一件事是，由于当时教学工作繁重，错过了一次由中国民生银行组织的去台湾台新银行调研的机会。

　　2015 年，在中国民生银行建行 20 周年之际，ME 公益创新资助计划正式启动。首期资助计划，中国民生银行共资助了 20 个项目，每个项目资助 50 万元。由于首期 ME 公益创新资助计划获得了非常好的社会反响，中国民生银行领导研究后决定将该项目持续开展下去，并且每年随着中国民生银行增长的行龄，而增加一个资助名额。到 2017 年末，前三期累计资助了 63 个公益项目，资助金额累计达到 3150 万元。为了总结前三期 ME 公益创新资助计划的经验与教训，同时也是为了后期项目能够更好地实施，推动中国公益创新与社会影响力的提升，2018 年初，受中国民生银行与中国扶贫基金会的委托，我们对前三期的项目进行了独立第三方的评估，同时，对部分创新项目进行案例剖析。由于 2018 年中调研时，第一期和第二期项目尚还有部分未结题，第三期项目也才刚完成签约不久，大多项目尚未实质性开展，因此，我们从第一期和第二期的项目中遴选了十个典型的公益创新案例进行了分析。

　　ME 公益创新资助计划旨在关注和支持公益领域的创新实践及社会影响力提升，成为中国公益行业创新和社会影响力的重要推动者。因此，我们希望通过案例分析，深入剖析这些经过激烈竞争，最终胜出的项目，其创新点到底是什么？公益创新是如何发生的？创新的动力是什么？项目在 ME 公益创新资助计划的资助下，是如何迭代升级的？公益创新项目是如何规模化社会影响力的？规模化社会影响力有哪些路径？规模化的条件是什么？阻碍的因素又有哪些？

　　本书的案例分析表明，公益创新的动力首先源于社会需求，发现社会的痛点，找到尚未被满足的需求，包括趋势性的潜在新需求，这是公益创新的最大动力所在。其次，机构负责人要有使命感与责任担当，愿意通过自己的努力回应社会的需求。而在这个过程中，外部的引导，包括政府的荣誉激励和资助方的引导也非常重要。再次，需要有创新的思路或点子。特别是需要专业人才根据社会需求，设计公益新产品。这不仅需要机构创始人、管理人员的行业阅历与经验，也需要专业的素养与创新思维的能力。最后，公益创新的发生还需要有行动力的人，没有执行力，再好的新思路、新理念也无法落地。

　　然而，任何创新的公益产品，一开始不可能十全十美。而且，由于人们的路径依赖，对新事物的不熟悉或不习惯，不仅基层群众，甚至地方政府、社会组织自身都容易对新思维、新方法产生为难情绪或抵触。因此，创新必然会遇到各种困难或阻力，甚至失败。但是，失败是成功之母，好的公益项目通常需要经历反复多次的试验、测试，经过不断迭代升级，才能越来越有效地解决社会问题。而在这个过程中，组织的使命与更高的目标期待、学习型组织的打造、团队的专业能力、资金的有效利用等条件缺一不可。特别值得一提的是，近年来，评估学的发展为创新迭代提供了技术条件。如果一个项目无法测评，便难以改进。我们欣喜地看到，不少 ME 公益创新资助计划项目都开展了内部自我评估，并通过评估诊断项目存在的问题，从而推动项目从 1.0 版向 2.0 版，甚至 3.0 版迭代升级。当然，项目迭代升级的过程并不容易，甚至非常艰难。如同科技发明一样，往往需要经过成千上万次的试验，才能够有所进展。在公益创新领域尚缺乏知识产权保护与专利权激励的情况下，更需要机构负责人或管理人员具有社会企业家的精神，他们有责任心、有勇气，将问题与失败看成发现问题、探索新方法的机会，并且善于整合资源，逢山开路、遇水搭桥，百折不挠。

经验之一是从 ME 公益创新资助计划典型案例的经验看，创新性公益项目"小而美"固然好，但如果期待能够惠及更多人群、规模化社会影响力，其经验之一是服务质量的标准化或管理流程的标准化。一个公益产品如果不能标准化，那么其复制的难度系数会大幅提升。毫无疑问，标准化有利于项目的复制。经验之二是如果希望扩散或复制公益创新模式，那么模式本身应该简洁明了。如果项目模式过于复杂，例如，上下游链条太长、涉及的项目合作方太多、管理层级太多或流程太复杂，那么项目的复制就会比较困难。经验之三是团队建设非常重要，特别是中层管理团队的建设。公益创新项目在扩散过程中，通常会面临一个挑战，就是团队跟不上。如果项目扩散太快，团队又跟不上扩张速度，那么扩散的效果就势必大打折扣，甚至出现管理危机。所以，打造学习型组织，提升团队能力，形成学习网络就非常重要。经验之四是规模化社会影响力，除了组织自身的扩大、在异地设立项目办、加盟等方式之外，更为重要的规模化路径是借助政府的网络体系推广、借助市场化的力量扩散，还可以通过开源方式成为知识研发与扩散的中心。经验之五是规模化社会影响力的有效途径之一是善于借助现代互联网技术与媒体传播的力量。中国的传统文化是多做少说，但公益创新项目如果希望提升社会影响力，那么就需要摒弃传统思维，借助互联网技术，充分利用传统媒体、新媒体，或者说融媒体进行传播，不仅让公益行业内部、受益人群了解创新模式，还需要让主流社会了解与认识公益创新项目。

本书的具体分工如下：

从创新模式的产生到推广——以"三江并流区域社区发展与生态保护"项目为例（李怀瑞，清华大学公共管理学院博士后）

引进、迭代与规模化——以"中国食物银行网络"项目为例（杨义凤，上海华东政法大学社会发展学院讲师；邓国胜，清华大学公共管理学院教授）

资源枯竭型城市解决养老问题的创新探索——以"煤矿工人温馨驿站"项目为例（孙梦婷，清华大学公共管理学院博士生）

从项目 1.0 到 2.0 的迭代创新——以"社区草人 e 工坊"项目为例（田思钰，清华大学公共管理学院博士后；邓国胜，清华大学公共管理学

院教授）

规模化社会影响力的探索——以"心智障碍人士服务行业线上资源中心"项目为例（宋天琪，清华大学公共管理学院社会创新与乡村振兴研究中心研究助理）

创新的发生与扩散——以"NEW WAY——心智障碍者的支持性就业"项目为例（周幸钰，英国伦敦大学学院社会科学系社会政策与社会研究硕士）

"隐形"残障群体社会融入的创新探索——以泰山小荷公益"月亮家园"项目为例（桑壮，清华大学公共管理学院博士生）

提高癌症儿童生存质量的创新探索——以"医路相伴"项目为例（牛冬，暨南大学国际关系学院/华侨华人研究院博士后）

乡村支教模式的迭代创新——以"乡村夏令营培训师成长计划"项目为例（孙梦婷；潘昊，农业农村部副主任科员、清华大学公共管理学院MPA硕士生）

以专业服务推动基层社会治理创新——以"加油！乡村夏令营——乡村孩子自助成长计划"项目为例（赵小平，北京七悦社会公益服务中心副研究员）

前三届ME创新计划资助项目简介（宋天琪；杨义凤）

全书由邓国胜、杨义凤审阅、修改与定稿。

本书的出版也得到了经济管理出版社的大力支持。没有出版社同人认真、负责与高效的工作，本书很难如期与读者见面，在此表示衷心感谢！ME公益创新资助计划的案例调研与写作历时近一年，期间得到了中国民生银行、中国扶贫基金会、ME公益创新资助计划前三期社会组织的支持与配合，在此一并表示衷心的感谢。

由于时间仓促，案例在撰写过程中还有许多疏漏之处，恳请读者批评指正。

邓国胜

2019年正月初一于清华大学